高职院校专业课实施“课程思政”的方法路径及成效评价体系研究

兰　飞　著

中国纺织出版社有限公司

内 容 提 要

本书是高职院校专业课实施“课程思政”的方法路径及成效评价体系研究著作，本书从高职院校课程思政教育概述介绍入手，针对高职院校思政教育与工匠精神培养、构建高职课程思政机制以及课程思政对大学生主体性发展的促进作用进行了分析。另外，对高职院校课程思政体系、课程思政教学改革的着力点及设计思路、高职课程思政与思政课程同向同行、高职课程思政综合实施与深化推进、高职院校课程思政的建设做了一定的介绍，还对高职院校课程思政成效的评价体系以及课程思政协同创新的体系构建及评价进行了剖析，旨在摸索出一条适合高职院校专业课实施“课程思政”的科学道路，帮助工作者在应用中少走弯路，运用科学的方法来提高效率。

图书在版编目（CIP）数据

高职院校专业课实施“课程思政”的方法路径及成效评价体系研究 / 兰飞著 . -- 北京 : 中国纺织出版社有限公司, 2022.7

ISBN 978-7-5180-9713-5

Ⅰ . ①高…　Ⅱ . ①兰…　Ⅲ . ①高等职业教育－思想政治教育－教学研究－中国　Ⅳ . ① G711

中国版本图书馆 CIP 数据核字（2022）第 135184 号

责任编辑 : 张　宏　　责任校对 : 高　涵　　责任印刷 : 储志伟

中国纺织出版社有限公司出版发行
地址 : 北京市朝阳区百子湾东里 A407 号楼　邮政编码 : 100124
销售电话 : 010—67004422　传真 : 010—87155801
http://www.c-textilep. com
中国纺织出版社天猫旗舰店
官方微博 http://weibo.com/2119887771
北京通天印刷有限责任公司印刷　各地新华书店经销
2022 年 7 月第 1 版第 1 次印刷
开本 : 787 × 1092　1/16　印张 : 14.25
字数 : 276 千字　定价 : 88.00 元

前言 PREFACE

新时代下，中国高职院校立德树人工作面临着新境遇、新诉求、新挑战。“立什么德、树什么人”是思想政治教育亟待解决的问题，也是我国高职院校的根本任务所在。课堂是大学生接受知识教育和价值观教育的主渠道，一直以来，大家普遍认为：思想政治理论课（简称“思政课程”）是承载知识教育与价值观教育双重维度的课程，其他课程不分担价值观教育的责任，因此，对大学生进行价值观教育的重担自然而然地落到了“思政课程”身上，但是，高职院校的其他各类课程都具有育人功能，同样具有丰厚的思想政治教育资源，专业课教师在教育教学过程中将这些潜藏的思想政治教育资源挖掘出来，使大学生在接受知识教育的同时，受到价值观的熏陶和洗礼，即“课程承载思政，思政寓于课程”，成为新时代下提升大学生思想政治教育实效性的一剂良药，必须一以贯之地长期坚持下去。

本书是高职院校专业课实施“课程思政”的方法路径及成效评价体系研究方面的著作，从高职院校课程思政教育概述介绍入手，针对高职院校思政教育与工匠精神培养、构建高职课程思政机制以及课程思政对大学生主体性发展的促进作用进行了分析。另外，对高职院校课程思政体系、课程思政教学的改革的着力点及设计思路、课程思政与思政课程同向同行、高职院校课程思政综合实施与深化推进高职院校课程思政的建设做了一定的介绍，还对高职院校课程思政成效的评价体系、课程思政协同创新的体系构建及评价等内容进行了剖析，旨在摸索出一条适合高职院校专业课实施“课程思政”的科学道路，帮助工作者在应用中少走弯路，运用科学的方法来提高效率。

本书在撰写过程中参考了大量学者的相关成果和观点，限于篇目，不能一一列举，在此对这些学者表示感谢并请予以谅解！由于作者学识水平所限，书中错漏或不足之处在所难免，真诚希望各位同行专家不吝批评指正。

著者

2022年3月

目录

CONTENTS

第一章

高职院校课程思政教育概述

第一节 高职院校思政教育与工匠精神培养

工匠精神是专业素质和创新能力的综合体现，要培养符合新时期中国特色社会主义建设目标的大国工匠，在高职院校中构建有利于具有工匠精神的高技能人才发展的教育体系就十分必要。提炼工匠精神中的思政要素，培育工匠精神是许多高职院校思政教育工作者面临的新课题，构建一个相对独立又与原有思政教学体系相结合的学生培养体系是实现培育工匠精神目标的关键，是培养优秀人才的必要教学内容。

一、工匠精神科学内涵

工匠精神的内涵随着时代的变迁逐步演变。“匠”起初专指木工。《说文解字·匚部》说：“匠，木工也。”清代学者段玉裁在《说文解字注·匚部》中注解说：“匠，以木工之称，引申为凡工之称也。”后来“匠”字的本义，已从木工演变为技术精湛、造诣高深的代名词，如人们常说的“独具匠心”。中国古代的工匠精神是“德艺兼求”，主要体现为：“强而务实”的精神，精益求精的精神，尊师重道、重视教育的态度等。随着时代的发展，“工匠”一词被赋予了新的意义。新时代中国特色社会主义建设所倡导的工匠精神，已不仅仅是传统手工业工匠的职业道德追求，而是全社会所有劳动者的职业价值观念和职业追求。

工匠精神的基础是敬业。所谓敬业精神，就是在职业活动领域，树立主人翁意识、责任感和事业心，追求崇高的职业理想，培养认真负责、恪尽职守的工作态度。爱岗敬业是从事职业活动的基本要求，体现的是从业人员对所在工作岗位的一种态度，同时也是社会对从业者提出的职业道德要求。让工匠精神成为全体劳动者潜移默化中自觉奉行的职业信念及工作的基本规范，需要从业者产生心理认同和情感认同，它的基础正是敬业精神。

工匠精神的核心是精业。所谓精业，就是精通自己所从事的职业，且技艺精湛。中央电视台《大国工匠》节目报道的23位大国工匠，个个都身怀绝技，在行业细分领域做到了国内第一乃至世界第一。精业是成就事业、完美人生的必选。所谓精业，就是成为精通业务的能手。在敬业的同时，更要做到精业。如果做不到精业，纵然有再高的工作热情，要想干好工作也是不可能的，敬业最终只能成为一句空话。如果说敬业是工匠精神的根基，是干好工作的基础，那么精业就是工匠精神的核心，两者相辅相成，缺一不可；如果说敬业是德，那么精业就是才，“德才”兼备才是工匠精神应该具有的素质。

工匠精神的关键是创新。正如《工匠精神：缔造伟大传奇的重要力量》一书的作者美国经济学家亚力克·福奇（Alec Foego）所说：“美国的工匠们是一群不拘一格，依靠纯粹的意志和拼搏的劲头，做出了改变世界的发明创新的人，比如本杰明·富兰克林、托马斯·爱迪生和怀特兄弟。”从福奇的这段话中可以看出，“发明创新”是工匠精神的核心，创新是工匠精神的应有之义。在互联网时代，“中国制造2025”纲领中需要的工匠已经不再是简单的体力劳动者，而是高技能复合型人才。这种复合型人才除了要有精益求精的职业态度，还要有创新精神。只有创新，才能实现“增品种、提品质、创品牌”的目标，这也是培育工匠精神的意义和使命所在。在我国，创新的概念由来已久。“创新”一词出现得很早，《广雅》中提到“创，始也”，《魏书》中有“革弊创新”，《周书》中有“创新改旧”。创新是人类特有的认识能力和实践能力，是人类主观能动性的高级表现形式，是推动民族进步和社会发展的不竭动力。一个民族要想走在时代前列，就离不开创新思维和创造活动，创新在经济、商业、技术、社会等领域中有着举足轻重的地位。对于高技能人才来说，创新是职业技能与综合素质的集中体现，是成为大国工匠的关键特征，更是技能人才实现职业价值与岗位成才的“快捷键”与“永动机”。从创新创业的角度来看，弘扬工匠精神也是时代的呼唤。“大众创业，万众创新”的时代已经来临，尤其需要发扬传统工匠精神，坚持注重细节的严谨态度。

二、培育与弘扬工匠精神的意义

（一）培育与弘扬工匠精神是推进供给侧结构性改革的迫切需要

目前，中国经济进入新常态化，从表面上看是由高速增长向中高速增长的转换，背后则是结构、动力、体制政策环境的转换，即由高速增长平台上的供求平衡转向中高速平台上的供求平衡。因此，推进供给侧改革迫在眉睫。“供给侧改革”，根本上是要提高供给体系的质量和效率，而工匠精神的内涵是精益求精、严谨细致、耐心专注的精神理念。可见，工匠精神与“供给侧改革”有着十分紧密的联系。用工匠精神来增加产品和服务的品种，提升产品的质量与效益，扩大中高端供给同样是问题的关键，那么，工匠精神如何助推“供给侧改革”走向成功呢？这首先就要谈一谈产品理念。众所周知，产品理念是决定产品品质的首要因素，是生产品质平庸的产品，还是生产品质上乘的产品，将直接决定了产品最终的形态和品质。所以，产品理念从一开始就决定了这款产品的未来和市场地位。工匠精神的核心就是打造质量上乘的高品质产品。工匠精神追求创新、极致、精益求精，这些都为“供给侧改革”输入了无比正确的产品理念。工匠精神本身就意味着要提升更高的技术含量，在技术日新月异的时代尤其如此。在更多时候，工匠精神表现为一种气质和追求，要求劳动者对待工作一丝不苟，对产品质量进行精心打磨，对待品牌要像对待生命一样认真用心。而这种精神内涵，正是推进“供给侧改革”走向成功的基础和前提。我国政府力推“供给侧改革”的目的之一是打造更强、更专、更好的技术，让技术创新成为经济发展主要驱动力，从而促进经济向受“制度、科技和管理创新”因素影响的层级转变。所以，在这一层级转变过程中，就要求一线工作者能用工匠精神进行研发，用工匠精神做产品，用工匠精神创新产销模式。唯有让工匠精神贯穿整个生产流程，“供给侧改革”才有可能获得圆满的成功。

（二）培育与弘扬工匠精神有助于践行社会主义核心价值观

培育和践行社会主义核心价值观，就是要使中国人民在精神上强大起来。培育和践行社会主义核心价值观，关键是要在落细、落小、落实上下功夫。对于广大职工而言，培育和践行社会主义核心价值观必须立足本职岗位，这就是说，工匠精神与社会主义核心价值观公民层面对各行各业从业者的要求是相契合的。我国被全球公认为是“世界工厂”，为全世界生产了大量的产品，但就质量而言，多半以廉价而非质优取胜。在这样一个逐利的情况下，培育和践行社会主义核心价值观就显得尤为重要，基于工匠精神的职业素养的培养正是培育和践行社会主义核心价值观中敬业的集中体现。这种敬业，是职业道德和职业伦理的普遍精神，是培养一个劳动者的优良品质，是沉淀一个民族对待工作的优良品质的必经之路。

三、培育与弘扬工匠精神是思政教育的重要任务

（一）培育与弘扬工匠精神是时代赋予高职院校思政课的新责任和新使命

人类历史就是不断满足人们需求的历史。高职院校是培养技能人才的摇篮，是工匠发源地。我们处于一个伟大的时代，在党的领导下，中国人民已经实现了站起来、富起来

的目标，目前正向强起来迈进。这就需要大批具有工匠精神的伟大工匠来建设伟大的工程，铸造传世的精品，缔造具有时代特征的灿烂文明，这是时代赋予中国高职教育的新责任和新使命。未来，我国的经济要由主要依靠由增加物质资源消耗向主要依靠科技进步、劳动者素质提高、管理创新转变。要实现“三个转变”，实际上要通过优化产业结构来带动经济发展方式的转变。由主要依靠增加物质资源消耗向主要依靠科技进步、劳动者素质提高、管理创新转变，表明要实现从经济数量增长向经济质量增长转变。无论是自主创新还是产品质量提升、品牌构建，都只能通过培育与弘扬工匠精神才能实现。工匠精神不仅是国家实现产业转型升级战略的基本要求，也是新时期劳动者的人生追求，更是国家发展的引擎和动力。只有培育大量具有工匠精神的劳动者，大力弘扬工匠精神，通过千千万万能工巧匠努力打造，才能支撑起解决新时代发展所需要的技术成果、产品品质，更好地服务于新时代中国特色社会主义建设。高职院校作为培养社会主义建设事业未来接班人的机构，必须自觉地担当起培养高职学生工匠精神的重任，加强对学生工匠精神的培育、传承和弘扬。

（二）培育与弘扬工匠精神是新时代中国特色社会主义人才队伍建设的基本要求

新时代中国特色社会主义建设需要加大高素质专业基础人才的培养力度，造就一批领军人才、创新人才、营销人才和高技能人才。具备工匠精神是高素质、高质量人才的重要特征之一。在现代社会中，高素质、高质量技能人才主要是通过高职院校进行培育，因此高职院校就成了培养具有工匠精神的高级技能人才的主阵地，然而，目前在我国的高职院校中，仍有不少高职院校在培养模式及办学风格上不由自主地往传统的高等教育模式方向靠拢，教学活动大多数都是在教室里通过面授方式进行，课程设置也多是“老面孔”，担任教学工作的也多是“学院派”教师，重理论轻技能、重讲授轻实训。这些因素使得高职院校的职业性无法体现，培养的人才无特色，不能适应社会用人单位的客观要求。因此，我国的高职教育应当坚持以学生就业和社会需求为导向，构建新型技能人才培养体系，着力培育以改变世界为己任的具有工匠精神的应用型、复合型技能人才。换言之，高职教育不仅要培养具有一定技术能力的从业者，还要培养不断追求卓越、不断创新的员工，从而创造出品质更高、种类更丰富的物质和精神产品。因此，高职院校应该注重培养工匠精神和奉献精神，满足社会对高职院校能够培养创造出高质量、高品质产品的人才的期待。

（三）培育与弘扬工匠精神是新时代高职院校思政教育的重要价值取向

没有工匠精神，就谈不上职业道德、职业精神。如果没有职业道德和职业精神，必然导致粗制滥造、假冒伪劣占上风。一个伪劣产品横行的社会，必然会走向崩溃、没落。工匠精神所蕴含的求精、敬业、创新等内容，既是社会主义核心价值观的重要构成，也是社会主义建设接班人应该具备的崇高的社会担当。因此，工匠精神是推动社会主义发展进步，实现共产主义的内在动力。就此而言，培养高职生的工匠精神，使学生成为真正的社会主义、共产主义建设人才，既是中国特色社会主义高职院校思想政治教育的基本责任、使命，也是中国特色高职院校开展思想政治教育的本质要求。中国特色社会主义高职院校思想政治理论课是培养高职生树立正确的世界观、人生观、价值观的主要阵地。一方面，可以使学生树立坚定的马克思列宁主义和共产主义信仰；另一方面，可以培养学生高度的责任感和求真务实的工匠精神。

四、培育与弘扬工匠精神是高职院校思政教育的重要任务

无论是从新时期中国特色社会主义建设的要求来看，还是从工匠精神的内涵和作用来看，无论是从中国优秀传统文化来看，还是从高职院校思政教育的根本目的和职责使命来看，培育与弘扬工匠精神都是当前高职院校思政教育的重要任务。

（一）立德树人是思政教育的使命

首先，工匠精神所涵盖的内容与立德树人的具体要求具有高度的一致性。工匠精神是职业教育“立德树人”的特征和灵魂，职业院校不仅要培养大批具有一技之长的劳动者，也要培养学生树立牢固的精益求精、敬业守信的职业观念。在提升学生职业技能的同时，着力强化以工匠精神为核心的职业素养的培育，将工匠精神的培育贯穿于教育教学的全过程，培养学生具备成为未来大国工匠的基本素质。其次，工匠精神所具有的价值与立德树人具有高度的契合性。思政教育作为意识形态传播的主渠道和主阵地，需要把提高职业技能和培养职业精神高度融合，把重视道德要求和品质规范，强调敬业爱岗、遵守纪律，重视楷模的树立和榜样示范作用等思想内涵融入思政课教学中，在思政课上，以工匠精神的培育为重点，引导学生将职业理想的树立与工匠敬业奉献的职业追求相结合。

（二）保障高职院校适应市场转型发展的需要是思政教育的目标

高职院校培养的是适应生产、建设、管理、服务第一线需要的高素质高技能型人才。

而制造业是我国国民经济的主体，是立国之本、强国之基。当前，我国制造业大而不强，结构调整和转型升级的任务越来越紧迫，其中人才是关键。这就需要高职院校大力弘扬工匠精神，不断提升学生的职业素养，为科技创新与技术创新推进制造业的质量升级、技术升级、产业升级源源不断地提供适应发展需要的合格优质人才，保障高职院校的发展与市场转型升级同步甚至超前，真正实现我国政府提出的“中国制造 2025”战略计划，力争在未来十年实现由工业大国向工业强国转型的伟大目标。

（三）助推高职学生成功就业和满足其个人发展的需要是思政教育的职责

人类社会的发展历程告诉我们，“工欲善其事，必先利其器”，但仅有“利器”未必能“善事”，想要“善事”关键在于使用“利器”的人。现在，影响我国现代化进程的关键因素不是物，而是人。作为新时期中国特色社会主义建设的主力军和未来的职业人，高职生要想成功就业，并在自己未来职业生涯发展中有所成就，就需要在工匠精神的引领下，不断提升个人的职业素养，加强个人在思想道德品质、职业素质、学业与就业能力、职业基础能力和健康安全方面的学习，用专心致志和敬业去要求自我，在专心致志和爱岗敬业中完善自我，最终向着精益求精、追求卓越的目标提升自我，让自己成为善用“利器”的人。

五、工匠精神融入高职院校思想政治教育中的路径

（一）把工匠精神作为思想政治工作者的自身需求

高职院校思政工作者要善于郢匠挥斤，改进思想政治教育的技术路线。突出工匠精神培育，不应该单纯地把学生培养成“政治学的教科书”，而是改进思政教育的技术路线，把鲜明的育人导向融入教育教学的全过程，引导学生形成崇尚劳动、敬业守信、创新务实的职业精神；要聚焦创新人才培养，不断提升服务经济社会的能力，培养学生的科学精神、创新意识、诚信意识。高职院校应重视党组织和党员干部在弘扬工匠精神过程中的战斗堡垒和先锋模范作用。坚持思想政治学习与教育不间断，坚持党的理论进入课堂，把政治学习与学生德育教育、教师师德建设紧密结合起来，把全校师生的思想和行动统一到党的路线、方针、政策上来，统一到学校建设和高技能人才培养上来，促进高职院校凝心聚力形成培养大国工匠的校风、教风、学风。

（二）将工匠精神纳入高职人才培养全过程

职业精神的培养可以贯穿整个高职生的素质培养体系，与思政课程和专业课程教学

紧密结合，特别是与思政课程和实训教学相结合，将工匠精神中的专业、敬业、爱业、精业等精神贯穿于职业教育中，提升学生的职业素养，为高职生成功树立良好的职业精神并转化为合格的从业者做好必要的准备，有工匠精神融入的思政课程要贯穿学生学习的始终。要提高高职生的专业素质及其他素质，首先，要培育高职生的职业能力和工匠精神，让他们形成良好的心态。同时，开展思维能力、表达能力及解决专业问题所需的实践能力的相关培训。基于此，要在思政课程体系中开设职业道德和工匠精神养成专题，讲授工匠必须具备的职业道德、中国工匠发展历史，并结合具体案例解读工匠精神，为未来参与创新实践打下基础。此外，开设创造创新思维与实践专题，讲授工匠未来工作所需的思维方法、技术革新活动所需技法、培养问题意识和系统思考意识，为未来参与创新实践打下基础。其次，要抓住高职生假期社会实践活动的契机，开设社会实践教育课程，讲授社会实践的意义和价值、社会实践方案设计、社会实践活动中需要掌握的调研方法以及社会实践成果的写作技巧。最后，在高职生临近毕业时以工匠未来工作所需的表达能力为重点，开设表达能力课程，讲授写作基本技能、工匠参加工作后涉及的各类文体的写作规范与技巧，同时介绍提升高职生口才能力的方法和具体训练手段。

（三）将工匠精神纳入实践教育的重要组成部分

职业精神往往要通过实践才能内化为从业者的职业素质。当工匠精神与具体的职业场景相关联时，高职生能更真切地体会到这一精神的实质与价值，并将其作为自己的职业信仰与追求。在职业精神的教育实践中，往往可以通过建立校内模拟场景的方式激发并训练形成相关职业情感。在培养学生工匠精神时，必须将其放到现实情景中进行锻造，旨在通过实践教学，培养知识经济和社会经济发展中所需要的具有较高的创新意识、创新精神、创新思维、创新品质、创新能力等思想政治素质和科学文化素养的“四有”人才，以适应时代的发展和社会的进步，这是为了教师更好地教、学生更好地学、教学活动更好地开展，为了发挥教师与学生双方的积极性与主动性而进行的活动。思政课教师要提高对思政课实践教学的认识，树立实践育人的德育观念。思政课实践教学，是理论和实际相结合的有效形式。高职生通过对思政课实践教学的认识，使理论和实践有机结合，更能充分理解工匠精神所蕴含的敬业、精业和创新精神。这对上好思政课，提高思政课的教学质量，真正做到将工匠精神融入思政课程大有益处。

（四）营造良好的高职生思想政治教育的校园文化氛围

校园文化和思想政治教育虽然分属不同的教育领域，具有不同的教育侧重和特点，但都共处于一个教育平台，同属高职教育的范畴，共同承担着培养学生的重要责任，高职思想政治教育教学和校园文化在目标、功能、方式、方法等方面都存在耦合。高职院校应该以校园文化活动为引领，充分利用这一隐性教育资源，传播与弘扬工匠精神。可通过相关的演讲、比赛、展览等校园文化活动为学生营造学习工匠精神的浓厚氛围，这样既丰富了学生的课余文化生活，又能拓展他们的知识面，磨炼其实践能力，还能对其工匠精神的形成起到积极的助推作用。比如，举办“我眼中的工匠精神”“我为工匠精神代言”等活动，能够增强学生的品质意识，而对品质的坚持和追求正是工匠精神的重要体现。校园文化活动可凭借其丰富的形式寓教于各类活动中，以一种特殊的教育方式使工匠精神进一步传播与弘扬。

（五）改革考核方法是将工匠精神融入思政课题的保障

融入工匠精神后的思政课程与传统课程区别很大，要使课程教学活动顺利实施，可以采取以下一些措施改革考核方法，提高教学效果。首先，考核标准统一与弹性的结合、考核手段多样化、考核方法改进过程民主化是考核方法改革的关键。任何教学活动最终都是通过评分、评判得出成绩的，如何在评分过程中既体现评分标准的权威性和公正性，又做到保护学生的创造性思维成果至关重要。因此，在制定评分、评判标准的工作中要有弹性，具体地说，就是增加对于学生素质的主观评价。也就是说，在评分、评判标准中提高教师对学生创造力的主观评价的评分比例，这样做，可以使评分、评判标准达到主观与客观相结合，考核标准统一与弹性的结合。

其次，多次考核与多样化考核相结合是推动课程发展的有效方法。评定成绩是教学必不可少的环节，然而为“考试”而考试，学生压力必然增大，转而生厌，变成了一种消极负担，因此，我们有必要对考试进行改革的尝试。采用期末考试来评定成绩，“一锤”定音，虽然可以获得促进全面复习、巩固、提高所学知识带来的效果，但是同时也会给学生造成一种消极的负担和恐惧心理，因而，可以将期末考试分解为多次考核，在每一单元结束后都进行一次考核。考核的方式可以是多样的，既可采用笔试，也可采用口试或单元总结报告等方式进行。通过考试，准确掌握学生的学习情况，为有针对性地纠正错误提供依据。同时进行总结、讲评，及时纠正，促使学生思考，掌握前导知识，以促进以后的学习。

综上所述，工匠精神的培养，让高职生在获得技术能力的同时又获得与技术技能相关的精神力量，真正理解技术技能的实质，这既遵循了高职教育的发展规律，又满足了时代的要求。在高职教育中重拾失落已久的工匠精神，可以使我们更清醒地认识到高职教育的本质和意义，更清楚地认识到高职教育的方向和未来。

第二节　构建高职课程思政机制

课堂教学是教与学目的性和意识性都很强的一项活动。教师通过课堂教学，实现“传道、授业、解惑”，学生通过课堂掌握知识，习得技能，发展智力，形成态度和相应的品质。要用好课堂教学这个主渠道，思想政治理论课要坚持在改进中加强，提升思政教育的亲和力和针对性，满足学生成长发展需求和期待，其他各门课程都要守好一段渠、种好责任田，使各类课程与思想政治理论课同向同行，形成协同效应。如何使各门课程与思政理论课同向同行，形成协同效应，在课程建设的理念上，要求从“育人”的本质出发，树立课程思政的核心理念，既注重知识传授过程中的价值引领，也凸显了价值传播中凝结的知识底蕴，使课堂的显性教育与隐性教育融通，不但实现“知识即道德”，而且实现从“思政课程”向“课程思政”的转化；在教学改革思路和具体环节方面，形成科学的制度设计和机制激励，打造高职院校全员、全过程、全方位育人的环境。

一、课程思政体制机制的内涵

马克思把人看成是哲学的出发点，并强调人之所以能够作为主体，必然存在“依靠自己而存在”的依据，因而感兴、感觉作为人的最真实的存在状态对人来说必然具有一种本体论的意义。

课程思政就是高职院校的所有课程都要发挥思想理论教育的作用，“机制”原指机器构造和动作原理，将机制引用到课程思政研究领域，用来表示影响课程思政因素之间相互联系、作用的关系及激励功能。根据赫维茨（Leonid Hurwicz）的机制设计理论，课程思政体制机制是以提高高职院校人才培养质量的倡导者为“业主”，明确机制设计任务，确定以培养社会主义事业建设者和接班人为期望目标，维持高职院校人才培养系统均衡且满足期望目标的自然机制。课程思政体制机制不是重设教学机构、重新开设一门课，而是从课程思政价值生成规律出发提出的，课程思政的价值功能需要依托课程体系的全力构建，课程思政的整体目标应围绕立德树人的根本任务，课程思政的价值实现需要立足课程的多元价值性。

高职院校课程思政的内在机理是中国传统文化理念的自然延续，是中国新时代国民教育的适时强化，是中国特色社会主义文化自信的自然呈现。影响课程思政价值聚焦的核心问题主要是单纯将高职院校思政工作看成是思想政治理论课的事和将思想政治教育看成是辅导员、班主任和党团组织的事，从课程思政的价值本源出发，课程思政的价值聚焦，就是坚持目的性、规律性和必然性。高职院校课程思政的育人机制构建路径：首先，要在构建全面思政体系中形成课程资源协同育人；其次，要充分挖掘课程体系德育元素，打造立体育人格局；最后，要引导教师自觉践行立德树人，创新课程思政方法。高职院校课程思政的实践路径在于学科化分类指导、课程设置的差序格局、授课对象的立体化安排。

二、高职院校课程思政机制理论依据

“所谓教育，不过是人对人的主体间心智交流活动（尤其是老一代对年青一代），包括知识内容的传授、生命内涵的领悟、意志行为的规范，并通过文化传递功能，将文化遗产交给年青一代，使他们自由生成，并启迪其自由天性。”显然，存在主义哲学家卡尔·雅斯贝尔斯（Karl Theodor Jaspers）认为，教育的根本目的在于个性的、全面的、自由与和谐发展，教育的核心在于思想启迪、道德养成、知识传授和文化传承。高职院校课堂是帮助大学生树立正确的人生观、世界观、价值观的重要途径，只有坚持课堂教育为主，才能形成育人的良好局面。

人的感觉、情欲等不仅是狭义的人类学定义的，主体教育理论认为，人是教育的出发点，价值是教育的最高价值。课程思政就是要高职院校教育按照社会需求，培养和完善学生的主体性。在这一过程中，既要发挥学生的主观能动性，也要重视教师的作用。世界著名教育学家赫尔巴德认为，“教学如果没有进行德育只是没有目的的手段，品德教育没有教学，就失去了手段和目的”。课堂教学是教学的基本形式，优质、高效的课堂教学是实现教育目标的重要保障。

“知识即道德”，高职院校课程思政的直接作用者在教学过程中，既要通过各种教育措施实现有效的知识传授，更要通过典型案例的剖析，培养学生挑战环境的自信和力量，主宰时代创新性和自主性，“润物细无声”实现价值引领。

高职院校课程思政的评价是高职院校教学活动的表征之一，实质是促进高职院校教学活动日趋完善，是高职院校教学行为自觉性与反思性的体现。基于多元智能理论、建构主义理论和后现代主义理论，高职院校课程思政评价应注重学生学习的全貌和学生的多元潜能，突出学生学习过程中价值观的形成和学习能力的形成。

三、高职院校课程思政机制设计

高职院校课程思政机制是系统工程，依据机制设计理论，应用前文提出的理论，设计高职院校课程思政机制系统，如图 1-1 所示。

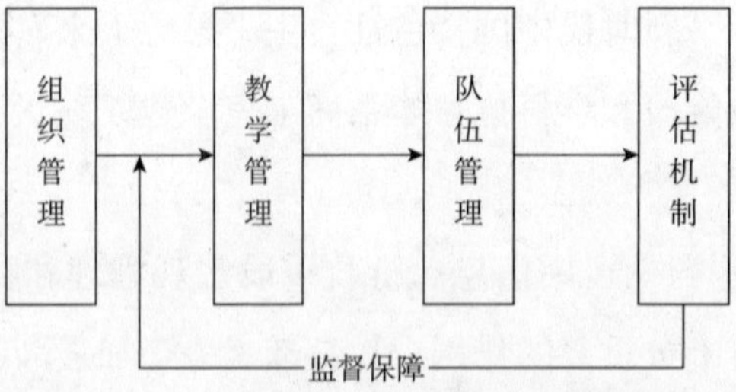

图 1-1 高职院校“课程思政”机制系统

高职院校课程思政的育人目标，既不能仅仅依靠某一门课程实现，需要整合人才培养全部课程系统的合力，也不能仅仅依靠部分教师就可以实现，需要借助学校全体教师的参与，更不是在学生学习的某一过程中就能实现，而是渗透在学生成长的全过程。为使这个庞大的系统工程有序而高效地运转，必须形成强有力的组织管理能力。

教育部《高等学校思政理论课教学标准》明确提出，高等学校思政理论课组织管理的二级指标有领导体制、工作机制、机构设置、专项经费。其中，领导体制明确提出由学院党委直接领导，协调校行政负责实施，分管领导具体实施，并成立相应领导机构。根据我国高等学校人才培养目标，依据教育部《高等学校思政理论课教学标准》的要求，我国高职院校课程思政应实行学校党委、行政领导负责制，领导机构为学校思政理论课领导小组或学校教学委员会。各学校宣传、人事、教务、教育研究机构和科研机构各负其责，相互配合，落实课程思政推进过程中的教育教学、队伍建设、科研立项、成果孵化、经费保障等激励和保障措施。

教学管理是学校行政部门和教学管理部门，以计划、组织、协调、控制等手段，对学校教学过程中的各个要素加以统筹，使之有序运行的行为。教育部《高等学校思政理论课教学标准》明确将管理制度、课程设置、教材使用、课堂管理、实践教学、教学方法改革和教学成果纳入高职院校思政理论课建设标准教学管理二级指标。依据这一标准，课程思政的教学管理应涵盖课程思政推进的各项教学管理制度、教材的选用、课程标准制定中思政元素的融入，“润物细无声”地实现价值引领的教学方法改革和课程思政成果孵化与推广。

教育部的《高等学校思政理论课教学标准》将教师的政治方向、师德师风、教师选配、培养培训、职务评聘、经济待遇、表彰评优纳入师资队伍的二级指标，把培育和践行社会主义核心价值观融入教育全过程中，其中教师是决定性要素。高职院校教师直接实施对大学生思想政治素质的培养，高职院校教师在课堂教学过程中的言谈举止对学生思想素质的培育起到潜移默化的示范作用。当前，我国高等教育已进入新时代，把教师队伍的建设从思想和行动上统一到习近平新时代中国特色社会主义思想上来，是建设德才兼备的高水平队伍，破解课程思政初级阶段和学科德育体系尚未完全建立现状，实现全课程与思政课同向而行的关键。

课程思政成效评估是学校运用信息、行政手段宏观管理和目标管理的有效途径，对于提高人才培养质量具有十分重要的作用。教育部《关于加强高等学校本科教学工作提高教学质量的若干意见》提出：高等学校要根据新世纪人才培养的要求，不断深化教学管理制度的改革，优化教学过程控制；建立用人单位、教师、学生共同参与的教学质量内部评估与认证机制。高等学校的教学管理具有垂直性和指令性的行政组织特点，常规的教学目标的实现，可以由学校教学组织领导机构确定目标，教务处下达安排学期教学任务，期中教学检查、期末教学检查，基本能够保证人才培养质量。为了提高质量监控的有效性，各学校都建立了督导监控机制，通过人才培养质量的过程性监控完善了监督机制，但课程思政不是一门课程，教师进行价值观引领，单纯依靠行政组织的命令，教学督导的过程性监控，远远不能满足新时代高职院校人才培养的需求和课程思政有效性评价的需求。为此，需要在学校行政组织领导和督导体制之外，建立更加完善的推动、激励和评价机制。通过“五突出”形成“三全育人”的课程思政良好局面：①学校每年制订的行动计划，要突出课程思政质量提升工程，使教师能够深切感受到学校的引领作用；②人才培养方案和课程标准突出价值引领；③教学质量监控突出课程思政评价要素；④教师职称评聘、评先评优突出课程思政成果要素；⑤单列课程思政科研项目，突出课程思政成果导向。

第三节　课程思政对大学生主体性发展的促进作用

现代教育学理论认为，教育作为促进个人发展的社会活动，不仅要以培养人的全面发展为教育目的，更要在教育教学过程中针对学生个性特点，进行主体性培养，激发学生潜能。我国高等教育肩负着培养社会主义事业建设者和接班人的重大任务。要坚持把立德树人作为中心环节，把思想政治工作贯穿高等教育全过程，实现全程育人、全方位育人。因此在大学各课程中要体现出对学生的价值引领，要培养和发展学生主体性，实现个体的全面发展。

一、教育学视角下的学生主体性

（一）主体含义

主体是现代认识论的一个基本范畴。《现代汉语词典》提到从哲学上来讲，主体是指有认识和实践能力的人，主体是专属于人的哲学范畴，但主体是人却又不同于人。前者主要从活动方面，后者主要从存在方面，也就是说，主体体现的是人对世界的一种价值关系和人的活动状态，若人没有处于积极主动地位时，他便不是主体。因此，本书的主体定义为有意识、有目的，并在一定社会关系中从事实践活动、认识活动的现实人，是能通过自身的自觉能动活动，发挥能动积极作用并取得支配地位的人。

（二）学生主体性

主体性是指主体在对象性活动中，运用自身本质力量，能动地作用于客体的特性，是人的自觉能动性，因而大学生主体性是指大学生在教育活动中，通过高职院校教育教化和自觉能动活动，体现出自主性、主动性（能动性）、创造性等。自主性表现为具备独立意识，合理规划、执行、审视自己的教育活动，是学生对活动具有支配和控制的权利和能力；主动性（能动性）表现在为实现自身需要，主动适应、选择和改变教育活动；创造性是指在教育活动中，学生结合所学知识，能对所学知识有个性化理解，并可以做到举一反三。当然，学生的主体性并不是与生俱来的，而是一个逐渐生成和发展的过程。在这个发展过程中，主体性不仅受到各种自然规律的制约，更受到教育过程和各种教育规律的制约，这成为大学教育能促进主体性发展的依据。

（三）“主体性”教育思想

自古以来，教育学探讨对象主要分为两类：一类是以教师为中心（注重教师和教材）；另一类是以学生发展为中心（强调学生的主体性与主动性）。在我国，以学生为中心的教学理念可追溯到春秋时期。伟大的教育家孔子提到“学而不思则罔”“不愤不启”“有教无类”等。我国最早教育论著《学记》中提到“君子之教，喻也。道而弗牵，强而弗抑，开而弗达”，这都体现了我国古代教育重视在教学中培养学生的自觉性和积极性，肯定和尊重学生的主体地位。到了近代，从蔡元培提倡“展个性，尚自然”的教育原则到陶行知的“生活即教育”“教学做合一”的生活教育理论，再到叶圣陶的“教是为了不教”，都表明教育家们重视学生个性发展、激发学生学习兴趣、启发学生独立探究等。20 世纪 80 年代初，主体性教育理论在我国教育领域萌芽，到 90 年代初形成一套符合中国实际、以培养学生主体性为宗旨的理论，其基本方向为：人是教育的出发向，培养人的主体性是教育追求的目标；强调学生主体性的培养，确立学生在教育中的主体地位，关注学生未来发展，重视学生身心发展需要，承认学生个性发展的重要性等。

在西方，从文艺复兴开始，人们开始认同和关注主体性教育思想：教育家卢梭（Jean-Jacques Rousseau）突破了传统学科课程的束缚，确立起“自然即课程，儿童即自然”的课程理念；夸美纽斯（Comenius）主张“把一切知识教给一切人”；20 世纪初叶，美国实用主义教育理论推行者杜威（John Dewey）提出了“儿童中心说”“教育即生活”等思想，推崇教育教学应当以学生为中心。继杜威之后，以皮亚杰（Jean Piaget）、布鲁纳（Jerome Seymour Bruner）等人为代表的建构主义理论学派，倡导学生学习的主动性，主张通过提供和创设有利于学生主动参与的内容与情境，引导学生根据已有经验建构新知识，发挥学生的主体性；到 20 世纪 60 年代，以罗杰斯（Carl Ransom Rogers）为代表的人本主义教育理论学派，更加强调学生的中心地位，强调构建适合学生需求的环境和氛围，让学生主动投入并产生有意义的学习，促进主体性发展。20 世纪 70—80 年代以后，主体性教育思想作为培养现代社会所需要的高素养公民的根本宗旨，已经深入西方各国的教育实践，并取得了显著成就。

综上所述，以学生为中心，以培养学生主体性是教育的目的、是教育的风方标，高等教育应该以人本主义为切入点向切实关注学生发展。

二、课程思政促进大学生主体性发展的必要性

促进主体性培养和发展是教育的目的，但是主体性的发展并不是一蹴而就的，而是一个教化过程。教育的各个阶段承担着不同的教化角色：中小学阶段是学生主体性的萌生期，侧重教化和引导学生；大学阶段是学生主体性发展的重要期，注重教化和引导学生自我教化、成长和发展；在成人阶段，个人主体性发展越趋成熟，能进行自我教育和自我指导。由此可见，新形势下的课程思政要抓好主体性发展的重要期，将推动大学生主体性发展作为课程目标，把促进大学生全面发展作为课程的本质要求。

（一）实现课程思政目标

高等教育哲学人本论认为：高等教育应当回归人本，以人的发展作为教育价值的起点与终点。高等教育以人才培养为核心，以以人为本为宗旨，以立德树人为根本，其重心

是要实现学生德智体美劳全面发展。把育人为本作为教育工作的根本要求，要以学生为主体，以教师为主导，充分发挥学生的主动性。大学课程思政的目标是实现人的全面发展，充分发挥大学生的积极性、主动性、创造性，推动社会各方面要素和谐发展……这与马克思列宁主义的人的全面发展学说不谋而合，认为“人们的社会历史始终只是他们的个体发展的历史”。因此通过课程思政，保证所有学科共同作用，将思想政治工作贯穿教育教学全过程，实现全程育人、全方位育人，开创教育新格局。在课程思政观统筹下，从人出发，强调学生主体性，培养具有认识人类社会发展规律的能力，能对现实社会实际发展方向独立做出正确判断的，真正坚持社会主义方向，能顶得住各种逆社会主义方向而动的潮流，具有各种独特才能和创造力的，并具有健全人格和丰富个性的人。

（二）迎接新时代需要

随着我国社会主义市场经济的建立和完善，知识、经济、文化领域的多元化，人们的物质和精神生活都发生了巨大改变。在深入社会改革和实现现代化进程中，需要一批批能引领时代潮流，具备高知识、前能力、强素质，有独立性、自主性、创造性的青年人才，因为他们不再盲从传统的道德价值观和道德规范，而是自主地选择适应时代发展的道德价值和规范，但是，目前的高等教育还未能培养出大批量满足时代发展需求的优秀人才。与此同时，在互联网蓬勃发展的时代，“地球村”正在形成，多元文化思潮交汇并激烈碰撞。大学生是网络使用的主力军，不免受到网络上各种思潮的影响。这需要教育在课堂上除了教授专业知识之外，也要肩负起引领学生思想和价值观的工作，并且，新媒体时代下，信息获取和网络交流更依赖大学生的自主性、能动性和创造性。这对高职院校人才而言既是机会也是挑战。一方面，这要求通过教育来提升学生的平等意识、主体意识、创新意识，促进学生得到全方位的培养和发展；另一方面，如何改变传统教育模式，培养符合时代所需人才也是需要思考的问题。因此，充分重视大学生的主体性作用，培养全面发展的人才，成为当代大学亟待解决的教育问题。这需要在课程思政指导下，开展培养学生主体性的教学活动，帮助大学生树立正确的价值观和做出正确的行为，激发大学生的自主性、能动性和创造性，使他们学会学习、学会发展、学会创造，迎接新时代的挑战。

（三）满足大学生需求

在人才聚集、知识信息爆炸的时代，大学生是时代的弄潮儿。他们正处于人生观、世界观、价值观的形成阶段，表现出对外拥有好奇心和求知欲，对新生事物存在敏锐的感知力，对内希望自身取得进步，成长成才。同时，大学生的需求多种多样，既有物质需求、精神需求，也有主导性需求、辅助性需求，其中不断成长自我、发展自我成为大学生的主导性需求。但从大学生的心理发展特点来看，虽然“成人感”已出现，价值观念也渐趋稳定，道德水平不断提高，但独立意识仍未成熟。因此，课程思政的基点是要培养学生的主体性，培养学生的独立思维能力，使大学生获得全面发展。

（四）改变现行课程弊端

在现行高等教育中，大部分课程的教育方法为依赖教师、形式单一、强制性的外部灌输方法，大学生则始终处于静听状态，处于一种被动接受地位，形成了“我说你听，我打你通，以观念说教、行为约束、思想灌输为特征的单向教育模式”。在教育关系上，教师只是负责完成教学任务，没有真正指导和改变大学生，而大学生也只是机械性或突发式地完成学业，修满学分，在学习过程中缺乏主动性、创造性。在教育评价上，教师是评价主体，是决定主体，大学生很少参与教育评价。总体而言，高职院校教学的机械灌输与大学生的被动接受现象仍相当严重，这就扼杀了大学生自主学习的积极性，不利于塑造独立人格，更不利于培养大学生的自主性、能动性和创造性。因此，教育一旦缺失了涵养人性、关切人生的追求，大学生便沦为了被知识操控的“机器人”或“工具人”。毋庸置疑，传统教育在规范个体行为、提升个体素质上起到积极作用，但是却忽视了大学生的主体意识，没有尊重大学生的自主、自立、自觉的主体精神。因此，必须对传统教育进行改革，树立新型教育观，以课程思政为切入点，实现全员、全过程、全方位育人，充分调动学生的积极性和能动性，培养学生的主体意识和主体能力，形成主体性道德人格。

三、课程思政促进大学生主体性发展的有效机制

针对我国学校教育忽视主体性人格培养的状况和大学生主体性人格形成的特点，新时代下的课程思政应该从以下几个方面推动大学生的主体性发展，提升育人能力。

（一）主体性发展的课程目标

教育主要有两大方向的目的：社会本位论和个人本位论。从社会本位论教育目的来看，培养学生是为了使个人更好地社会化，满足社会需求，服务于社会。正如先前指出，在当今市场经济形势下，社会需要主动性强、创新能力强的人才，课程思政要通过挖掘全部课程价值内涵，充分发挥主体的主观能动性、积极创造性和自主选择性，推动其个人的主体性发展，为社会、国家培养所需人才。从个人本位论教育来看，个人的全面发展是教

育的终极目标。由此可见，高职院校课程思政目标不仅要强调社会发展的整体需要，还要强调个人的发展诉求。当代大学生是完整的、独立的，具有自主意识，处于一直发展中的个体。课程思政的教育者和实施者要牢记“立德树人是高校立身之本”，将培养学生的德育素养作为教育的灵魂和首要任务，学习和掌握德育知识，要使“德”统率“才”；要意识到学生有追求人生价值、自我实现的内在需要，发展学生的能动性、自主性和创造性，使其成为有较强的生存能力、适应能力和发展能力的个人；同时也要意识到学生主体性发展并不是开展外在的、强加和压迫式教育，而是引导学生积极主动学习各类知识，并带领学生积极主动将外在知识内化为自己知识，不断提高和强化学生思想上和政治上素养的水平。

总而言之，制定各课程思政目标时，在思想观念上要牢记社会本位论和个人本位论理念，培养和发展满足社会需求和个人诉求的学生。在课程中，从学生实际出发，树立把学生主体地位还给学生的意识，培养学生的主体性，为实现学生主动发展的课程目标服务。因此，课程思政目标体现的理念是：调动和激发学生的道德需要与动机，强化他们的主体意识，让他们自觉、主动地追求高尚的道德行为，发挥主观能动性，最终使学生获得终生学习的知识、技能和方法，形成正确的人生观、世界观和价值观，促进人格完善与自由和谐发展。

（二）以人为本的主体性课程

从核心理念上讲，实施课程思政是旨在突出学校教育应具备 360 度德育“大熔炉”的教育合力作用，课程思政既需要注重在价值传播中凝聚知识底蕴，又需要注重在知识传播中强调价值引领，有效地促进显性教育和隐性教育相融通。可见，这种崭新的育人模式特别注重并强调以开发“课程思政”为抓手，以此来积极构建起高职院校的大思政格局，重构高职院校思想政治教育的新课程体系，以最大限度推进各专业、诸课程、全方位都能齐心协力地开发为课堂教学立德树人的思想政治教育主阵地。

第一，价值教育引导是课程思政培养主体性人格的核心内容。培养什么样的人，为谁培养，是大学教育的根本出发点和落脚点，把社会主义核心价值体系切实融入国民教育和精神文明建设全过程。培养德智体美劳全面发展的社会主义建设者和接班人是中国特色社会主义大学教育的本质。因此，课程思政要依据马克思主义的基本观点和方法，培养学生的主体性人格，促进学生全面而自由地发展；要对学生进行理想信念教育，要引导统一个人理想与共同理想；要传扬民族精神、时代精神和荣辱观，构成一个全面传导价值观念的教育过程。

第二，加强大学生心理素质培养是课程思政培养主体性人格的组成部分。心理素质是人对环境及相互关系的适应能力、自控能力以及为人处事的态度和素养。在市场经济浪潮中，面对激烈的竞争与利益关系，面对人得失引起的诸多困惑、压力、苦恼、焦虑，不少大学生存在如自卑、自傲、胆怯、任性等心理障碍。矫治心理上的疾病，虽然不是由课程思政完全承担，但也是课程思政不可推脱的任务，因为课程思政的目标是实现人的全面发展。因此，在课程实施过程中，教师要学会观察学生的心理状态，识别有心理问题的学生。在必要的时刻，除引导学生进行心理咨询外，应发挥课程思政完善大学生主体性人格的基本功能，对大学生引导教育、关心爱护，在课堂中多鼓励学生树立自信心、自尊心，多鼓励学生自我教育、自我管理，培养学生的自主性和能动性。

第三，培养学生的主体性意识是课程思政培养主体性人格的重要方面。主体意识指作为认识和实践活动主体的人对于自身的主体地位、主体能力和主体价值的一种自觉意识，是主体的自主性、能动性和创造性的观念表现。大学生正处于主体发展的重要时期，主体意识的强弱决定着学生的自知、自控和自主水平，决定学生的身心发展水平。在课程思政中，树立学生主体性地位的观念，培养学生的主体性意识，主要培养学生自我意识能力、自我实践能力、自我反省能力、自我监督能力、自我判断能力等。在这其中，较为重要的是学生自我实践能力的培养，主要通过在课程思政中引入活动课程，通过参与活动，在实践中、在行动中实现个人认知、情感和行为上的发展。

第四，融入各类课程的人文情怀是课程思政培养主体性人格的表现方式。应立足于“立德树人”这个目标，充分挖掘各门课程中的思政资源。高职院校的各类课程，不仅蕴含着科学精神，还涵养着人文精神；而挖掘和学习高职院校课程中的人文精神也是高职院校内涵建设的重要推手。在课程思政的实施过程中，精心梳理教材内容，提炼出各专业、各教材和各章节所涉及的思维、技术、人性、社会等多方面的独特育人价值，例如发展历史、杰出人物、人类价值、社会贡献等。传授课程的各方面内涵，既能让学生明白专业课程的价值取向，也能去思考自己的人生观、世界观、价值观。

（三）双主体型、平等友爱的师生关系

因此，课程思政应重视形成良好的师生关系，推动教育的成功。在良好的师生关系中，首先要确定的关系是谁是教育的主体。这也是教育界近几年一直在争辩的论点，主要有以下观点。一是教育者主体说，即教育主体为从事思想政治教育的人和机构组成的系统，即教师是实行课程思政的主体，学生是客体。二是受教育者主体说。该观点认为学生是教育的主体，一切教育应以发展学生而进行。三是双主体说，承认教师和学生都是有意

识，有目的，并在一定社会关系中从事实践活动、认识活动的现实人。教师和学生互为主体性，在施教过程中，教师是主体，学生是客体，在受教过程中，学生是主体，教师是客体。双主体说的观点以学生为例，认为在教育教学过程中，学生既是教育的主体，也是教育的客体，并且强调应该进一步尊重和培养学生的主体性，在教育过程中，学生主体会进行自我教育，具有主动教育功能和自觉能动性，并且学生的主体性并不因为学生在施教过程中处于客体地位而被泯灭。因此，课程思政不仅重视教育客体的积极性、能动性、创造性在思想政治教育活动中的发挥，而且把教育客体、主体性的培育和发展作为重要主体；重视学生的主体地位，提倡双主体学说的师生关系。

课程思政不仅要重视学生的主体地位，吸引学生的主体参与，给予学生个体更大的发展空间，还要提倡平等交往和对话。随着时代的发展，传统的教师角色也不断受到批判。教师不再是毫无争议的社会代言人，不再是无可替代的知识传递者，也不再是至高无上的知识权威，而是学生“平等中的首席”。教师们要转变自身的角色观念，成为学生的良师益友，与学生“打成一片”。组织者要从台前走向幕后，为学生创设民主、宽松、和谐的教育环境。而所谓师生平等，不仅仅是地位平等，更是人格平等，这要求课程思政观下的每位教师以平等心态尊重学生的主体性人格，促进每个学生的身心发展。课程思政观下要改变传统的师道尊严的想法，改变学生不敢说、不敢多说的现象，在课堂上营造和谐的学习氛围，让学生体验到不受压抑的愉悦感。建立平等交往的师生关系，将有利于激发学生学习的积极主动性，也有利于学生主体性品质的生成。

（四）主体性教学模式

教育模式是指在一定教学思想或教学理论指导下建立起来的较为稳定的教学活动框架和活动程序，而中国的传统教育是一种灌输式教育，它以“课堂”为唯一教育阵地，以“教材”为唯一教学内容，以“讲课”为唯一教育手段。这种以严管、严控、严压为主的教学模式，完全忽视大学生的主观能动性，使学生始终处于被动接受地位，令学生产生逆反情绪，拒绝接受教育，特别是思政类教育。同时，在全球化背景下，大学生主体意识的觉醒，让他们不再轻易相信和遵循什么，而是相信自己的判断和选择，这给大学教育带来了新的挑战。因此，新形势下的课程思政需采取人本主义教学模式或建构主义教学模式。前者强调个体在教学中的主观能动性，坚持个别化教学；后者强调个体以自己方式通过别人的帮助，建构对事物的理解。

在上述两类教学模式的指导下，课程思政须做到以下几点。①建立主体性课程思政教育。自我教育是学校教育中极重要的一个因素，没有自我教育就没有真正的教育，课程思政要成为开展自我教育和自我发展的课程。在教育者的帮助下，学生根据自觉性充分发挥主体的能动性，通过侧面暗示、榜样影响等方法进行自我教育和自我提高。②建立互动型课堂，即强调学生的主体参与，重视师生之间的交往互动。在课堂上，教师要善于激发学生的学习兴趣和积极性，与学生共同探讨、共同协商、相互学习。③重视课程知识的建构。知识的获得是一个主动过程，学习者不应是信息的被动接受者，而应该是获取过程的主动参与者。课程思政过程应采取情景法、探究发现法、问题式学习、小组研究、合作学习启发式、讨论式、参与式教学，创新性研讨、实践学习成果汇报等转变，激发大家的积极主动性，实现多元化师生互动。④运用网络平台。现今世界，手机成为课程的必需品，利用网络来吸引学生，让学生主动学习。例如，课程思政与朋友圈、微信公众号、班级群等相结合，开展形式多样、风采各异的课程思政第二课堂。⑤解答疑难困惑。学生主体性的发挥，还体现在学生的质疑问难，在教学过程中，主动对问题进行深层次多角度思考，发展学生主体性意识。

通过主体性教学模式，课程思政将充分发挥大学生的主体性，让他们变成能动、自主、自觉、自控的社会主体，建立主体性的思想政治教育和道德教育。

（五）发展性教学评价体系

教育部《为了每位学生的发展，为了中华民族的复兴——中国基础教育课程改革纲要》指出的课程评价制度要强调建立旨在促进学生全面主动发展的发展性评价体系，旨在促进教师不断提高的发展性教学评价体系和旨在不断促进课程发展的评价体系，就是一种发展性评价理念指导下的评价体系。发展性评价体系指评价不再仅仅是甄别和选拔学生，而是促进学生的发展，促进学生潜能、个性、创造性的发挥，核心是重视过程、关注个体差异，强调评价主体多元化。因此，新形势下的课程思政需要改变过去单一、重视教学结果的评价体系，调整和完善课程评价体系，形成发展性评价体系。其重点要做到以下几个方面。

第一，评价形式的改变。过去的课程评价只注重结果，却忽视发展功能的发展性评价，这既不能准确反映学生的实际情况，也忽略了学生正处于发展过程中的现状。课程思政和教育改革的出发点是“以学生的发展为本”，应开展全面的评价。因此，新课程思政观下的评价体系以过程为导向，重视学生在课程思政过程中取得的改变，这有利于激发学生的主动性，引导学生在高等教育课程中注重个体的过程发展。

第二，评价内容的改变。过去的评价只注重专业知识结果。而课程思政的核心是立德树人，评价的内容倾向于课程的职业道德、人文素养、社会责任，学生对学科的情感、态度、价值观，对学科的认知度，未来的职业选择。通过多维度评价，调动学生的积极性，推动学生全面发展。

第三，评价主体的改变。课程思政要实现评价主体从单一向多元的转变。过去单一的评价主体带有主观性和随意性，这不能成为准确的评价结果。因此，课程思政下的评价要依靠任课教师、学生本人、班级评定小组共同合作。其中，自我评价是发挥和发展主体性的重要推手。通过自我评价，唤醒学生的参与意识，认识自身不足，主动寻求进步，实现个人主体性发展。

课程思政要想促进学生主体性发展，还需做很多努力。例如，在学校层面上，思想高度重视，实现课程思政从专人育人到全员育人的改变，倡导高职院校教师积极投身到立德树人的根本任务中。教师层面上，一方面，加强教师的思政素养、人文素养；另一方面，坚持“以人为本”教学理念，牢记课程思政目标，积极推行课程思政提升学生德育发展。最重要的是，课程思政需要始终把大学生主体性发展作为课程思政的目标，尊重学生的主体性，促进人才的全面发展，为我国社会主义建设培养全面发展的人才。

第二章

高职院校课程思政体系

第一节　高职课程思政的现实依据

一、新时代高职院校思政教育的发展需要

党中央高度重视大学生思想政治工作，明确提出大学生思想政治工作的决策部署，密切关注大学生思想政治工作的实践，大力支持大学生思想政治工作模式的改革创新。高职院校实施人人都参与、人人须接受的思政教育，目的在于加强大学生理想信念教育、爱国主义教育、道德素质教育，从而高度认可中国特色社会主义理论体系。中国共产党顺应新时代大学生思政教育的发展和要求，遵循思政教育的本质和规律，把大学生思想政治工作列为重点建设工程。这样的关注和重视，说明高职院校在精神文明建设方面既要满足国家对时代新人的培养要求，又要努力创造促进学生个体全面发展的校园环境。当前是高职院校加强思政教育的好时期，贯彻好教育部关于高职院校思想政治工作的指示，把先进的教育教学理念引入高职院校课程体系，把有效的思政教育理念加入思政教育工作中，是高职院校办好教育的必然选择，是高职院校加强思政教育能力的必然要求，是高职院校提升育人水平的重要保障。

高职院校思政教育仍然存在一些现实问题，例如，知识教育和思政教育在一定程度上存在脱节、思政教育课孤岛化、快信息时代对大学生价值养成的环境产生双重影响等。目前，高职院校思政教育最为普遍的一个问题就是理论认同与现实实践脱节。教育部对大学生思想状况的调查显示，超过 90% 的师生认为思政课有开设的必要，但现实中仍然存在马克思主义理论与高职院校思政课堂“两张皮”的现象，在一些高职院校尤其是应用型院校，马克思主义理论说起来重要、忙起来不要的乱象仍然存在。高职院校思政教育的实践范围受到限制，实施主体覆盖率低，致使思想政治工作进度缓慢，须采取

相应措施以摆脱现状。

为认清新时代高职院校思政教育的复杂形势，解决好高职院校思想政治工作的复杂问题，课程思政在理念转换和实践方法上提供了一套符合时代发展需要、促进高职院校思政改革的方案，以扩大思政教育视角，将思政教育贯穿全过程，实现全员参与、全方位协同、全课程育人，助力高职院校实现立德树人的教育目标，全力培养德智体美劳全面发展的社会主义建设者和接班人。

二、新时代青年正确价值观的引导需求

青年兴则国家兴，青年强则国家强。青年一代有理想、有本领、有担当，国家就有前途，民族就有希望。青年的价值取向决定了未来整个社会的价值取向，而青年又处于价值观形成和确立的时期，抓好这一时期的价值观形成十分重要。对青年的培养是时代重任，要回答好时代命题，就要解决好新时代青年的价值观引导问题。

与初高中阶段的思政教育相比，大学阶段的思政教育更强调针对性和目的性。大学时期是青年系好人生第一颗纽扣的关键时期。他们将在这一时期开启新鲜、多彩的青春探险，迎接一个又一个的学习关卡，为自己设定一个心之所向、为之奋斗的人生规划；同时，他们处在一个经济快速发展、信息极速传播的时代，在社会利益分化、多元价值观念相互激荡的背景下，通过多种渠道获得的信息包含着各种直接或间接影响大学生价值取向和道德认知的不利因素。现实世界和虚拟世界的差异，导致一些大学生不同程度地存在政治信仰迷茫、理想信念模糊、价值取向扭曲、诚信意识淡薄、社会责任感缺乏、艰苦奋斗精神淡化、团结协作观念较差、心理素质欠佳等问题。尽管当代青年具有相对较高的道德认知水平，但其践行能力相对比较薄弱。如何处理好内部需求和外部影响，需要大学生拥有良好的自我认知和坚定的理想信念。由此，基于高职院校培养人、塑造人的初心，在青年学生价值观的塑造时期、性格的锤炼阶段、意志的坚定阶段，教育必须有效地抓住关键，满足学生成长发展的需要，保障学生的身心健康。

课程思政对大学生价值观进行塑造，其内容包括做人做事的基本道理、社会主义核心价值观的具体要求、实现民族复兴的理想和责任。通过课程思政的途径，使课程的教与学平衡发展，使大学生的求知、求德相互渗透，有一石二鸟之效。人生的扣子从一开始就要系好，高职院校承担着这样一份沉甸甸的育人职责，想要实现对学生德育、智育、体育、美育相统一的培养目标，就必须要积极推进课程思政建设，牢牢把握住促学生全面发展的教育手段。

三、试点高校课程思政的实践和经验

课程思政从理论迈向实践的第一步就注定这是一场曲折中前进、否定之否定的战斗。课程思政的实践始于江浙沪地区的一些高校。如浙江大学、宁波理工学院对课程思政进行了探索和实践，指出厘清立德树人和课程思政的关系，要分为四个维度：立德是课程思政的根本任务，树人是课程思政的核心要求，课程是立德树人的路径选择，思政是立德树人的中国视野。复旦大学于2017年6月被确定为高校课程思政教育教学改革整体试点高校之一。复旦大学在实践中主张以思政课程为核心，打造“中国系列”课程、综合素质课程、社会科学课程三力合一的中坚力量，建立以专业课程思政建设为支撑的课程体系，以达到从思政课程到课程思政的圈层效应。江苏科技大学的实践经验是成立专家辅导团队，推动课程思政教育改革，在专业课中加入“思政味儿”，在全校启动“课程思政聚合行动”，着力促进各类课程与思政教育同向同行。浙江中医药大学立足于加强青年学生的理想信念，使课程思政的实践体现知识传授与价值引领的相互作用，让课程与思政相得益彰，全课程与全员统筹推动，传道与授业交相呼应。

北京地区的高校看到课程思政的潜力，开始进行学习和实施，如北京联合大学致力于挖掘各类课程蕴含的思政教育元素，发挥各门课程的思政教育功能，建立27个示范课堂，牢牢把握意识形态主阵地，将“北京元素”融入课程思政，体现了创新性，进行了“守好一段渠，种好责任田”的生动实践。这些取得阶段性成绩的高校是课程思政从无到有的探索者，是将课程思政由局部推向整体的行动家，是课程思政正确性和科学性的见证者，也是课程思政阶段性成果和经验的创造者，这些高校坚持思想与行动的统一，坚持积极创新和实事求是的统一。现在，越来越多的高职院校引进课程思政理念，将其列入重点教育改革任务，在坚持各自的办学特色的基础上，探索适合本校发展的课程思政建设之路，加快思政教育的进展工作。

“大学之道，在明明德，在亲民，在止于至善”，这是课程思政对传统教育的价值回归；“师者，传道授业解惑者也”，这是课程思政对现代教育的价值反思；立德树人，这是课程思政对高等教育的价值追求。课程思政的理念形成和实施现状是新时代高校思想政治工作的发展成果。通过稳中求进的实践摸索、基础坚固的理论支撑、实事求是的现实依据，课程思政将会如火如荼地进行，使高职院校思政教育焕发新的生机，让师生共创共享思政教育发展的成果。

第二节 高职课程思政的难点分析

在习近平新时代中国特色社会主义思想指引下，按照科教兴国和人才强国战略部署，在构建人才培养体系过程中，高职院校思政教育的续航能力面临新的考验，高职院校思政教育改革必将有所作为。党和政府积极倡导课程思政理念，要求高职院校深化课程思政意识，紧紧围绕立德树人的根本任务，开展全员、全过程、全方位的高职院校育人工作。在课程思政的理论构建和实践运行过程中，有许多难关要闯，需要用辩证唯物主义和历史唯物主义看待问题，遵循唯物辩证法，分析课程思政建设的矛盾，并针对高职院校的管理、课程、教师和大学生四个研究对象，厘清难点问题，探索解决之路。

一、课程思政的管理层面探析

（一）树立课程思政理念

高职院校课程思政建设的第一步就是要树立课程思政理念，牢固树立课程思政意识，推进新一轮的思政教育创新发展。课程思政理念在高职院校思想政治工作中还没有提出普及性的理论支撑和实践范式，致使一些高职院校在课程思政理念的认识阶段产生了差别。

在面对课程思政理念的认知问题上，首先高职院校要解决课程思政由谁领导的问题。只有确立课程思政的领导核心，才能保证理念的说服力和感染力。课程思政理念在不同性质的高职院校的影响力度是不同的。在专业程度比较强的高职院校，课程思政理念并没有深入高职院校的思想政治工作体系中，因为思政教育融入专业课程体系的难度系数比较大，所以课程思政的可完成度、可利用度和思政资源可挖掘度存在巨大挑战。在这些高职院校，领导主体如何主动接收和认真学习课程思政的核心理念，如何借鉴试点高职院校的成功经验而不是只照搬照抄其他高职院校课程思政模式，如何依靠自身的办学优势和专业特色将课程思政引进思政教育工作之中，把课程思政落实到学校思政教育实践等，都是树立课程思政理念、用课程思政理念指导思政教育实践必须解决的难点。

其次，高职院校树立课程思政理念不能只局限于领导层，更需要领导核心将基本理念传递给各级组织及部门，并号召全体教师共同学习，共同推进课程思政理念“进课堂、进教材、进头脑”。课程思政理念的形成过程是对高职院校全体教育工作者的思想考验。课程思政的成败在很大程度上取决于认知基础，而认知基础的最大保障就是牢固树立课程思政理念，所以高职院校管理层必须高度重视课程思政理念，由上到下地贯彻落实，在最开始就把握课程思政的主导权，为后续工作做好思想准备。

（二）实现课程思政协同

解决好课程思政理念认知的首要问题，接下来就是课程思政在管理层面的运行问题。依据高职院校管理体制纵向上的分类，分为校—院—系三级。各个院系是高职院校的重要组成部分，要求高职院校党委担任课程思政领航员的角色，把课程思政落实到各级管理主体，并打通各个院系的连接渠道，实现不同院系的协同创新，实现各类课程的协同育人。

就目前高职院校的管理机制要推进全校课程思政建设，必须进一步完善课程思政的联动机制。受高职院校内部条块分割的体制运作模式的影响，许多高职院校将思政教育任务作为一项专业性意识形态工作，通常将其直接分配给哲学社会科学等相关院系，其他院系和部门则根据专业要求完成自己的教学任务。因此，当课程思政落实到各级管理主体时，他们难免会产生抵触心理，容易出现“不以为然、各自为营”的思想误区，积极性不高又缺少接触机会，这样既不利于教学经验的交流和学习，又会影响专业课程的思政教育效果。

高职院校课程思政面对不同的管理主体，要实现协同育人，需要在党委的统一领导下，部署各级院系课程思政的课程教学改革工作，在校—院—系的管理体系中把课程思政有效落实到每个管理组织，实现全员参与、协同创新的育人目标，激发各级管理者的积极性。校—院—系的课程思政协同，实现育人合力的最大化，考验着各级管理组织的创新和操作能力，考验着各级管理主体之间的沟通和协作能力，考验着各级管理主体的责任意识和育人决心。

（三）评价课程思政成效

评价是指判断某事物对人和事产生的价值大小，是主体对客体满足其需要的程度所做出的价值判断。课程思政的评价工作需要宏观和微观的双项评价结果，宏观评价是对推进课程思政建设的整体评价，微观评价是对课程思政的实施主体的评价。课程思政的评价对象主要是进行课程思政改革的课程、教师和学生，包括课程开发与设计的实际效果、教师课堂教学的育人能力、课程思政对学生思想的影响效果等，都是需要通过评价这一管理手段来进行评估和改进的。课程思政的实施主体在教师，建设成效在学生。课程思政改革的效果如何，最终必须以学生的获得感为检验标准。课程思政的获得感要通过教师的课堂教学成果和大学生的思想状况和精神状态变化来呈现，这需要做大量的考核工作，也需要采取行之有效的评价方式。对教师思政能力的评价需要认真研究其评价内容，以确保评价全面且充分；对在校大学生的知识水平和思想状况进行检测评价，要体现及时性和全面性，目前依靠每学期开设的思政教育课的成绩来进行评价是不全面、不充分的，因为思政课往往以上大课的形式为主，这样的评估效果不足以完全支撑评价结果，需要其他各类课程的教学进行补充和支撑。但在课程思政实施过程中，往往会忽视其他课程对大学生思政教育的评价及反馈信息。

如同前面的观点，对于课程思政的评价工作会受到管理体系的制约，简单地一次性地完成综合而全面的评价是不现实的，而且对不同类型课程的课程思政用统一标准来进行评价也是行不通的，那么如何获得真实有效的评估结果和问题反馈，并形成评价体系的良性循环，则是课程思政在管理层面的建设中极其重要的环节。课程思政完成阶段性的任务之后，需要进行阶段性的评价工作，对不同实施主体的评价是和对课程思政自身的评价结合在一起的，因而这种评价是一个系统性工作，需要详细规划。

二、课程思政的课程层面探析

（一）构建全课程育人体系

如何提高各类课程的思政教育水平，如何确定各类课程的思政教育方向，如何完善各类课程的协同育人体系，是课程思政在课程改革环节需要重点考量的问题。课程建设是深化课程思政的中心环节，构建全课程育人体系的改革是必然的。各类课程都是育人环节不可或缺的一部分，需要发挥其独特的育人价值，共同打造全课程育人体系，形成专业课、通识课与思政课紧密配合、同向同行的育人格局。全课程育人体系实现协同育人，需要在专业课和通识课的思政能力发挥上下功夫，发挥出专业课和通识课在全课程育人体系中的育人作用。

专业课和通识课承载着“守好一段渠，种好责任田”的责任，是全课程育人体系的重要组成部分，也是构建育人体系的突破口。专业课和通识课进行思政教育的制约因素体现在其课程体系中，主要有两点：一是思政意识淡薄，对育人责任的认识有偏差，大部分专业课程教师在教材的选择上、备课的过程中，把思政教育元素淡化甚至边缘化；二是高职院校对专业课程的科研成果和教学质量的要求越来越高，专业课程教学任务繁重，教学进度紧凑，因此，在教师的科研和授课过程中，往往会忽略思政教育元素的存在，只传授知识，却错失对学生进行价值引导的机会，这必然会降低专业课程的育人效果。

如何摆脱专业课和通识课在课程思政建设方面面临的现实困境，构建课程思政的全课程育人体系，需要各类课程在协同育人体系中找准定位、明确分工。在专业课、通识课与思政课保持同向同行逻辑关系的前提下，全课程育人体系要求高职院校思政课要兼具对其他课程的方向指导和价值引领；而专业课、通识课要进行课程思政建设，确保在育人环节不掉队，充分利用课程隐性教育的优势。

（二）发挥各类课程思政功能

由于高职院校院系设置的多样化、学科性质的差异化、课程内容的专业化，在保证原本课程特色基础上，把思政教育应用到各类课程的实践教学中，发挥各类课程的思政功能是课程思政的核心工程，也需要集中精力解决的难题。专业课是课程思政的关键一环。在整个专业课程教学系统中，由于课程分类的多样化，将课程思政融入教学的各个环节，不是一件容易的事，把课程思政教育改革体现在各类课程教材中，发挥在各类教学课堂中，牢固在教师头脑中，需要我们在不违背教育教学规律基础上，让整个教学过程落实课程思政的基本理念，并做出相应调整和改变。依据理工类、艺术类、体育类、外语类、哲学类、社会科学类等不同专业的特性，在原有知识结构中融入什么样的思政内容，为什么融入这样的思政内容、怎么样融入思政内容、如何把握课程思政的本质要求和实践逻辑，在教学内容设计中体现课程思政理念，这些都是调整专业课程思政功能的基本问题。通识课是课程思政的重要一环。一般而言，通识教育课程是指除专业教育之外的基础教育课程。在高职院校通识课的设置中，部分高职院校存在的问题表现在：一是把通识课上成专业课，或者说通识课的专业性越来越强，育人价值被弱化；二是在通识课的内容选择上大而空，脱离实际讲理论，这无疑会丢失通识课本来的味道，而其中最重要的一种调料就是思政教育；三是通识课只是为学生提供的一种好拿分、拿高分的课程选择，不注重学生兴趣的培养，不注重通识课的育人效果；四是部分院校忽视通识课内在的育人作用，在所有课程中的占比持续下降，开课率低，对通识课的育人功能存在明显偏差，导致通识课在整个课程体系中的思政功能可有可无。对通识课进行改革，要对当下通识课的现状有清醒的认识，反思教学目标，重构教育理念。

针对以上课程教学的思政现状，如何调整专业课程和通识课程的思政功能，把课程思政理念充分融入教学，是课程改革中的一项艰巨任务。

（三）挖掘各类课程思政资源

现代课程论之父拉尔夫·泰勒深刻阐述了课程资源的利用问题，提出要最大限度地利用学校资源。课程思政的关键在于开发专业课和通识课教学中的思政元素，挖掘其蕴含的思政资源，是进行课程思政改革的先决条件。

专业课的思政资源在客观上呈现出隐蔽性、随机性、渗透性三大特殊性，专业课教学若不实现专业性课程知识和思政教育资源的有机统一，课程思政建设必将难以深化。在通识课的课堂教学中，思政资源的直接利用率不高，开发力度不够，资源的挖掘进度受到阻力等现状，同样会影响课程思政的实施进度。专业课和通识课需要解决的问题主要表现在下以两点。一是加深思政资源与课程的契合度是解决课程思政的重要问题。不同课程所需挖掘的思政资源要符合不同课程的育人追求。哲学社会科学课程和自然科学课程两大类别的思政资源呈现出不同的价值导向。如果只是对思政元素的生搬硬套，课程思政的效果就会差强人意，所以如何保障思政资源的适用性是其必要前提。二是各类课程的教育主体对思政教育资源的开发意识不强。由于传统授课形式的固化，教师对教材思政资源的视而不见、见而不讲，加上对现实生活的思政元素关注不足，从根本上制约了课程中思政教育资源的呈现。

详细的课程分类导致各类课程的思政资源多样化，所以挖掘符合各类课程育人追求的思政元素是课程思政改革的潜在要求。各类课程应把“专业课程”作为价值与科学连接的“精神中介”，把“通识课程”作为自然与人文相交的“精神桥梁”，充分挖掘潜在的思政资源，通过课程教学的隐性教育，在知识领域塑造学生人格、锻炼学生意志。依据不同高职院校的办学特色和专业特色，有方向性地挖掘各类课程的思政教育资源，抓准有丰富资源潜力的重点课程进行改革，以点汇线，以线汇面，使课程思政资源看得见、摸得着。

三、课程思政的教师层面探析

（一）转变教学观念

转变高职院校教师的教学观念，是课程思政教师队伍建设的首要问题。教师的职业诉求是成为有理想信念、有道德情操、有扎实学识、有仁爱之心的“四有”好老师，教师的教学魅力和专业素养直接影响着学生的学习态度和行为举止，教师的授课过程从本质上看是传授知识、提高能力和培养态度、情感与价值观相统一的过程，体现出教师的教学观念对教育的重要性。

课程思政所倡导的教育理念就是要求各类课程教师在授课过程中重拾教书育人的职责和使命，但是，在教师队伍中，大部分非思政课教师会存在一些懈怠心理，认为学生的思政教育总会有人来做，自己完成本职的教学任务就好。在专业课教师队伍中，思政教育普遍缺乏，专业课教师对于课程思政建设依然有所顾虑。上述现象同时也发生在通识课教师身上，通识课的育人功能被淡化，通识教育对学生的价值引导作用被忽略，教师对课程思政理念有消极心理，这在很大程度上影响了通识课思政教育的积极作用。教师队伍如何应对课程思政带来的第一个考验，转变固有的教学观念，走出对课程思政的认知误区，深刻理解课程思政所提倡的全员育人教育理念，自发参与课程思政实践改革并实现职业价值，需要专业教师和通识课教师对教师职责进行深刻反思和重新认识，同时也需要其他各方力量（如思政课教师）的引导和深化。

（二）提高思政水平

专业课作为课程思政建设的重点改革课程，决定了专业课教师是课程思政建设的重点发展对象，是课程思政实施的关键因素。专业课教师在教师队伍中的所占比例较大，是最难也是最需要动员的教师群体，他们的思政水平将影响课程思政的实效性。

一次高质量的课程教学任务，一定是知识传授与价值引领的双方面体现。专业课教师在专业领域固然有很高的造诣，但他们要做好课程思政，把思政教育元素融入课堂教学，需要具备两方面的能力：一是思政教育水平；二是思政业务能力。“滴水穿石，非一日之功”，要真正掌握马克思主义世界观和方法论，在实际教学运用思政教育手段，对于专业课教师来说是需要不断学习和积累的。专业课教师对于思政教育相关话语的陌生，一方面源于其思政教育的知识储备不够，难以发现隐藏在教材和授课环节的思政教育元素；另一方面是受传统的教学方式限制，在备课和授课时，想要融入思政教育元素会表现出力不从心，而导致事倍功半。

各种迹象表明，提高专业课教师的思政能力是课程思政的关键点，也是突破点。对大学生思想言行和成长影响最大的是专业课教师，让专业课教师认识到对学生进行思政教育的重要性和必要性，让专业课教师积极投身到思政教育知识的学习中，让专业课教师在课堂教学中融入思政教育，都可以提高专业课思政教育水平。

（三）提升协作能力

唯物辩证法要求我们用联系发展的观点看问题，教师队伍是一个整体，整体结构的优化离不开教师个体的参与和协作。思政课教师就像是课程思政这道题的答案的应有之意，而专业课可以决定这道题回答得是否有亮点、是否有加分。由于思政课教师在思政知识储备和思政教学经验上有一定的优势，在课程思政建设中，专业课教师群体的压力相对较大，其压力来自对思政教育理论知识的模糊、对思政教育方法的迷茫等。思政课教师与专业课教师进行协作与配合，是课程思政对教师队伍建设的主观需求。课程思政理念深入每一位教师的教学活动中，思政课教师传授给专业课教师以知识和方法，使专业课教师在短期内进入课程思政教学改革状态，形成有效的教学成果。

在学科交叉发展的大趋势下，不同学科之间的联系日益密切，教师之间的交流学习发生着质的变化。但是在教师队伍中，由于人文科学和自然科学的分类，各类教师的交流学习依然局限在本院系或极少数相关院系，与其他专业院系的交集少之又少。这一现状不仅阻碍了教师之间的情感交流，也不利于学科的交叉深入探讨。对高职院校课程思政来说，要使思政教育融入各类课程，满足教师的发展需要，必须提升教师队伍的配合协作能力。对教师队伍协作配合能力的考验，其主要体现在三个方面：一是为教师创建沟通平台，尤其是课程思政的交流平台，做到我中有你、你中有我，给予教师进行真诚交流的安全感；二是确保思政课教师在政治方向上的正确引导性和思想觉悟上的先进号召力，为专业课教师提供思想教育的经验和方法；三是引导专业课教师积极学习思政课教师的教学经验，做好隐性思政工作，让思政教育在专业课程中悄然开花。加强教师队伍的建设，提高教师队伍的协作，需要不同高职院校结合各自的情况，具体问题具体分析，达到缩小思政课教师与专业课教师的差距、拓宽课程思政布局的理想效果。

四、课程思政的学生层面探讨

（一）分析学生成长环境的特殊性

课程思政的终极价值追求是立德树人，实现学生全面发展。目前，“00 后”的大学生逐步走出校园，“05 后”开始步入大学校园，这一群体的独特成长环境造就他们独特的思考方式和行为特点。这一代人既仰望星空也脚踏实地。我们有时会看到努力奋进的他们，有时也会看见困惑迷茫的他们。课程思政建设的科学性体现在从学生出发，分析学生、了解学生。如何分析当代大学生群体成长环境的特殊性，让课程思政“活”起来，需要进行有针对性的研究。

新时代大学生成长于 21 世纪，社会环境对其成长的影响体现出正反两个方面：正面影响是在中国快速发展的大环境下，社会主要矛盾已经从人民日益增长的物质文化需要同落后的生产力之间的矛盾转化为人民对美好生活的向往和需要同不平衡、不充分发展之间的矛盾，期间经历了许多大事。在此期间，我们看到的是党和政府规避风险、乘风破浪的魄力，看到的是党和政府全心全意为中国人民谋幸福、为中华民族谋复兴的初心。在这样的社会环境中，这一特殊群体得到的是越来越多接触新事物的机会，享受越来越多保障成长的权益。反面影响是互联网飞速发展，低级的附庸产品逐渐显现，电子游戏和不良网站、电信诈骗等腐蚀着网络发展环境，影响社会的安全，众多不利于学生身心健康成长的因素依然存在，这些使得当代大学生对自由、民主、公正、法治的社会需求和追求越发强烈。

家庭环境对当代大学生成长环境的影响也体现在正反两个方面：正面影响体现在人民的生活水平提高，家庭收入增加，家长注重孩子的教育培养，逐渐意识到家庭对孩子基础知识教育和素质教育的影响，努力为孩子营造温馨融洽的家庭环境，创造有利于身心健康成长的环境。反面影响是部分家庭的抚养方式阻碍了孩子成长，比如在单亲家庭、留守家庭等特殊家庭环境下成长的大学生，缺失的那份家庭情感在不同程度上影响着他们的心理健康和社交能力。

分析学生成长环境的特殊性，难点在于如何把学生放在其特殊的成长环境中去剖析，去搜寻有利于课程思政进展的现实因素，在于如何使课程教学中的思政素材贴近学生，在于如何建设与社会、家庭环境互补的校园环境。课程思政建设要了解学生成长环境，使课程思政的实施出发点紧紧跟随大学生的成长历程，充分利用社会和家庭对大学生成长的积极影响，同时缓解社会和家庭的消极影响。这有利于提高课程思政的公信力，确保课程思政建设真实有效。

（二）把握学生思想特点的复杂性

受到成长环境的影响，新时代大学生的思想特点具有独特又复杂的特点，其思考方式和价值取向会出现不同于其他群体的突出之处。在课程思政建设中，把握学生的思想脉搏，了解学生的思维方式、掌握学生的教育方式，有助于加强课程思政的效果，突出课程思政的育人理念。

无论是“90后”还是“00后”的大学生，在相对宽松的大学环境下，都会逐渐形成自身独特的价值追求和价值选择。他们在与自己的思想斗争中，追求独立、自由、上进、创新，但容易受到外界各种因素的干扰。在理想与现实博弈中，容易质疑或者否定自己。课程思政建设需要牢牢把握新时代大学生的思想特点。一方面，新时代大学生主体意识较强，具有创新思维，学习能力突出；另一方面，过度理性和过度务实，过度追求个性化价值。有学者分析了当代大学生思想变化的新特点，认为主要体现在思想意识独立，崇尚以自我为中心；关注自我价值与非功利性交叉，信奉务实价值观；个体需求现实性与成才多样性互补，关注财富的重要性。把握学生思想特点的复杂性，课程思政的教学改革才能牢牢抓住学生的好奇心和注意力，从学生出发，真正做到因材施教。为了更好地落实立德树人的根本任务，课程思政要把握好当代学生思想特点的复杂性，关注学生的普遍性和特殊性，有依据、有针对性、有计划性地进行课程思政建设，做到从实际出发，对大学生进行思政教育。

一个新的理念应用到具体领域的时候，要做到有始有终、有成效、有反思，这是理念创新的存在价值和使命。在高职院校思政教育领域，课程思政是一个尚未完全成熟的改革理念，还没有出现适应各类院系的完美模板，在课程思政建设过程中会遇到不同问题或者同一问题的不同方面，所以，各个高职院校要抓住课程思政建设的主要矛盾，不断优化课程思政的改革体系，化难点为动力，实现立德树人、以文化人的教育目标，培养社会主义建设者和接班人，不负党和国家的信任。

第三节　高职课程思政对学生的影响机制分析

高职院校课程按其表现形态一般分为显性课程与隐性课程。显性课程是指教学计划中包含的学科课程和活动课程；隐性课程则是与之相对应的一种潜在课程，它存在于教学计划之外，隐藏在非正式课程中。显性、隐性课程构成完整的课程体系，在学校的教育教学活动中扮演着重要的角色。显性课程与隐性课程相互联结，并以合力的方式影响着受教育者。高职院校课程思政能否有效开展，取决于思政教育显性、隐性课程是否能够协同作用。

在对思政教育进行研究的过程中，其中的机制具体的是指思政教育各要素的基本规律和相互作用方式，目的是达到特定的目标。研究高职院校课程思政对高职院校学生的影响机制，有利于对学生进行思政教育。

一、课程思政教育中显性课程对学生产生影响的机制分析

一般而言，课程思政教育过程中，思政教育显性课程是通过知识传授、促进学生学习、进行教学评价等方式来影响学生。

（一）知识传授

思政教育内容体现着思政教育的性质，而知识传授是课程思政教育中显性课程对学

生产生影响的具体化机制，是显性课程对学生影响的外在表现。目前，学术界对思政教育要素的研究多样，比较流行的是“四元论”和“五元论”。“四元论”包括思想教育、政治教育、道德教育、心理教育等。“五元论”比“四元论”多一个法纪教育。这两种理论其实没有本质的区别，“五元论”中的“法纪教育”已经融入“四元论”的其他要素，特别是融入“政治教育”。

知识传授是课程思政教育影响学生的主要机制，侧重于世界观和方法论的教育，注重解决主观和客观一致性的问题，主要包括科学的世界观、人生观、价值观教育，艰苦奋斗精神教育，马克思主义唯物论、无神论教育，辩证思维方式教育、科学精神教育和创新精神教育等。

（二）促进学生学习过程

就学生的接受机制而言，可以分为有意和无意。对于显性课程来说，学生总是在明确自己在学什么、要去哪里，具有强烈的目的性。一般来说，他们会有意识地进行自我控制，不断进行自我调节，以获取经验效果最大化。就教师的表现而言，在显性课程中，教师主要采用直接、明确的方式去传达教育内容。所谓直接是指教师把教育内容直截了当地传授给学生，清楚明确地告诉他们要学什么、达到什么样的目标、会有什么样的结果等。所谓明确是指教师与学生对自己教书与学习的角色明了，教育过程的痕迹明显清晰。在课程思政教育过程中，显性课程对学生学习过程的促进正是通过这样的方式进行。

（三）评价导向

在对学生进行课程思政教育的过程中，传授给学生的不仅是相关的理论知识，还有社会对于新一代青年的要求和期望，培养的是有理想、有道德、有文化、有纪律的“四有青年”；对学生进行教育的不仅仅是思政教育理论课程的教师，更是“全员育人”最大限度的发挥；教育效果的衡量标准绝不仅是学生理论课程成绩，而是其思想品质和行为方式的总体呈现。

二、课程思政教育中隐性课程对学生产生影响的机制分析

课程思政理念中的思政教育的隐性课程主要是指显性课程以外的其他课程，其对学生的思政教育，主要是通过综合素养课和专业课中发掘的思政教育资源来进行。与思政教育的显性课程不同的是，思政教育的隐性课程对学生的教育有着微妙的、间接的影响，因

而有其独特的教学机制。具体来看，思政教育的隐性教学机制主要是通过暗示、感染、模仿、认同等方式来影响学生。

（一）高职院校思政隐性课程开发过程中的施教机制

1. 暗示

高职院校思政教育中的隐性课程通过各种情境和氛围，使学生自觉地接受教育。在学校教育活动中，多种教学活动和教师的言行举止都可以提示学生，使其接受信息，进而形成心理的体验。高职院校思政教育中的隐性课程对学生的影响取决于多种因素，例如学校环境的氛围，师资力量的综合素质和道德修养，教学过程中方式方法的选择和学生整体接受水平及主观意愿等。这些因素对高职院校思政教育中的隐性课程设计和实施的科学性、艺术性提出了很高的现实要求。

2. 感染

目前，以提高思政课程的实效性为切入点，全国各高职院校充分利用地方历史文化资源优势，积极开展实践教学活动，使大学生在思政课程与社会现实性相结合的过程中受到感染。比如，可以充分利用当地丰富的历史文化资源，通过组织学生参观历史博物馆等地，加深当代大学生对中国近代史的了解，激发学生的爱国热情，或者追寻红色记忆，加强革命传统教育。还有一些院校在暑期组织优秀学生到全国各地进行社会实践调查活动，引领广大学生走进社会大课堂，在实践中接受教育。

3. 认同

认同作为影响心理的重要机制，也成为思政隐性课程影响学生心理的重要机制，在理论与实践中得到广泛的应用。人们遵守和认同社会规范往往是受社会舆论的驱使。社会舆论是指社会公众的想法与观点，是社会广大人民群众的共同信仰，也可以认为是信息交流之后人与人之间产生的共鸣与碰撞。学校环境中的舆论通过认同影响学生，群体规范应运而生，以其一致的压力驱使人们认同或者遵守群体规范。

4. 模仿

心理学家班杜拉（Albert Bandura）的“社会学习理论”对于解释思政隐性课程如何教育学生具有很强的启发性。他认为：“模仿或观察性学习是观察他人行为、形成观察行为及其结果的概念，并运用这些概念作为编码信息以指导其未来行为的过程，人们表现出来的大多数行为都是通过经意或不经意的模仿来学习的。模仿使人们能够从示例中学习到他们在尝试某种特定行动之前应该做什么，从而减少因直接尝试带来的负担和风险。”

（二）高职院校思政隐性课程的学生接受机制分析

接受是指接受主体由于某种需要，对接受客体的反映、择取、理解、解释、整合、内化以及外化践行的过程。接受过程则是接受主体和接受客体双向建构、双向发展的过程，既是内化整合的过程，又是外化践行的过程，学生通过其独特的接受机制，在暗默中掌握思政隐性课程信息，而不是像思政显性课程信息那样，是通过教师直接讲授来掌握。

1. 主体接受机制

思政隐性课程对学生的影响依赖于学生的主体活动。学生会被动接受思政隐性课程的影响和主动选择和加工课程传递的信息。思政隐性课程信息作为一种客体，学生作为认识主体，思政隐性课程的主体接受机制就是一个由接受主体对思政隐性课程信息进行内化整合，外化实践的特殊认识过程。

由此可见，思政隐性课程的接受过程不是简单的刺激—反应过程，学生接受思政隐性课程教育影响的过程也不是消极被动的，忽视学生主观能动性的发挥，影响教育的实现，不利于思政整体功能的发挥。当然，在实践过程中，也可能出现各种复杂的情况。

2. 影响主体接受的因素分析

思政隐性课程是一种隐含在其他载体中的课程，包括教育者、受教育者、教育内容、接受环境和接受媒介。影响思政隐性课程接受的因素伴随着课程的开展并在各种因素的综合作用下实现。

教育者在思政隐性课程中的含义十分宽泛，学校的所有人员包括教师、行政管理人员和后勤人员等都是教育者，并对教育效果具有十分重要的影响。思政隐性课程往往融入各门学科教育教学的全部环节。只有教育者对道德规范躬身践行，创设民主、宽松、和谐的接受氛围，与接受者良性互动，才能形成教书育人、管理育人、服务育人的良好局面，产生良好的教育效果。

受教育者的需求是有效接受的原动力。只有当接受主体在心理上有一种强烈的愿望、需求，才能形成对思政隐性课程主动接受的态势。因此，思政隐性课程必须转向关心人、尊重人、理解人，坚持个人价值和社会价值的统一，同时坚持教育者的主导性与受教育者的主体性的统一，这样才能提高学生接受思政隐性课程的自觉性。

教育内容是指教育者有意识、有目的地进行开发设计的课程。教育者在开发设计课程时，要充分考虑接受主体已有的认知结构、思维习惯、价值观念、道德品质和行为倾向，也就是海德格尔所说的“前结构”，因为这些直接影响受教育者对教育内容的选择和接受。此外，教育内容要反映社会发展和人的发展双重要求，让受教育者更好地适应社会并发展自己。

接受环境包括宏观环境（如政治、经济、文化、心理环境）及微观环境（如工作和生活环境）。接受环境很大程度上影响隐性课程的接受效果。

接受媒介是指思政隐性课程信息的传播渠道，主要分为四大类：第一类是知识性思政隐性课程，即隐含在各类显性课程中的思政教育隐性因素；第二类是活动性思政隐性课程，即隐含在各种课程实践中的思政隐性课程因素；第三类是以环境思政隐性课程；第四类是制度思政隐性课程。

第四节　高职课程思政教育内容与方法体系的构建

高职院校思政教育内容资源庞杂、零散，教育方法在现实思政教育实施过程中，往往停留在理论阶段，难成体系。对思政教育内容资源的开发与利用、教育方法的构建是新时期实现从思政课程到课程思政的重大课题。

一、课程思政教育内容体系构建

毋庸置疑，当前高校思政教育虽一再高举“德育生活化”和“全课程全学科思政”的大旗，但现实中的思政教育被限定在传统的思政教育课程里，其他课程及任课教师也缺乏思政教育的主动性和积极性。课程思政这一课题的提出旨在从根本上提高各党政机关、课程、任课老师的思政教育积极性，将当下思政教育存在的“两张皮”现象从根本上扭转。

从思政课程到课程思政，思政教育的内容需要进行思考和整理，重新整合教育内容，以全面响应课程思政的根本目标，打造全方位的课程思政教育内容体系。

（一）挖掘课程的思政教育资源是先决条件

所有课程都蕴含着丰富的育人资源。一方面，课程思政建立在每一门课程的基础之上，要与学科体系建设相结合，明确学科育人资源，建立学科育人共同体。比如，哲学社会科学课程要注重政治导向和文化的育人功能；自然科学课程要挖掘其科学精神和人文素养，培养创新意识，进行生态文明和工匠精神教育；应用技能型工科课程则可以探讨如何通过有效的实践活动形式来挖掘思政教育元素。学生受到多学科的熏陶，更容易树立正确的价值导向，培养其理性平和的心态、富有人文关怀的情感和高尚的审美情操。

另一方面，要着力探索课程思政的课程标准和教学规范，明确课程中的思政教育元素，在教育教学全部环节，明确育人要求，将提高课程思政的教育教学质量落地落实。

（二）着眼课程思政教育目标的“纵向衔接”

课程思政指向一种新的思政教育工作理念，即“课程承载思政”与“思政寓于课程”。落实好这一新理念，要做到课堂教学、社会实践、网络运用三维课堂的有机统一。课程思政要始终围绕专业和学校的培养目标展开。

“课程思政”首先要为专业培养目标服务，要将本学科的知识导向和能力培养的要求和学科价值引领的落实有机统一。在以往的学科人才培养方案中，对知识和能力的培养要求十分明确具体，对思想价值引领的要求却不明确，即使有也被所谓“高素质”“健全人格”等抽象的词语代替了，这就导致价值引领在学科教学中无法落实到位。

课程思政还要服从服务于学校培养目标的育人要求。虽然各高职院校最终都是为了培养德智体美劳全面发展的社会主义建设者和接班人，但是不同高职院校的培养方式是不同的，他们的校史、校风、校训、教风、学风、校貌等也体现着自身的特点，所以课程思政既要为专业培养目标服务，又要体现高职院校自身的办学特色。

（三）强调显隐性教育、人文与自然学科、思政教育新旧问题间的“横向贯通”

课程思政教育内容包含许多对立统一的矛盾，比如思政显性和隐性教育、人文与自然学科、新旧思政教育的矛盾等，只有将这些矛盾横向贯通，才能真正实现整体化的课程思政。要实现课程思政教育的横向贯通，需要做到以下几点。

第一，将显性教育与隐性教育结合。思政教育课是一门具体的显性教育课程，要充分发挥其在学科建设和课程思政中的引领作用；其他课程作为隐性课程，在完成本学科教育教学任务的基础上，要与思政教育课形成协同效应。因此，在高职院校的课程思政建设中，要发挥思政教育课在课程思政建设中的引领作用，同时也要发挥其他隐性课程的助力作用。

第二，人文社科与自然学科的有机结合。课程思政理念下，各类课程都蕴含着思政教育元素。现代学科分类精细，传统教学存在学科知识碎片化、壁垒化等问题，不利于实现育人的整体效应，因此，需要统筹规划各门学科，建立知识与人、知识与生活之间多维度的交融关系。

第三，要将传统思政的理论性与新思政的交互性有机结合。丰富生活化的德育内容，关注热点问题和社会热点问题，做到理论与实际相结合。思政教育在贴近学生、贴近生活的同时，还要处理好理论教学与德育实效性的关系，既要在研究思政教材和学生的基础上，设法使抽象的理论内容具体化，又要针对学生出现的学习、生活、心理等具体问题进行抽象概括，形成理性认识，沿着从“抽象到具体”与“从具体到抽象”两个方向的路径，使思政教育与生活实际问题有机结合。

（四）加强专业教育课、综合素养课和第二课堂的“三位一体”建设

从“思政课程”到“课程思政”的教育内容构建应更新观念，树立起全方位、大空间育人观。社会环境的愈加复杂，从客观上要求高职院校思政教育环境体系建设要树立全方位、大空间育人观和系统工程的观念，要切实将课程思政的三大组成部分，即专业教育课、综合素养课和第二课堂进行有机结合，三位一体，协同并进，发挥其在塑造大学生良好思想品德方面的积极作用。

思政教育课要加强思政教育的理论性，确保思政教育大方向的正确性；专业教育课要积极发掘蕴含的思政教育元素，并设法使之显性化；综合素养课要与时俱进；第二课堂要推陈出新；同时，教育者要率先垂范，为学生提高自身综合素养做出表率，从而促使课程思政教育达到良好的教育效果。

思政教育是个大命题，每门课程都应融入这个大命题中，并将思政教育相关因素渗透至各门课程，正确处理好各类课程之间的关系。只有将思政教育与专业教育切实有机结合，才能提高学生的综合素质。

要将专业教育课和综合素养课与第二课堂充分结合。大学生整体思想道德水平的提升需要第二课堂的力量，而不是课堂教学能独自解决的。要精心培育具有较高综合素养水平和浓厚专业特性的第二课堂思政教育环境，在多元课程冲突中，坚持正确的价值导向和先进的文化导向，用以爱国主义为核心的民族精神和以改革创新为核心的时代精神来教育引导学生。第二课堂形式多样、时空范围广，其内涵、外延和深度、广度都是课堂教学不能比拟的，因此，绝不能忽视第二课堂的思政教育功能。高职院校在课程思政实践过程中，要把除思政教育理论课这一教育主渠道以外的课程即专业教育课和综合素养课与第二课堂充分结合，以“立德树人”作为根本导向，以马克思主义和中国特色社会主义理论体系为指导思想，科学设计载体，创新工作举措，以文化人、以习育人，建立立体化思政教育工作体系，实现大学生思想道德素质教育的内化于心、外化于行。

具有课程思政教育气息的第二课堂活动形式主要有：文化讲座、校训解读、经典品读、社团活动、竞赛活动、创业活动等。在这些活动中，要有意识地彰显道德对人的存在的意义，比如公共生活中的道德性，人际交往中的人格力量，集体利益与个人利益的协调等，在思政氛围中培养学生的公共精神和自律意识。

要让专业教育课与综合素养课相结合。专业教育课与综合素养课的结合，既可以提高大学生的专业技能，又培养其精神素质，有利于增强思政教育的实效性。

专业教育课与综合素养课的结合可以通过教材改编、理论学习与实习实践活动相结合、重建专业课程评价体系等多种形式来进行。一是通过教材系统改编，在教育大纲中对综合素养及专业能力提出相应要求，在知识传授的过程中注重各项综合素质的养成，加强教育的针对性。二是在育人过程中将理论学习同专业实习实践相结合，加强教育的理论性和实践性。三是重建专业课程评价体系，对学生除专业技能评估之外，加以综合素养的要求，以保证教育的实效性。一方面，教育者深入了解二者结合的重要性，并将之有效灌输给学生，从而有的放矢地进行课程思政教育；另一方面，教育者应尽力引导教育对象，使教与学的活动形成双向互动，这有利于帮助教师及时调整教育方式，提高育人效果。

总之，思政教育课指导下的“三位一体”高职院校课程思政体系，必须将思政教育课、专业教育课、综合素养课和第二课堂中的一切积极因素进行整合，形成良性互动，实现思政教育的最佳效果。

（五）教材建设是课程思政内容建设的重要依托

教材、教师、学生是课堂教学活动的三种基本要求，也是教学质量生成的三种基本要素。它们从不同角度、不同层面对教学活动和教学质量产生决定性、根本性、实质性的影响。教材是课程思政的重要内容，是教育教学的重要依托。教什么，怎么教，建设什么样的教材体系，既是国家意志的体现，又是研究育人的本质问题的必然要求。

主干课程教材、意识形态属性较强的哲学社会科学教材和其他课程的教材都要体现知识的价值导向。加强教材建设的同时，必须创新学科体系、学术体系、话语体系，教材内容尽力避免“大话、空话、套话、假话”，增强学生对教材的亲近感。为此，要集中骨干教师力量，统筹优势资源，推出高水平的教材；国家要严格把关，选用符合国家标准的教材。

二、课程思政教育方法体系构建

方法体系是课程思政教育取得实效的重要因素，必须加以重视，应根据日前高职院校课程体系的实际情况，探索行之有效的课程思政教育方法体系。

（一）构建课程思政的中国话语体系

话语权是指一种信息传播主体的潜在的现实影响力，在新形势下，要做好思政教育工作，推广课程思政，必须在高职院校建立中国话语体系。

所谓中国话语体系，是指以马克思主义思想和中国的实践经验为基础，能够适应新时代要求、具有本土特色、能与世界对话的话语体系。构建中国话语体系，营造中国氛围，是真正实现课程思政教育效果的重要前提。

要做好高职院校课程思政的中国话语体系构建，核心要素是要彰显对当代中国的核心价值观的认同，引导学生树立“四个自信”，实现专业话语体系与价值话语体系的融合。在课程思政教育教学过程中，通识课程要在尊重课程教育规律前提下实现价值理念的自然渗透；专业课程教育要体现科学发展中的中国范式和中国理论；在第二课堂和文化建设中，要注意突出“中国特色”，讲好中国故事，营造浓厚的中国氛围，而思政教育课可以引导学生阅读体现马克思主义中国化的文本，引导学生以马克思主义观点对西方经典文献进行批判性解读等。

（二）打造适应课程思政的线上线下系列化课程

要用好课堂教学这个主渠道，课堂教学依然是思政教育的主要渠道，“课程思政”这一新概念也离不开课堂教学。既然是课堂教学，那么不管是什么教育，都遵循着一定的价值理念，在教育过程中，又需要培育和塑造既定的价值观念。因此，要想做好课程思政，必须打造适合课程思政的系列化课程。

除了课堂教学这一主渠道之外，高职院校还应该打造立体化的课程思政课程体系。“00后”“05后”大学生对网络新媒体的利用率几乎是百分之百，学校要善于利用“慕课”等新兴教学方式和微博、微信等新媒体，有计划地在网上开展思政教育，如开设相关历史文化课程，建立时事政治讨论组，宣传学校的文化、好人好事、重大事件等；广泛吸收学生党员及学生干部等先进积极分子，让他们充当网络“意见领袖”；通过系列化的课堂内外和线上、线下的传统或者非传统模式的课程，做好课程思政教育。

（三）有效利用第二课堂的多种形式进行课程思政教育

第二课堂形式多样、时空范围广，其内涵、外延和深度、广度都是课堂教学所不能比拟的，充当要善于利用第二课堂的社会实践活动，按照人才培养目标，在学习理论知识的基础上，有目的、有计划地组织学生，利用节假日等课余时间，参与社会政治、经济、文化生活的教育活动。社会实践是思政教育的一种非常有效的途径，在我国教育体系初建时期，党和国家就出台文件强调实践活动对于人才培养的重要意义。大学生通过社会实践，接触、了解和服务社会，不断提高综合素质，培养科学精神、创新意识，提高解决实际问题的能力，促进人的全面发展。因此，社会实践活动是高职院校思政教育不可或缺的重要组成部分。

新时代下，党和国家也充分认识到了实践对于提高当前高职院校思政教育的有效性的重要性。目前，共青团中央在高职院校推行“第二课堂成绩单”制度，很好地提高了大学生综合素质。各高职院校每年利用假期开展大学生“三下乡”活动，通过志愿服务、社区基层锻炼、文化下乡等形式，积极探索实践育人新模式，提升高职院校思政教育的效果；有效解决形式与内容的统一，促进理论和思维之间有效转化，从而实现当代大学生的“知行合一”；将理论学习与行为转化有机结合起来，从而提升思政教育的水平。

（四）利用优秀传统教学法进行课程思政教育

课程思政是思政教育的新概念，但是在实际教育教学过程中，也要善于利用传统教学方法中的有效内容。传统思政教育中，除了灌输法之外，还有理论联系实际、启发式教学、开放式教学和跨学科教学等一系列教学方法，都可以为课程思政所用。

课程思政通过各种课程进行思政教育，只有在灌输一定知识的基础上，才能开始理论联系实际的思政教育引导工作。实现理论联系实际的一个很好的方法就是启发式教学。教师可以针对课程中蕴含的思政元素提出问题，引导学生思考并各抒已见，真正实现理论联系实际。

此外，注意心理学与课程思政的有效结合，要重视教学过程中师生的心理活动，既要重视有意识的心理作用，也要重视无意识的心理作用；既要善于进行“说理动情”，也要善于运用暗示、体验、移情、感染、模仿、认同等心理学方法进行思政教育。要构建起民主平等的“课堂思政”课堂，发挥教师教书育人的主导作用，让教师以自身的道德素质、人格魅力、渊博的知识和平和的态度激励和感染大学生，让学生愿意接受课程思政教育，最终实现思政教育的预期效果。

总体来说，课程思政是一个新概念，其有效推行的办法也在不断试探摸索中。但是，在构建课程思政方法体系中，教育者既要善于根据新形势探索新的教育方法，又要对传统教育方法进行时代化改造，并坚持采用已经被证明有效的传统教学方法，这样才能真正构建起课程思政教育方法新体系，实现思政教育新突破。

三、课程思政的实现路径

（一）明确课程思政建设的制度保障

思政工作虽然是关系到中国特色社会主义事业是否后继有人的大事，但是目前大部分人的认识还很狭隘，认为思政课是思政教师的事，是辅导员、班主任等学生工作者的事。目前，推行课程思政和“三全育人”模式，虽然使不少人认识到专业任课教师也是思政工作者的重要组成部分，但在实际落实中，还停留在口头上。

实际上，课程思政绝不只是任课教师和辅导员的事，甚至不只是高职院校的事，党政各级部门都要参与进来。只有把所有资源充分调动起来，建立课程思政建设的制度保障，才能保证课程思政的教育效果。

教育行政部门和各级政府要给予政策和资金支持，让学校和教育工作者无后顾之忧，确保各项工作顺利开展。高职院校课程思政建设要统筹规划，做好顶层设计；高职院校党政领导要深入第一线，亲自授课、听课，指导课程思政建设；学校教务部门要统筹教育资源，拟订课程规范和评价标准，加强试点课、示范课和培育课的建设；人事部门要在人才引进、师资培养、职称评审等方面制订相应的激励措施；高职院校教师要贯彻课程思政理念，并将其落实到教育教学全过程；行政管理人员和服务人员要做好日常保障，以工作实效感染学生。

要形成全国上下一盘棋、全校上下一盘棋，建立常态化和行之有效的领导机制、管理机制、运行机制及评价机制，充分调动和激发建设课程思政的热情，这样才能让课程思政建设生根发芽。弘扬求真务实精神，制定相关政策法规，既有利于各项事业的发展，又有利于大学生的健康成长。

（二）搭建跨学科的课程思政全方位平台

课程思政要重视人、环境、教育的协调配合，使整个教学过程及教育资源起到共同建构学生知识、能力及价值观的作用。每门学科都蕴含着德育资源，深度发掘这些资源，并将之与各门学科相互结合，在教学中自然渗透，让学生在不知不觉中接受思想教育。

各门课程普遍蕴含的德育资源主要包括以下三点：一是辩证唯物主义观点。辩证唯物主义思想可以让学生形成科学的世界观。二是爱国主义思想。学科知识当中包含的我国的发展成就和特色技术，能激发学生的爱国主义情怀。三是勇于探索的坚强意志。坚持不懈的奋斗精神可以鼓励学生开拓创新，励志成才。

目前，各高职院校的德育资源发掘与课程思政教育效果实现之间还有很远的距离，因为很多教育者单纯地将高职院校思想政治工作看成是思政教育课的事，看成是辅导员、班主任和党团组织的事，使得政治理论教育与通识教育、专业教学存在相互分离以及出现“只教书不育人”的现象，未能发挥整体育人作用，协同育人的效应就消失了。

为了更好地实现课程思政教育效果，要协调好政治理论课和其他课程，既要做好学生从入学到毕业的价值引导，又要做好知识和价值教育的相互促进。此外，要协调课堂内外的整体教育，做好第一课堂、第二课堂的联动，同时将课堂向校外拓展；要重视网络思政教育工作，构建“互联网 +”课程，使课内课外、校内校外和线上线下联系起来，实现全员育人、齐抓共管；搭建跨学科课程平台，将显性教育与隐性教育结合起来，实现课堂内外的联动。

（三）汇聚跨学科的全员育人优质师资

课程思政认为每一门课都是思政课，因此要实现课程思政的教育效果，汇聚跨学科的全员育人优质师资显得尤为重要。只有让专业课和通识课教师都去发掘蕴含在本门课程中的思政元素，并进行有效利用，课程思政才能名副其实，这就要求各高职院校采取切实措施，培养一批马克思主义信仰坚定，理论功底扎实，勇于开拓创新，善于理论联系实际的学科带头人和教学骨干队伍，让他们把蕴含在本门课程中的思政元素与专业内容有机结合，让学生在学习专业知识时潜移默化地接受思政教育。同时，学校领导、团干部、思政课教师、辅导员、班主任、后勤服务人员等都负有对大学生进行思政教育的重要责任，都要坚持正确的政治方向，提高自身道德品质和职业素质，成为大学生健康成长的指导者和引路人。在教育过程中，教师要坚持教书和育人相统一，既做“经师”，又做“人师”。学生非常重视教师的道德品质，教师是课程思政教育渗透的重要载体，要通过教师的人格魅力，率先垂范，去感染、影响、同化学生；要坚持言教与身教相统一，提升课程思政的育人能力；还要提高教师的课程思政教学艺术，增强课程思政的教育效果。教师还应该做到学术自由和学术规范相统一，科研无禁区，课堂有纪律。因此，要强调教师的课堂纪律，让教师明白什么该说、什么不该说，只有这样，才能真正做到专业课程和思政教育的有机统一。

（四）创新思政教育课程的教学方法

长期以来，高职院校思政教育课存在教学效果不佳、学生学习积极性不高的问题。这些问题主要是因为专制型师生观、忽视个体差异的标准件型人才观，重教授轻情感等观念根深蒂固以及片面强调多媒体教学的应用和教学体系陈旧。这些问题已经严重影响到思政教育课的教学效果。在课程思政理念中，不仅思政课程需要探索创新教育方法，其他各门课程也需要探索创新教育方法。具体来说，应该注意以下两个方面。

一方面，教学应体现学生自主性，各学科应逐渐摒弃以教师讲授、学生听记为主的教学方法，根据学科的性质与特点，广泛推广小组学习、合作学习、情境体验等教学方法，强调学生的课堂教学参与性，注重学生在学习过程中的情感体验，调动学生学习的主动性、积极性。另一方面，教学方法应彰显生活性，各科教学应贴近学生生活，帮助学生真正理解学科与其所处社会生活的关联，彰显各个学科的价值。此外，教学方法还应实现生成性，教师应发挥生成性教育资源的育人作用，教师要善于抓住课堂教学中的偶发性事件，不放过任何一个育人点，实现润物细无声的教育目的。除此之外，创新思政教育的教学方法还应充分结合时代背景，有效运用新媒体手段，与时俱进地提高思政教育实效。

（五）强化课程思政的学术研究和效果评价

课程思政的提出是改进和加强高职院校思想政治工作的需要，是实现三全育人的必然要求，是全面提高高职院校思想政治工作水平和质量的强大推动力。课程思政是学习贯彻社会主义核心价值观的重要渠道，是实现思政教育课对其他学科与课程的引领作用，推进教书育人有机统一的必经之路。但是，由于目前对于课程思政的具体含义尚没有明确界定，这一理念处在形成阶段，也就出现了课程思政学术研究存在大量空白的情况。目前，学界对思政课课程体系进行研究的专著尚未出现，相关研究多是刊载于各类学报和刊物的论文，研究分散，缺乏深度，针对性不强。目前的研究角度偏重于解决遇到的实际问题，或者说针对实际问题提出建议和对策，对于课程思政这一新理念的内涵和外延的理论研究不够人。如果没有深入的理论研究而空谈建议、对策，对于实施课程思政、发挥课程思政的作用是非常不利的。

因此，应该强化课程思政的学术研究，组织相关研究团队申请相关课题，并将其上升到理论高度；教育主管部门和高职院校也应该建立相关理论研究的激励机制和政策扶持，让课程思政理论研究更上一个台阶，更好地指导课程思政的课堂实践。课程思政不同于以往的思政教育体系的一个很重要因素是课程思政的教育效果要好于传统思政教育体系，那么如何更好地衡量课程思政的教育效果，就需要建立适应课程思政新模式的学习效果评价体系。构建高职院校思政教育课学习效果评价体系，有利于推进高职院校课程思政新方案的全面落实，有利于保证高职院校思政教育课教学的社会主义方向，有利于提高高职院校思政教育课的教学质量和水平。

课程思政高职院校思政教育课的教育和学习效果评价扮演着温度计的角色，通过学习效果评价，能够了解当前大学生的学习情况以及教师的教学质量；通过评价明确课程的重点，能够激发教师和学生的责任心，推动思政教育课教学的改革。在评价高职院校思政教育效果时，应该采取多种评价方法。对不同内容采用适合该评价内容特性的评价方法，以便更好、更准确、更有效地进行评价，最终提高高职院校思政教育课学习效果评价的实效性。

在评价内容上，改变过去以知识的获得、智育的发展为主要评价内容的情况，逐渐融入情感、态度、价值观等内容，使智育与德育融为一体，使学生智育发展的过程同时成为德育成长的过程。在评价主体上，改变以教师为主体的评价方式，实现学生自评、同学他评、家长评价相结合，使教学评价能够全方位、立体化、客观地展现学生的整体面貌。如此，教学评价才能真正全面地考察学科的教学效果。

第五节　高职课程思政的实践策略

立德树人是课程思政理念的基本遵循，而课程思政已经成为教育部明文规定的具体要求。教育部明确指出各类高职院校要做好课程育人工作，各类课程要发挥思政教育职能。因此，探索高职院校课程思政的实践策略，是高职院校思政教育的突破，也是高等教育教学的革新。

一、开展源头活水的顶层设计

课程思政就是把思政教育因子带到知识教育价值理念和课程教学实践思维中，引入“活水”，重点在于做好顶层设计。高职院校党委要在课程思政建设中发挥领导核心作用，在顶层设计中运用系统论的方法，自上而下，由表及里，从全局角度对课程思政建设的各方面、各层次、各要素进行统筹规划，建立行之有效的领导机制集中有效资源来高效落实课程思政建设。

（一）建立课程思政领导机制

建立课程思政领导机制，确立以高职院校党委为领导核心的课程思政专项领导组织，落实责任主体，确保课程思政是一次自上而下的教育改革。高职院校党委对课程思政的主观认识和客观落实程度至关重要，要通过系统的理论和经验的学习，对课程思政理念的实践意义有理性认知，将课程思政教育理念内化于心，外化于行。高职院校领导集体要牢固树立课程思政意识，转变各类课程教师的思想观念，带动全员积极投入课程思政的建设，让课程思政成为新时代下高职院校思政教育工作的重要及主要抓手。

一是明确高职院校党委的主体责任。高职院校党委对学校工作实行全面领导，承担管党治党、办学治校主体责任，把方向、管大局、作决策、保落实。高职院校党委统领课程思政全局，一方面要进行顶层设计，另一方面要以身作则。高职院校党委是课程思政建设的责任主体，要认真落实高职院校立德树人的根本任务，提高思想认识水平，消除对高职院校思想政治工作实施主体的认知偏差，纠正思政教育只能由思政教育课程来完成的错误认识，吸收全课程、全员、全过程、全方位参与思政教育的科学思想。高职院校党委要做课程思政理念的方向标，增强理论自信，提高理论自觉，把课程思政的理念融入思政教育工作理念体系中来。高职院校党委要在习近平新时代中国特色社会主义思想的指引下，认真贯彻党和政府颁发的一系列教育文件；校级领导要积极参与课程思政的备课、听课、授课，走进课堂，为学生传道、授业、解惑，进而有步骤地引导和影响课程思政理念融入人才培养体系、融入管理体系、融入教育教学体系。

二是强化高职院校党委的集中统一领导。以高职院校党委书记为第一人的各级党委要充当理念先锋，自上而下地贯彻落实党和政府的文件精神，从校党委到院系党支部再到党员教师，建立课程思政工作领导小组，经常性召开课程思政研讨会议，落实课程思政教育精神，充分发挥基层党组织的先锋作用，构建校党委—基层党组织—党员相互贯通的联动工作机制。通过党建形式调动各级部门及组织的学习积极性，把激励机制与课程思政参与度与贡献值挂钩。高职院校党委可借“不忘初心，牢记使命”主题教育的契机，要求各级党组织举办主题教育活动，结合高职院校办学方向和教育理念，结合各院系的教学目标和课程规律，追溯教育的初心，深化课程思政理念，用理念带动实践创新。

三是转变各类课程教师的教学观念。理念只有进头脑、入人心，才能促实践。教师是课程思政的践行者，从质疑课程思政理念到认识课程思政价值再到树立课程思政意识，这个过程是对教师育人职责不断强化的过程，是对教师德育能力不断提出高要求的过程。高职院校党委要做好专业教师的思想工作，明确教师队伍在课程思政过程中的角色认知和定位，要在根本上转变教师对课程思政认识的偏差，要让教师重新审视教书和育人的职业责任，倡导教师要做“经师”，更要做“人师”，引导教师接受和参与课程思政教学改革任务，提高教师的课程思政意识，发挥教师的主观能动性，使其认识到在课堂教学中加入思政教育元素的重要性。根据不同专业特点，组织教师集中学习和研讨实施课程思政的试点课程，共同探讨思政教学等相关事宜，激发专业课教师的主动性和创造力，达到教师普遍接受课程思政理念并积极参与建设的效果。

（二）建立课程思政保障机制

为确保课程思政建设顺利开展，建立健全保障机制，高职院校需要搭建保障平台，制定保障制度，提供充分的人力保障，下功夫，抓实干，为课程思政盖好房，铺好路，架好桥，方能事半功倍，保障课程思政建设的常态化运行。

一是平台保障。课程思政需要的平台，是一个“合唱”而不是“独唱”的现实平台，要保障课程思政平台能够调动参与者的积极性，充分发挥主观能动性，定期举办由校级到院级的经验成果交流会，搭建课程思政示范课建设平台；同时，课程思政需要的是一个共商、共建、共享的网络平台，院系、教师、学生可通过网络平台共享线上资源，为各类课程教学创建平行相交的机会，保障教师之间无障碍沟通学习，师生之间无障碍互动交流，构建课程思政信息共享空间，实现资源公开，活跃课程思政实践氛围。

二是制度保障。课程思政制度建设的目的在于规范课程思政的实践运作，展示课程改革的决心。高职院校要给予制度保障，组织专门人员起草课程思政实施方案，为课程思政量身拟定管理制度、监督制度、考核制度等制度，并经过校党委批准实行，确保课程思政相关制度的严格落实和执行，力保课程思政建设过程中出现相关问题就有相关制度的指向和说明。通过课程思政专项制度建设，管理和规范课程思政的执行力度和工作部署，监督课程思政的实施进度和成效，确保课程思政建设顺利进行。

三是人力保障。课程思政建设需要全员的参与和努力，从校党委书记到每一位教师，每一个个体都是潜在的人力资源。高职院校要打造一支优质的课程思政教师队伍，通过专项培训和党课、团课教育，加强对教师思政能力的培养；充分展现思政课教师的思政优势，并使其与其他课程教师成立一对一互助小组，共同推进课程思政。高职院校要把课程思政建设的任务和责任落实到位，确保每一位教师都能跟上建设队伍，不掉队，不拖沓；确保每一位教师为提高思政学习能力和业务水平而不断努力；确保每一位教师在课程思政建设中认识自我、挑战自我、发展自我；确保教师队伍的质量与课程思政的效果成正比。高职院校号召所有教师积极投身课程思政建设，可以根据教师参与课程思政工作情况，与其年终考核、职称晋升、职务调整、工资待遇挂钩，建立课程思政专门奖励激励机制，营造推进课程思政建设的良好氛围。

（三）建立课程思政评价机制

课程思政建设的评价机制是高职院校对课程、教师、学生三个环节的课程思政成效的评价机制。各高职院校应立足学校办学定位、基于人才培养特色、针对学生思想特点，有的放矢地制订评价标准，保证课程思政的实施效果。

一是对院系课程思政建设状况的评价。高职院校要形成对院系课程思政建设的评价体系，评价内容包括各级院系领导小组对课程思政的部署和建设目标，参与课程思政改革的课程数目、参与课程思政的教师人数等，组织院系负责人及教师做阶段性课程思政实践进展的报告，组织专项小组进行课改成果检验，形成有效的评价材料，对院系进一步推进课程思政工作提出意见和建议。

二是对教师课程思政教学能力的评价。对教师课程思政教学能力的考核应包括以下内容：教师研究把握学生思想状况的能力、课程与教材设计开发能力、课程思政的教学与管理能力、课程思政的评价能力、反思与发展能力等。通过各种方式和途径，对教师上述能力进行考核和评价，依据评价结果有针对性地督促、激励教师补短板、找差距。例如，高职院校可以建立课程思政试点课程的督导小组，定期听课，了解、考核课程思政课堂教学情况。课程思政课堂教学考核内容包括：专业课程的思政元素的融入、挖掘情况，思政元素与专业内容的融合状态，课堂教学效果等。督导小组及时做出听课评价，对教学效果表现突出的给予高度评价，并以示范课程的形式进行宣传，激发教师的积极性和创造性；对于教学效果有不足之处的课堂表现，则要给出中肯的评价并提出建议，从而增强教师进行课程思政的信心。

三是对课程思政影响大学生思想道德素质与法治素养的考核评价。课程思政的成效最终还是要落实到大学生这一群体上，对大学生思想道德素质与法治素养的影响是考核、评价课程思政效果的最重要的一个内容。课程思政有序开展，课堂教学使大学生的思想和行为发生变化，反映着课程思政的教学效果。高职院校在现有课程考核评价方式的基础上，增加课程思政对大学生思想道德素质与法治素养的影响的考核评价内容。①通过课程考核进行评价。在课程考核内容中加入对相关思政元素的考核，如专业课程体现的对学生价值观引导的考核，对学生专业素养等内容的考核等。②通过问卷调查方式进行评价。采取问卷调查方式，了解大学生思想动态以及课程思政对大学生思想道德素质与法治素养的影响，调查范围应覆盖全校本科生及研究生，并保证调查的持续性，动态追踪学生思想状况，掌握大学生在不同阶段的思想特点，进行统计类比，其结果是对课程思政进行评价的重要依据之一。

二、推进润物无声的课程建设

课程思政的实施重点是课程，专业课程是课程思政的主要载体，课程改革建设是课程思政的中心任务，应着力打造课程思政课程体系，融合设计课程思政教学内容，科学制定课程思政教学方案。

（一）着力打造课程思政课程体系

课程体系是人才培养目标和高职院校办学使命的内在反映，是知识传授、技能培养、价值塑造有效途径。课程思政所提倡的课程体系是不同课程的融通体系，是各类课程的衔接体系，是全课程同向同行的育人体系。课程思政的课程体系以培养人和发展人为出发点，重点在于发挥课程对大学生的价值引领的作用。

一是打造不同课程的融通体系。课程的分类虽有学科限制，却不能成为孤芳自赏的借口，一枝独秀不是春，百花齐放春满园，课程的设置及安排应依据不同院校的办学特色。高职院校在发挥独有优势的同时，应带动各类课程之间思政教育的融通。遵循课程内在逻辑体系，掌握不同年级学生的认知与需求特点，通过课程融通，既减少了因教学内容与活动的简单重复而产生的资源浪费，又重点关注学生学习的兴趣与成长成才需求。正视思政课的价值主导，借助思政课程反哺其他课程的思政教育的能力，专业课做好思政课的补充和巩固的育人工作，通识课做好思政课和专业课的贯通和深入的育人工作。专业课程和通识课程融入思政课的教学内容和教学方法，思政课程融入专业课程、通识课程的科学品质和历史成果，不同课程的联系日益紧密，从而打造牢不可破的融通体系。

二是打造各类课程的衔接体系。思政课要发挥主渠道作用，其他各类课程要“守好一段渠，种好责任田”。思政课的功能在于讲授马克思主义基本原理及其中国化的理论成果，讲授党的路线、方针和政策，帮助学生树立正确的世界观、人生观和价值观，具有鲜明的政治属性和服务功能。通识课程具有“通识”“博雅”“全人”三方面功能，对于人格塑造与德行发展具有特别重要的意义，鼓励学生结合实际，跨学科、跨专业自由选课，充分发展个性；鼓励学生从自己兴趣出发自主选课，增强学生学习主动性，全面提高素质。专业课的功能在于培养专业性人才，着重专业素养的养成。打造思政课、通识课和专业课三位一体的衔接体系，在各类课程都进行思政教育的连续效应下，对大学生的思想品德和三观教育形成良性可循环的课程体系。

三是打造全课程同向同行的育人体系。思政课与其他各类课程同向同行、共同发力，形成育人大格局。高职院校在课程思政建设过程中，统一立德树人目标，保持正确方向，明确各类课程的育人责任，提高思政课的亲和力，通识课的育人力及专业课的渗透力。所有课程在教学理念和目标上保持一致的价值追求，用中国特色社会主义理论体系和社会主义核心价值观武装大学生头脑。全课程在课堂教学上保持一致的行动方向，殊途同归，坚持社会主义办学方向，坚持培育社会主义合格建设者和可靠接班人，全课程以人为本，从学生出发，在全课程同向同行的育人体系中协同育人。

（二）融合设计课程思政教学内容

教育要引导学生形成“四个正确认识”：“正确认识世界和中国发展大势”“正确认识中国特色和国际比较”“正确认识时代责任和历史使命”“正确认识远大抱负和脚踏实地”。这四个正确认识规定了课程思政的内容范畴，可据此融合设计课程思政教学内容。

一是挖掘思政教育资源。不同类别的专业课程蕴含着不同的思政资源，一部分主要来自不同专业的教材教学，根据不同学科的教学大纲和教学目标的要求，编制教材时直接或间接加入价值观导向的内容，这是比较容易挖掘的思政资源；另一部分隐藏在课程教学的过程中，需要细心发现和认真挖掘，由此也佐证隐性思政教育资源的开发难度较大。挖掘专业课程的思政教育资源，必须进行系统规划。各个专业院系重视并实施专业课程的思政资源的开发，激发专业课教师的积极性、主动性和创造力，把专业课程的教材吃透，深度挖掘隐性思政资源，将教学内容与思政元素相结合，形成有质量、看得见的资源利用成果。

二是将思政教育元素融入专业课教学内容。将新时代思政教育目标及内容融入专业课教学，让专业课教学体现新时代思政政治教育目标，在教学内容中融入马克思主义世界观、人生观、价值观教育内容，将习近平新时代中国特色社会主义思想融入专业课教学大纲，各类课程找准融入点，有序推进，逐步展开，把中国特色社会主义的制度自信、理论自信、道路自信和文化自信传递给学生，培育和践行社会主义核心价值观。对于专业课程的教材建设，要重点筛选思政元素含量高、资源开发潜力大的教材，教材中包含的思政元素会直接影响到专业课思政教育的发挥程度；依据教材编写教学大纲、教案，需要把专业相关理论、政策、人物精神及品质等融入其中，与专业教学发生反应，达到课程育人的效果。

三是将思政教育元素融入通识课教学内容。通识课本身具有通识教育的内在要求，但通识课的发展现状导致一部分育人功能缺失。高职院校要搞好课程思政的建设，要重拾通识课的教育信心，调整通识教育体系。在通识课的教学任务的执行过程中，要突出通识课的育德使命，重点围绕习近平新时代中国特色社会主义思想，党史、国史、改革开放史、社会主义发展史，宪法法律，中华优秀传统文化等设定课程模块，开设系列选择性必修课程。很多高校开设“中国系列课程”，立足中国实践，讲好中国故事，以家国奋斗历史，提升学生的爱国情怀。

（三）科学制订课程思政教学方法

课程思政明确赋予一般的知识教育课程以价值引领、思想教育的功能之后，我们又必须很好地把握思想教育不同于一般知识教育的特点和规律。所以，做好课程思政建设，要遵循思政教育规律，科学制订教学方法。高职院校要考虑多方面因素，改进课堂教学方法，满足现实的需要。

一是分析当代大学生的成长环境和思想特点，制订从学生出发的教学方法。当代大学生的成长环境是极具变化性的。科技发展日新月异，新鲜事物层出不穷，大学生受到外部环境的影响也越来越明显，形成了鲜明的思想特点和性格品质。随着个体意识的不断强化，大学生总体思想道德水平是走上坡路的。创新课程思政教学方法，应关注大学生的个性特点，针对大学生的思想实际及其关心的问题展开，既有总体上的“漫灌”，又有因人而异的“滴灌”，更多地采用学生喜闻乐见的话语方式和教学方式。

二是丰富课堂教学形式，打造第一、第二课堂串联式教学方法。第一课堂是课堂教学的主阵地，授课方式以话语转换为突破口，以问题呈现和解决为中心，以学习兴趣为依托，在师生互动和探讨中推进知识传递，充分利用翻转课堂、开放教学等教学形式，促使教育教学质量整体提升。第二课堂是课堂教学的延展和深入，是隐性教育的重要途径。第二课堂可以是通过传递主旋律的教育主题讲座及其他课外活动形式，也可以是来自校园文化活动和社会实践等教育平台，这些都是丰富课程思政的教学形式。第二课堂的思政教育的可塑性高，自由发挥的程度也比较高，可进行正确的价值方向的引领，鼓励其与新时代、新政策、新热点结合，成就有影响力的校园主题教育活动。通过第一、第二课堂的配合协作，在理论与实践相结合的过程中提高大学生的实践水平和创新能力，引导大学生进行正确的价值判断和价值选择。

三是充分利用新媒体等互联网创新方式，营造线上、线下“合力”的教学方法。搭乘互联网的“顺风车”，线上的教育资源不断打破线下教育的局限。教育资源和教学成果的共享，让慕课走进课堂，在课堂和课外有效地发挥新媒体的影响力。学习软件的开发，信息渠道的打通，思想动态的监管，都可以通过互联网手段实现。学生对线下课堂教学有问题或疑惑，可以在线上与教师直接交流。互联网的发展拉近了教师与学生之间的距离。高职院校要利用好新媒体教学手段，满足互联网教学平台设施的需求，引领网络思政教育价值。

三、打造一流水平的教师队伍

教师承担着传播知识、传播思想、传播真理的历史使命，肩负着塑造灵魂、塑造生命、塑造人的时代重任，是教育发展的第一资源，是实现国家富强、民族振兴、人民幸福的重要基石。教师队伍一直是教育事业的脊梁骨、承重墙，承担着重大的教书育人使命。在课程思政的建设中，教师队伍是课程思政的主要实施者，必须要明确各类课程教师的定位，打造一流水平的教师队伍。

（一）思政课教师引领课程思政方向

思政课教师在教师队伍中引领课程思政方向。思政课教师讲好思政课的同时，在课程思政中发挥好引领作用，对其他教师的理论素养、政治修养、实践教学等进行引领。

一是在理论素养上做好引领。思政课教师要引领各类教师，必须以马克思主义为指导，要真学真懂真信真教马克思主义理论及与其一脉相承的发展体系——中国化马克思主义理论，更好地让思政课教师发挥思政教育在理论素养上的引领作用。①打铁还需自身硬，要重视对思政课教师的理论基本功的培养，鼓励思政课教师积极参加学术交流活动，增强理论功底和知识素养。②思政课教师做的是显性思政，在与各类课程教师的思想交流和碰撞中，思政课教师要善于运用马克思主义哲学的世界观和方法论，接受差异，互相尊重，以理服人。

二是在政治修养上做好引领。前有“革命理想高于天”，后有马克思主义信仰、共产主义远大理想，这是思政课教师在课程思政建设中需要具备的政治修养。①要让思政课教师作教师队伍中的理想信念之师，必须要对其思想政治立场严格把关，通过谈话、主题教育等途径，让思政课教师提高政治素养，言传身教，在教师队伍中做坚定的马克思主义的引领者和传播者。②思政课教师要带领其他教师研读中国特色社会主义理论，自觉将习近平新时代中国特色社会主义思想装进头脑，如举办专项的课程思政教师交流会。思政课教师一定要把握课程思政的政治方向，引导其他教师在中国共产党的领导下，提高育人环节的参与度，积极投身于专业课程的思政建设中。

三是在实践教学上做好引领。以德立身、以德立学、以德施教，这是对思政课教师的专业要求。在实践教学中，思政课教师要用自身的专业素养和人格魅力来感染各类课程教师，把理论知识转变为行动力量。思政课教师是大学生建立人生理想和实现人生目标之师，要善于利用好材料和名人事迹来激发学生的信仰，坚定其信念。在大学生寻找定位的人生阶段，思政课教师要给学生以方向标，为学生传递“地上满是六便士，我却抬头看见了月亮”的理想感悟，“生命在于奋斗”“幸福是奋斗出来的”的人生追求。思政课教师的实践教学可以为其他教师进行课程思政提供教学方法和育人方式，引领全课程教师共同为培育有理想、有道德、有文化、有纪律的学生而努力。

思政课教师的责任和使命、话语和行动是整个教师队伍进行课程思政的方向。高职院校要高度重视思政课教师的成长和发展，保持思政课教师在课程思政建设中的引领作用。

（二）通识课教师强化课程思政水平

通识课可以说是课程思政的强化剂，可强化大学生的价值取向，加强通识教育的育人职责。通识课教师要强化课程思政水平，使思政教育与通识教育达成育人共识，提升通识课程的思政水平。

一是通识课教师要解决的是不同文化、不同领域冲撞问题。一方面，要引领大学生尊重不同文化，欣赏其他文化的长处，加深对本土文化的认同。例如，在英语课程的外国电影赏析课上，教师要对电影表达的情感和精神做分析引导。另一方面，引领中国特色社会主义文化自信，杜绝“长他人志气，灭自己威风”的文化取向，展现中国优秀传统文化的独特魅力。如在体育课程中，教师要传播具有中国特色的体育文化，宣传体育竞技精神，增强体育荣誉获得感，让学生在体育训练中获得运动的快感，同时达到强身健体的效果。

二是通识课教师要从学生的兴趣出发，激发学生的学习热情，最终塑造学生完整的价值体系。通识课程涉及课程类型较多，除了必修的公共课程之外，学生通常会按照自己的兴趣爱好选课。通识课教师要讲好通识课程，在满足学生兴趣之外，要了解学生的想法和需求，以学生思维抓教学重点，把文化价值观更好地融入教学，让学生乐于学，并且在“做中学”。通识课教师要对教学目标有清醒的认知，以通识教育的魅力渲染思政教育。

通识课的教师群体要加强思想育人本领，要加强课程思政意识。通识课教师在提升自身的政治素养和理论素养的同时，要注重言传身教，尊重学生作为受教育者的主体地位，关注学生成长所需，了解学生话语体系，不断创新教学方法，让思政教育通过通识课程在学生中内化于心、外化于行。

（三）专业课教师提高课程思政能力

专业课教师是“守好一段渠、种好责任田”的重要参与者，是课程思政建设的主力军，他们的思政意识、思政素养和思政能力对于课程思政教学改革的成功至关重要。把专业课也上出些“思政味儿”是专业课教师的价值归宿。人文学科和理工学科的专业课教师在课堂教学中需要依据专业特色，扎实推进专业素养教育和职业品德教育。不同于思政课教师，专业课教师对于课程思政实际上具有较大的自由裁量权，对于讲什么、讲多少、如何讲、采用什么话语方式、运用什么教学方法和手段等都有较大的选择空间。

一是人文学科教师提高思政教育能力。文、法、史、经济学的专业教师的教学内容总是离不开中方和西方的思想交织，面对的课程理论多是西方国家的相关理论，夹杂着一些资本主义意识形态的成分。专业课教师在授课中，要分析不同意识形态的思想特性，保持理性客观的头脑，在西方资本主义知识体系和中国特色社会主义知识体系中求同存异，利用专业课程潜在的大量思政资源，充分利用东西方的文化差异，描绘中国教育的美好前景和中国社会的伟大蓝图。比如，民族精神和时代精神是鼓舞和推动大学生不断前行的精神力量，注意鼓励更多同学弘扬中国精神，发挥创造活力，激发使命担当，践行报国之志；比如对社会主义核心价值观的培育，引导学生扣好人生的第一粒扣子，恪守专业精神，有所为有所不为。

二是理工学科教师提高思政教育能力。理工科教师本身具有较强的理性情感和逻辑思维，在教学过程中有自己的教学风格。进行思政教育时，理工科教师首先要树立自身的思政意识，然后开发课程的思政功能，让学生在学好本领的同时学会做人，最后突出培育科学精神和创新精神，加强社会主义核心价值观引导，把专业精神传递给学生，使其能够实现自我价值与社会价值的统一。例如，机械专业可以讲述工匠精神，计算机专业可以讲述科技竞争力，医学专业可以讲述救死扶伤，环化专业可以讲述生态文明，增强职业荣誉感。此外，还需要注重对学生科学思维、求实精神的培育等。专业课教师要树立课程思政信心，转变教育观念，积极投身课程思政建设，在专业课堂上因材施教、循循善诱，把专业内容与思政内容联系起来，讲述职业操守，为学生提供思想指南。

第三章

课程思政教学改革的着力点及设计思路

第一节　推动课程思政教学改革的着力点

“课程思政”有广义和狭义之分。广义的“课程思政”是指高职院校通过其“三位一体”课程体系（思政课、综合素养课和专业课）而进行的思想政治教育。广义的“课程思政”概念与通过课程之外的其他渠道的思想政治教育，如“科研思政”“实践思政”“文化思政”“网络思政”“心理思政”“管理思政”“服务思政”“资助思政”“组织思政”等概念相对应。狭义的“课程思政”是指高校在专门的“思政课程”之外的课程（包括综合素养课和专业课）教学中融入思想政治教育。

“课程思政”是对高职院校思政教育直接渠道“思政课程”的拓展和深化，是建构高职院校“大思政”教育体系，高职院校要坚持把立德树人作为中心环节，把思想政治工作贯穿教育教学全过程，实现全程育人、全方位育人。教育部党组印发的《高校思想政治工作质量提升工程实施纲要》明确提出要大力推动以“课程思政”为目标的教学改革。

一、着力提升专业课教师的“课程思政”意识、素养和能力

专业课教师是实施“课程思政”的主体，是课堂教学的第一责任人。他们的思政意识、思政素养和思政能力对于“课程思政”教学改革的成功至关重要。

思政意识事关专业课教师是否有意愿和积极性实施“课程思政”。不同于思政课教师，专业课教师对于“课程思政”实际上具有较大的自由裁量权，对于讲什么、讲多少、如何讲、采用什么话语方式、运用什么教学方法和手段等方面都有较大的选择空间。这意味着，专业课教师的思政意识、对“课程思政”的认同感和使命感，在很大程度上决定着他们的“课程思政”积极性和努力程度。你可以强行把马拉到河边，但你无法强迫马喝水。因此，激发和培养专业课教师的“课程思政”意识是“课程思政”教学改革的首要任务。

除思政意识外，专业课教师还必须具有相当程度的思政素养能力。一般而言，这是专业课教师的“短板”，需要大力补齐。为了提高专业课教师的“课程思政”意识、思政素养和思政能力，需要在如下方面采取措施。

（一）要提高专业课教师对专业课“思政”功能的认识

育人不仅是思政课教师的职责，也是专业课教师义不容辞的基本使命。专业课教师不仅应该是学生学习知识和创新思维的引路人，而且也应该是学生锤炼品格和奉献祖国的引路人。中共中央国务院《关于全面深化新时代教师队伍建设改革的意见》突出强调，要“推动教师成为先进思想文化的传播者、党执政的坚定支持者、学生健康成长的指导者”。

（二）要完善“课程思政”的体制机制，健全绩效考核管理

考核是指挥棒，是导航仪，教师做什么和怎么做，在很大程度上取决于他们对考核什么和如何考核的看法。科学合理的“课程思政”绩效考核和激励机制，是推动专业课教师落实立德树人根本使命、改进思政教学、防止空洞说教和形式主义的关键。

（三）要消除“思政”会冲淡专业教学的思想顾虑和误解

有的教师担心，专业课引入思政内容会冲淡专业学习，会影响专业内容的进度。这种顾虑有一定道理，因为如果处理不好“思政”与专业的关系，如果不能将思政内容有机融合到专业课教学中，出现生拉硬扯、“两张皮”现象，那么，极有可能出现事与愿违、适得其反的后果，但是，如果处理得当，做到“基因式”融合，那么，就会产生“思政”与“专业”相长的良好局面。思政就像一把“盐”，溶入专业教育的“汤”，“汤”在变得更可口的同时，也能真正让学生获益，从而达到育人的目的。

（四）要提高专业课教师的思想政治理论水平

本领不是天生的，是要通过学习和实践获得的。首先专业课教师要系统学习、领会和掌握马克思主义基本理论。其次，专业课教师也要学习党的路线方针政策、国家法律法规以及党史国史，正确认识党情国情，做到知史爱党、知史爱国。最后，要学以致用、用以促学、学用相长，提高运用马克思主义的立场、观点、方法观察、分析和解决现实问题的能力。

（五）要提高专业课教师辨别、抵制和批判错误思潮和言论的能力，坚定理想信念

要正确把握学习的方向。忽视了马克思主义所指引的方向，学习就容易陷入盲目状态甚至误入歧途，就容易在错综复杂的形势中无所适从，就难以抵御各种错误思潮。因此，政治正确是“课程思政”的基本要求，专业课教师一定要坚持正确的政治方向，站稳政治立场，强化政治意识，增强政治定力，严肃政治纪律和政治规矩，提高政治鉴别力和政治敏锐性，自觉抵制西方价值观念的侵蚀，防止在不知不觉中成了西方资本主义意识形态的吹鼓手。

二、深入挖掘专业课蕴含的思政元素

与专门的思政课有现成的教材和教学资料不同，“课程思政”需要专业课教师自己去发掘课程所蕴含的思政元素。因此，挖掘思政元素是“课程思政”教学改革的基础和重点工作。课程思政元素的挖掘度取决于多种因素，做好挖掘工作需要采取以下措施。

（一）要充分认识不同类型课程的差别和特点，具体问题具体分析，找准挖掘的着力点

高职院校学科门类众多，课程不计其数。考虑到不同课程的“思政元素”蕴含量不同，为了实现事半功倍的效果，挖掘应有序地推进，先“富矿”再“贫矿”。比较而言，哲学社会科学课程的思政资源蕴含量显然高于自然科学课程。在新形势下，我国哲学社会科学地位更加重要、任务更加繁重。“五个面对”（“面对大是大非敢于亮剑”“面对矛盾敢于迎难而上”“面对危机敢于挺身而出”“面对失误敢于承担责任”“面对歪风邪气敢于坚决斗争”）迫切需要哲学社会科学更好地发挥作用。因此，思政元素挖掘应该首先着力于哲学社会科学，特别是哲学、新闻传播学、经济学、政治学、法学、社会学、民族学、历史学等课程的思政资源挖掘。当然，并不意味着理工类课程没有“守好一段渠”的责任，不需要挖掘思政元素，而是说挖掘要考虑课程类型、课程特点，实事求是，各有侧重。譬如，与哲学社会科学类课程的思政元素相比，自然科学类课程思政元素的挖掘，重点在于体现马克思主义哲学原理的科学思维，探索追求真理的科学精神，热爱祖国、服务人民的伟大情怀，运用科学造福人类而不是毁灭人类的科学伦理。

（二）要思政课教师和专业课教师密切合作

这一点在“课程思政”开展初期尤为重要。前面已经强调，“课程思政”需要着力提高专业课教师的思政素养和思政能力。理想的情况是，具有足够高思政素养和能力的专业课教师能够自行挖掘所教课程的思政元素，但现实与理想还有较大的距离，譬如，专业课教师一般对到底什么构成思政内容，哪些内容才是最核心、最重要的认识还比较模糊，还难以准确把握课程蕴含的思政元素。这就好比不认识某种宝贵矿物的农夫，在自己的土地上看到了该矿物也可能当作毫无用处的石块而扔到一边。因此，为了更好地识别和挖掘课程的思政元素，专业课教师在提升自己的思政素养和能力的同时，也需要“探矿专家”思政课教师的指引和帮助，需要思政课教师和专业课教师密切合作。为此，高职院校应该搭建便利两类教师合作的平台，创新管理体制机制，鼓励多种形式的合作，如集体讨论备课、召开专题研讨、合作撰写论文和申报课题等。

（三）要加强顶层设计，做到多门课程相互配合，实现思政元素的系统性挖掘

思政元素挖掘既可以采取各门课程各自为政、单打独斗的方式，也可以多门课程相互配合，系统推进。应该提倡协同作战、系统挖掘方式，即以专业培养方案为载体，首先确定专业层面的总体培养目标和挖掘要求，然后，将目标和要求分解到课程群，最后再细分到每一门课程。系统性挖掘，一方面，可以使不同课程的教师相互启发、避免重复性工作；另一方面，有利于同一专业内部的课程思政同向同行，形成合力。

（四）要用好互联网平台，实现教师的校际合作挖掘

2019 年年初，教育部全国高校思想政治工作网上线开通。这是高校思政工作的一件大事，广大教师可以从中了解全国高校思政工作的最新动态等多方面的信息。就思政元素的挖掘而言，思政网的“高校思政供稿系统”可以成为典型经验的交流学习平台。此外，高校同类专业、相同课程的教师可以通过专门的微信朋友圈，共同探索专业课思政元素的挖掘和其他教学问题。

（五）要充分发挥各级专业教学指导委员会在课程思政元素挖掘中的指导作用

就全国和省级层面而言，需要以教材指导委员会为依托，组织协调各高职院校相关专业的专家和骨干教师开展思政资源挖掘方面的研究，并尽快制定和出台指导性意见。

（六）要认识到思政元素挖掘绝不是一次性工作，需要与时俱进，不断地充实和完善

究其原因，一方面，随着挖掘工作和“课程思政”教学实践的展开，教师的认识会不断提高，通过反省会发现，先前未认识到的重要的思政元素需要补充进来；另一方面，思政内容本身也是动态的，随着时代的发展和中国特色社会主义伟大事业的推进，新理念、新思想、新理论、新战略会不断形成和产生并转变为不可或缺的思政内容。习近平新时代中国特色社会主义思想是马克思主义中国化的最新成果，是全党全国人民为实现中华民族伟大复兴而奋斗的行动指南，实现习近平新时代中国特色社会主义思想“进教材、进课堂、进头脑”是包括课程思政在内的当前高职院校思政教育的重中之重。

三、着力解决“思政”与“专业”有机融合的难题

“课程思政”课堂教学改革，要做到“教书”与“育人”的有机统一，思政内容与专业知识要有机融合，要把专业课讲出“思政味儿”，绝不能出现“两张皮”现象，不要空喊口号，更不能庸俗化。如果专业课教师为了“思政”，生拉硬扯，把与专业毫不相干的内容塞进课堂，不仅达不到育人的目的，甚至可能弄巧成拙、适得其反，滋生学生对思政的反感情绪，而且会损害专业课程自身的知识图谱、逻辑体系和内在有机结构。因此，“课程思政”必须尽力做到“思政”与“专业”有机融合。借用化学术语，融入思政的专业课不应该是“悬浊液”或“乳浊液”而应该是“溶液”。如何做到有机融合是当前以“课程思政”为目标的教学改革亟待解决的难题。因此，需要在以下三个方面下功夫。

第一，要找准“思政内容”与专业知识的契合点，通过系统性的课程设计，以无缝对接和有机互融的方式，建立生成性的内在契合关系，做到“基因式”融合。就一门课程而言，教师应该基于本课程思政元素的挖掘，遵循“思政”元素的切入点，厘清思政元素与专业内容之间的关系，梳理各思政元素之间的关系，做到心中有数、有迹可循。课程思政元素地图也可以在课程群和专业层面运用。更高层面的课程思政元素图，有利于各门课程在思政方面协作和配合，形成网络，提升融合高度，实现更好的育人效果。上海师范大学的“课程思政”教学改革值得借鉴。改革注重整体规划，从聚焦课程到聚焦专业，将思政元素融入专业培养方案。先确定专业的课程思政目标，再设定各类课程群的目标，最后每门课程围绕课程群的目标进一步细化落实。

第二，思政融入要立足学科的特殊视野、理论和方法，采取化整为零、“重点”突出的策略，在“深”字上下功夫，做到深度融合。

比如，新发展理念包括创新、协调、绿色、开放、共享五大理念，各理念相互贯通、相互促进，是具有内在联系的集合体，但是，由于时间以及专业课内容的限制，很难将新发展理念一次性有效融入专业课教学。强行一次性接入课堂的育人效果必然会大打折扣，甚至适得其反。有效的办法是：在充分提醒学生注意新发展理念是一个相互贯通、具有内在联系的整体的情况下，采取化整为零、分散推进、突出重点、深入分析的策略。例如，在微观经济学课程中讲“生产函数”，或者在宏观经济学课程中讲“经济增长模型”时，可以重点融入“创新发展理念”，通过增长模型和增长核算方程的讲解，让学生深入理解创新是引领发展的第一动力，坚持创新发展是应对发展环境变化、增强发展动力、把握发展主动权，更好地引领新常态的根本之策。其他理念可以分散融入相关的专业内容之中：讲“产业结构”和“区域不平衡问题”时，融入“协调发展理念”；讲“外部性理论”时，融入绿色发展理念，树立“绿水青山就是金山银山”的意识；讲“比较优势理论”时，融入“开放发展理念”；讲“公平与效率”时，融入“共享发展理念”等。

第三，融入思政元素要以学生关注的、鲜活的现实问题为切入点，以课堂为出发点，因势利导，鼓励学生个人或团队做延伸性学习或研究。问题是时代的声音，人心是最大的政治。抓住问题才能抓住人心。只有结合专业，引导学生思考和探究国计民生中的热点问题，就能做到“思政”与专业相长，从而达到事半功倍的育人效果。例如，在博弈论或产业经济学课堂中，学习“寡头市场理论”时，可以引入美国（波音公司）和欧盟（“空客”公司）政商合谋试图扼杀中国大飞机制造业的案例，鼓励学生课后收集国际大飞机制造业的数据和相关资料，认清美欧串通遏制中国发展的现状，帮助他们树立为实现中华民族伟大复兴的中国梦而学习的责任意识。

第二节　课程思政教学改革的设计思路

一、“课程思政”改革的设计思路

在“课程思政”改革中，应该始终围绕目标、目的和手段三个方面来展开。

（一）寓道于教

寓道于教，引用上海出版印刷高等专科学校张淑萍老师的话“重复的事情用心做，你就是赢家"，这句话在张淑萍老师身上得到了最好的诠释。作为我国印刷人的唯一代表，张淑萍在第 43 届世界技能大赛"印刷媒体技术"项目上与世界各地的高手比拼，最终摘获银牌。在参加世界技能大赛的前 4 个月中，经选拔后只剩下张淑萍一人。期间，她每天七八个小时泡在机器上，没有更多的新鲜内容刺激神经，每天需要做的就是反复练习。在学校上学的 3 年里，她多数时间都放在练习上，几乎没有多少闲散时光。从长假到午休，她一直有条不紊地自我练习与提升。这虽然和她当时设想的大学生活有很大的出入，但是张淑萍喜欢这样的充实和丰富的生活。

"我们平时都是练调墨、裁切、设备维护等一些基本功。"虽然是基本功，但比如如何在最短时间里调出恰如其分的墨色，实际上是个"技术活"，难得的是，张淑萍愿意琢磨。"每天都有新的东四要学习、要钻研，很有价值。"也正是保持这样的心态，她从市赛、国赛到世界大赛，一步一步走了过来。

以调墨过程中的水墨平衡工艺来看，理论上的水墨平衡是无法实现的，含水 15% ~ 26% 的油墨才能实现水墨平衡，如同矛盾的对立统一规律，在对立中实现统一。

（二）寓德于教

寓德于教是一个长期累积的过程，对高职学生的德行教育也正是一个不断浸润的过程。专业课授课过程中，教师讲述某个专业点的时候完全可以融入"德"的教育，比如在印制方面可以学习毕昇、王选和万启盈等人物的事迹，了解他们的功绩。榜样的力量是无穷的，榜样的言行有示范效益。

"百行以德为首。"在我国传统文化中，"德"被理解为一个人内心的"品质""自我觉悟"。今天，我们全面实施以德育为核心、以培养创新精神和实践能力为重要内容的素质教育，其德育核心地位的确立，是教育理念上的一次深刻的变革。所以，对学生的教育，毫无疑问，应当以德为首。

另外，目前的德育教育绝大部分还仅限于校内，其效果远远还不够。因此，关起校门进行单纯教育，在现代教育中肯定行不通了。

教育应该是各种教育力量的综合，既有来自校园的，也有来自家庭的、社会的。所以，还应该组织学生走出校门，进入社区，从而实施更大范围的德育教育。

（三）寓教于乐

寓教于乐是把宣传和思想教育的内容渗透到学生的娱乐活动之中，是宣传工作和思想政治工作的一种方法。如通过看电影电视、讲故事、学唱歌曲、欣赏音乐美术作品等娱乐活动，开展对学生宣传和思想教育活动。要达到寓教于乐的目的，就要在开展宣传教育活动时，特别是在学习的第二课堂中，注意选择健康、有益、向上的活动内容，形式上生动活泼、丰富多彩。其表现形式、方式及效果。

1.“寓教于乐”基本形式

（1）寓教于师生的文艺演练。即用戏剧、舞蹈、歌曲、相声等形式进行的思想教育。让正确的人生观、价值观占领思想文化阵地，唱响主旋律，使人在文艺活动中感受、认知真善美。一曲《歌唱祖国》，可以把世界华人凝聚在一起；一支《没有共产党就没有新中国》，可以更加坚定人们坚决跟党走的决心和信心；一剧《红岩魂》，可以净化市场经济条件下人们的心灵；一部《长征》，可以激励亿万人民增强克服困难的信心和勇气。

（2）寓教于体育活动。即通过篮球、排球、乒乓球等活动和田赛、径赛等竞技活动进行思想教育。目前，学生中开展的篮球、排球、乒乓球、羽毛球等比赛，既不占较大场地，又能提高身体素质，为开展全民健身运动打下基础。同时，体育活动不仅可以强健人们的体魄，还可以培育学生的竞争意识、爱国情操、集体主义精神以及不畏艰难、知难而进的品格。北京申奥的成功，已经远远地超出了体育的范围，它成了全球华夏儿女团结一致的动力。一场体育比赛夺得金牌，国旗冉冉升起而使人们的爱国之情得到升华。

（3）寓教于文化生活。即通过开展学生喜爱的书法、摄影、文学创作、集邮、编织等兴趣小组的活动，以及文化节、文化月等活动进行的思想教育，可以展示学生文化风采，并且不断提升学生的精神品位。

（4）寓教于旅游观光。即在条件可能的情况下，通过参观名山大川、革命圣地、历史遗迹，可以使人们领略祖国的大好河山，了解各地的风土人情，是最直接和最现实的爱国主义和历史教育。

寓教于乐的形式是多样的，在实践中还会有很多创新，总之，就是要以与内容相适应的、为人们所欢迎的各种形式吸引师生积极参与。这当中要注意把多种形式的娱乐活动纳入一个大的主题教育中去，力求形式和内容统一，不断提高活动档次和水平，这样才能增强活动的渗透力和吸引力，才能提高教育的效果。

2.“寓教于乐”基本作用

（1）它可以凝聚力量。文体活动是一种“黏合剂”，它通过宣传企业精神和共同价值观念，把广大职工紧紧地团结在一起，使大家心往一处想，劲往一处使，稳定队伍，群策群力，共谋发展。

（2）它可以引导指向。“随风潜入夜，润物细无声”，文体活动中的价值导向和行为导向是无声的命令，潜移默化地引导着职工，影响着社会。

如以“世纪列车欢迎您”为主题的文艺演出，让更多的旅客了解了铁路，为铁路走向市场，参与竞争树立良好形象做出了应有的贡献。可见，文艺活动要科学地确定其主题，适应当代人的文化生活需求，不能脱离时代的特征、脱离群众。

（3）它可以激励进取。文化活动通过宣传改革发展中涌现出的大量忘我工作、无私奉献的先进典型及前所未有的业绩，可以激励人们再接再厉，更上一层楼。歌唱身边的人和事，看得见，学得实，宣传成了加油站，组织上给了我们这么高的荣誉，我们更应该好好学习和工作。

（4）它可以培育风气。利用文化室、文化园、校园之家等师生活动阵地，把思想教育融于活动之中，使之不仅有组织、有队伍，而且经常开展有益身心、有益生产的文体活动，就使正确的东西占领了阵地。让师生在娱乐中追求生活的真善美，进而培养良好的风气。

（5）它可以增长技能。文化活动的有些内容（如计算机技能大赛等），动手能力很强，不但发展了个人爱好，而且锻炼了大家为人民服务的本领。

二、抓好课堂教学，守好思政教育的主阵地

要实现高职院校“立德树人”的目标，课堂教学无疑是主阵地。但课堂教学不限于传统的思想政治理论课课堂，还包括专业课堂和综合素养课课堂。“课程思政”改革就是为了解决思政课程和非思政课程未能协同育人的状况，使思政课与专业课和综合素养课在思政教育上协同发力、同向同行。具体而言，思政课程仍是对大学生进行思想政治教育的传统阵地，但其他课程也要树立思想政治教育的意识，和思政课程一起，合力承担好“立德树人”的工作。

“思政课程”在“课程思政”中的作用有以下两个方面。

（一）“思政课程”仍是大学生思想政治教育的主阵地

思想政治理论课是对大学生进行系统思想政治教育的专门课堂，如何应对多元化的非主流思潮的影响，这对传统的思想政治教育提出了更高的要求。传统的思想政治理论课程，面对如何以学生为本，回答好、解决好学生的关切，增强学生的思政课获得感等问题，必须从内容和形式上不断创新。从内容上来讲，思政课不仅要系统地介绍马克思主义的世界观和方法论，培养学生的马克思主义观，树立共产主义的远大理想，坚定共产主义的理想和信念，还需要从中国特色社会主义的探索实践中讲好中国特色社会主义理论、制

度和道路形成的历史必然性和现实合理性，增强学生对中国特色社会主义的认同感。此外，还要讲清当下中国国内外的形势，使学生认清中国面临的机遇和挑战，明确青年人的使命，自觉投身于中国特色社会主义建设的伟大事业，将个人梦想主动融合于民族梦想，为民族复兴和中国特色社会主义努力奋斗。从形式上讲，思想政治理论课要本着寓教于乐的理念，创新教学方式，利用好新媒体，提高学生的课堂参与度，调动学生的积极性，形成师生间的良性互动，使思政课真正入脑入心。

（二）“思政课程”要在“课程思政”中发挥引领作用

因为思政课教师是从事思政教育的专门教师，在大学生思想政治教育方面具有专业优势，因此，“思政课程”在“课程思政”的实施中必须发挥好引领作用。一方面，要做好马克思主义世界观和方法论的凝练，做好中国特色社会主义理论最新成果的凝练，为马克思主义和中国特色社会主义最新理论成果走进其他课堂提供理论支撑。另一方面，还要做好“课程思政”改革的理论研究工作，及时总结经验，积极探索“课程思政”改革的创新机制，积极推动“课程思政”改革长效工作机制的形成，为“课程思政”改革提供方法论支撑。

三、拓展思想政治教育的外延，打造协同育人体系

高职院校课程思政“寓道于教”的实现路径中的“教”除了课堂教学中老师的言传和身教外，还渗透于高职院校日常教学管理中、各种教育和管理的规范中、高职院校教育和教学的各项机制中。“课程思政”实施之前，各高职院校之间、高职院校的各系部和部门之间在思政教育上各自为政的多，协同育人的少。而“课程思政”目的就是共筑协同育人的大思政格局。这个协同育人的大思政格局，除了前文分析的是思政课程和其他课程同向同行合力进行思政教育的问题外，也是学校内部各职能部门和系部之间协同育人的问题，还是各高职院校之间资源整合协同育人的问题。

从学校内部来讲，从学生的培养计划和方案到学生和老师的行为规范和守则，再到各职能部门和各系部的职能设置和日常工作都要体现“课程思政”的要求，将“立德树人”作为高职院校运行的总目标，真正解决好“高职院校培养什么样的人、如何培养人以及为谁培养人这个根本问题”，共筑全员育人和全体系育人的机制。“课程思政”改革以来，各高职院校都成立了党委牵头的“课程思政”改革推进小组，课程思政的意识也由最初的排斥转到重视。“课程思政”改革要取得实效就必须把工作做细做实，避免浮于表面，避免

一阵风。要使“课程思政”改革的成果巩固下来，需建立课程思政工作的长效机制，因此，必须加强“课程思政”的制度化建设，用制度化的文件明确各系部职能部门的职责，明确考核标准，责任具体到人。同时，要及时总结“课程思政”的经验，将成功的实践写入教学大纲和学生的培养计划中、写入学校的管理规范中。

四、模块化“道”的内涵，明晰“课程思政”的实践对象

高职院校“课程思政”改革首先要解决的是社会主义大学的办学方向问题，也就是为谁培养人的问题。社会主义大学培养的是社会主义建设者和接班人，这些人才首先必须认同中国特色社会主义理论，认同中国特色社会主义制度，认同中国特色社会主义道路，认同中国特色社会主义文化，坚定中国特色社会主义的理论自信、制度自信、道路自信和文化自信。为此，必须确立马克思主义在高职院校意识形态领域的主导作用，强化马克思主义世界观、方法论及社会主义核心价值观在高职院校意识形态工作中的领导地位。唯有如此才能抵御形形色色的非主流价值观的不良影响，坚定社会主义人才培养方向，培养社会主义合格的建设者和接班人。

合格的社会主义建设者和接班人除了能坚持正确的政治方向外，还需要“德、智、体、美”全面发展。因此在“课程思政”实施的过程中，除了贯彻好马克思主义的价值观和方法论，还要将人文素养教育、职业素养教育、法治观教育等现代公民教育贯彻其中。

为实施好“课程思政”，在重视思政课教师培训的同时，也要重视非思政课教师在思想政治教育方法和内容上的培训，强化非思政课教师思政教育的意识，提高非思政课教师的马克思主义理论修养。同时，为保证“课程思政”有抓手，能落到实处，应将“道”的内容模块化，让非思政课教师有可以参照的模板。这个模块既要包含大学生思想政治教育的主要方面，同时也要简便易操作。一般来说，这个模块大致包括：马克思主义唯物史观和辩证法教育，中国特色社会主义理论、道路、制度和文化认同教育，共产主义理想和信念教育，青年人的使命担当教育，现代公民的职业观、民主观、法治观教育等。各校可基于此编写一些简单易行的小册子，便于非思政课教师参与“课程思政”。

五、创新“寓”教的方法，增强“课程思政”的实效性

思想政治教育传统的灌输论已无法适应现代思想政治教育的要求，特别是在“课程思政”的大背景下，专业课也要体现思政教育的功能，只能将思政教育的要素嵌入非思政课程当中。要做到“寓”道于教，春风化雨，润物无声。

如何实现好“寓”教，综合“课程思政”改革来的各校实践，可以总结出专，嵌入式、元素化合式、画龙点睛式、隐形渗透式等寓教的方式。

（一）专题嵌入式

在讲授具体专题时，嵌入“道”的元素，将知识目标和“课程思政”的目标有机融合。如上海中医药大学的“人体解剖学”课程将教学目标分为知识目标和情感目标，不仅强调解剖技能的传授，更注重学生对生命意义的思考、对作为医科学生责任的审视。使课程既让学生敬畏生命、感恩回报，也为之后的实践操作奠定了情感基础。如上海出版印刷高等专科学校在“印刷过程与控制”的课程中讲授专题“水墨平衡”采用专题嵌入式。平版胶印是现今应用最广泛的印刷技术之一，其著名原理就是“水墨平衡”。许多学生都误认为“水墨平衡”就是“油水不相融”，但在现代平版胶印过程中，印刷中的“水”和“墨”是在高速、高压的过程中相互接触、相互作用的。如果以相对静止的观点去分析这一问题，将无法正确理解水墨平衡的概念。实际情况是“水”和“墨”两种互不溶解的液体在高速高压状态下，油水间的相互作用发生了显著变化，一种液体以微滴的形式分散到另一种液体中，产生“乳化”现象，形成“油包水”型稳定的乳状液。且乳状液中“水”和“墨”的比例也是动态变化的，只要控制在一定的范围内，平版胶印就可以顺利印出高质量的产品。在“水墨平衡”的讲授中，嵌入对立统一规律的阐述，既揭示了印刷过程中的矛盾运动发展、两点论、重点论、量变到质变规律，又加深了学生对“水油平衡”的深度理解。

（二）元素化合式

$2H_2+O_2=2H_2O$ 中 H 元素和 O 元素结合后生成了水这种全新的物质。元素化合式的改革思路就是以马克思主义世界观和方法论作为具体课程的指导方法，使该课程成为以马克思主义为指导的全新的理论学科。用马克思主义及其中国化的理论成果的观点、方法，将古今中外的国际关系知识尽可能地转化，形成以马克思主义为指导的课程内容体系，使该课程在科学性上有了一个质的变化，成为一个全新的以马克思主义为世界观和方法论的课程。

（三）画龙点睛式

关键点精准发力，往往效果事半功倍。在知识点的传授过程中，讲清楚基本知识点后，将思想政治教育的内容加上，往往能起到画龙点睛的作用。如 $y=\int f(x)\,\mathrm{d}x$ 积分公式的本义是通过把不能求长度的曲线，通过无限次分割成为无限小的可以求长度的小段。在求出小段的长度之后，将这些无限的小段累加求和最终就会得出曲线的长度。如果把 dx 看成一个量（可大可小），$f(x)$ 看成所做到的事，$\int$（积分）就是量的积累的过程，y 值就是最后所能达到的结果。不论是好事还是坏事，即使 dx 是个很微小的量，但经过 $\int$（积分）不断地累积，就会达到一个可以测量的量，好似从量变积累到一定程度就会产生质变的结果。勿以善小而不为，每个人的生活都是由一件件小事组成的，养小德以成大德。勿以恶小而为之，小的坏事做得多了，积累到一定程度也会产生非常坏的影响。因此，在讲完有些知识点时，用思想政治教育的要素，可以让知识点变得鲜活，让课堂变得生动有趣，从而起到画龙点睛的效果。

（四）隐形渗透式

言传不如身教，教师的专业储备、政治人文素养以及认真敬业的态度是专业教育和思政教育的有机结合。教师为人师表、以身作则、言传身教，对学生的道德及课堂纪律的严格要求，都会对学生产生潜移默化的影响。教师不仅要加强自身专业储备，注重科研，满足学生在专业上的要求，还要加强自身政治和人文素养的培养，在潜移默化中做好学生的引路人。

综合来看，课程思政的“寓”教改革对于非思政课程而言，就是以专业知识和技能为载体开展思政教育，因而必须深入挖掘课程中蕴含的思政教育资源，从教学目标、教学内容和环节、教学策略与方法、教学资源分配等方面融入价值引领内容，在显性的专业教育中融入隐性的思政教育内容。

总之，“课程思政”要真正取得实效，必须使“课程思政”的举措落地做实。为此，必须模块化“道”的内容，创新“寓”教方法，抓好课堂教学，同时拓展大学生思想政治教育的外延，打造协同育人体系，推进“课程思政”长效机制的制度化建设，进而扭转目前高职院校意识形态工作的无力现状，开创高职院校思政工作的新局面。

第四章

高职课程思政与思政课程同向同行

第一节 高职课程思政与思政课程同向同行机制概述

一、高职院校课程思政与思政课程同向同行机制的内涵

（一）高职院校课程思政与思政课程同向同行的内涵

“同向”是指朝着相同的方向，即课程思政要与思政课程一道，坚持正确政治方向，发挥思想政治教育作用；“同行”是指一起行动，即课程思政要与思政课程一起行动。“同向同行”即是课程思政与思政课程坚持正确的政治方向一起行动。

高校课程思政与思政课程同向同行是指课程思政要与思政课程一道，坚持正确政治方向，发挥思想政治教育作用，共同担负着立德树人。在高校课程思政建设过程中，必须要正确理解“同向同行”的内涵，在此基础上贯彻课程思政与思政课程同向同行。同向同行是一个整体，同向同行主要是在办学本质和育人目标上的同向同行。真正把握住课程思政与思政课程“同向同行”的本质和目标，才能增强各类课程的育人功能，提升教师的育人意识，真正把课程思政落到实处，实现课程思政与思政课程同向同行，形成协同效应，增强育人合力。

（二）高职院校课程思政与思政课程同向同行机制的内涵

1.“机制”的内涵

“机制”（Mechanism）一词，源于希腊文，原文为“mechane”，与机器相关。随着社会的发展，“机制”一词的内涵与外延也在扩展，在实践中“机制”的概念逐渐具有隐喻

性的特征。具体来看，机制是一个复杂系统，其基本含义有三个：一是指事物各组成要素的相互联系，即结构；二是指事物在有规律性的运动中发挥的作用，即功能；三是指发挥功能的作用过程和作用原理。任何事物都有一套独有的机制，离开机制就无法正常运行与发展。机制被广泛应用到社会科学领域内，因而从社会学角度理解机制的含义主要是指社会机构、组织内部机构及其运行过程和原理，或社会政治、经济、文化活动各要素之间相互关系、运行过程及其综合效应。通过以上所述，本书将机制定义为系统内部一种协调各个部分，并按一定组合方式构成的整体。机制的各构成要素之间按照既定规律相互作用、相互制约、自行调节、协调运行，从而推进事物的发展。

2. 高职院校课程思政与思政课程同向同行机制的内涵

高校课程思政与思政课程同向同行机制是机制概念在高校思政课程体系中的应用和延伸，是对机制研究的深入与细化。为了实现高校课程思政与思政课程同向同行的目标，克服知识教育与思想政治教育相脱节的现象，形成立德树人的育人合力，各构成要素之间相互联系、相互配合而形成规律的、动态的、系统的运行方式乃至系统性体系。

可以从三个层面来理解高校课程思政与思政课程同向同行机制：其一，它是与整体相联系的概念，通过高职院校课程思政与思政课程同向同行机制要素的耦合功能，提升机制的整体效能；其二，它与系统紧密相连，组成高职院校课程思政与思政课程同向同行机制的要素依据其自身内在的关联属性，与机制的功能相结合；其三，它与过程相呼应，高职院校课程思政与思政课程同向同行机制是一个动态发展的过程，这个过程是与高职院校课程思政与思政课程同向同行动态发展过程相配套和统一的。总之，高职院校课程思政与思政课程同向同行机制调节系统内部各要素之间的关系，促进系统及各要素结构调整，使系统呈现良性协调运转，最终凝聚系统内部要素强大推动力，实现课程思政与思政课程同向同行，保持系统整体的最佳状态。

二、系统观视域下高职院校课程思政与思政课程同向同行机制理论依据

将系统观应用到高职院校课程思政与思政课程同向同行机制的研究中，在于系统观的优势能够更好地识别同向同行机制系统内部的各要素，处理其内部要素之间的关系，促进要素之间互相作用、互相耦合与互相联系，从而实现整体具有而部分不具有的整体性功能。复杂系统科学及哲学方面的内容包含系统观，系统观的相关理论主要集中在系统科学的基础理论和社会学的系统研究方法。从本质上来说，机制的内涵与外延都可以当作系统

看待，同理，高职院校课程思政与思政课程同向同行机制也是如此。运用系统观对同向同行机制进行研究是科学性与规律性的体现。其中，一般系统论、马克思主义系统观、课程与教学论和边界与教育共同体理论可以补充高职院校课程思政与思政课程同向同行机制与系统观融合研究的理论证明。

（一）一般系统论

一般系统论是关于系统研究的理论和方法。一般系统论是从整体出发来研究系统的，并且研究系统整体与系统内部要素之间的关系。在一般系统论的基础理论中，系统论的观点总是把系统作为由从属组成部分结合成的集成整体来对待，从来不把系统当作处在孤立因果关系中的各部分的机械聚集体来对待。系统具有整体性、关联性、协同性、多元性、动态性、开放性等系统性特征，系统论把部分看作整体的部分，以整体性研究为逻辑起点，不能把部分与系统整体相分离，因为系统的部分不能离开系统整体，系统部分孤立的性质与系统整体功能大相径庭。在对系统论的特性有深入了解的基础上，可以利用系统论深入研究系统整体的发展规律，以更好地解决系统存在的问题。系统论的核心是整体原理，整体原理是指系统只有通过内部要素相互联系，形成整体结构，才能发挥整体功能。系统的各个要素只有有机结合起来才能有效发挥出系统整体的效能，系统的整体功能发挥并不是通过各个部分的简单加和实现的，而是大于各要素功能之和。系统内部每一个要素的性能都不具备系统整体的功能，但系统整体效应必须由系统内部各个要素实现有机联系才能产生，但是系统内部任何一个要素出现问题都会影响整体性能的发挥，系统要素出现错误就会导致系统整体效能消失、系统就无法发挥整体性的功能。高职院校课程思政与思政课程同向同行机制系统内部的要素都有固有的特定功能，每一个要素之间都相互联系，联系的方式也都是特定的。所以，要在系统整体性的指导下系统构建高职院校课程思政与思政课程同向同行机制，在整体性基础上分析各要素的性能，促进各要素建立最佳联系，利于同向同行机制系统功能和效果的发挥，实现课程思政与思政课程同向同行，落实立德树人的根本任务。

任何一种机制都要在系统整体研究的基础上进行建构，并付之与实践。系统内部相互联系、相互影响的各个要素之间的关系最终都是落脚到关注整个系统的总体效应。由此可见，系统观的整体观念与高职院校课程思政与思政课程同向同行机制研究的落脚点具有一致性，系统都是为整体服务的，在整体性基础上，促进整体的发展。系统研究的目的是让整个研究具有系统性特征，所以，研究者必须具备系统思考的理念，把系统研究作为研究对象的方法论。从理论上说，科学研究的任何对象都可以看作是特殊的系统，系统内部各要素之间的联系，是同向同行机制要素之间的有效运行，其目的是使高职院校课程思政与思政课程同向同行机制要素的功能得到明确的界定和充分的发挥，利用内部整体性的推动力。同时，高职院校课程思政建设的外部因素都会影响同向同行机制的建构和实践。高职院校课程思政与思政课程同向同行机制的系统发展，受到系统内外部因素的影响。所以，同向同行机制是一个复杂的有机系统，其自身内部各要素存在紧密的联系，并与外部环境也存在大量的联系，体现了系统观与高职院校课程思政与思政课程同向同行机制具有很大的相关性。

（二）马克思主义系统观

在马克思主义理论中，关于系统观的思想在马克思的理论体系中体现的非常充分，系统观早已在马克思和恩格斯的辩证法当中得以体现。马克思主义系统观就是唯物辩证法关于事物联系普遍性原理的具体化，是唯物辩证法世界观的重要组成部分。

系统观是辩证法的枢纽和关键。马克思主义的系统观认为：物质世界是普遍联系着的，任何事物不但同周围的环境相互联系、相互作用，其内部的各要素也是相互联系、相互影响，由此构成一个整体。马克思主义非常重视事物的普遍联系，提倡利用辩证方法来理解和把握事物的辩证法，这其实是因为事物的辩证法创造观念的辩证法，而不是相反。由此可见，马克思主义是运用辩证法来科学地理解和说明事物的普遍联系。

辩证法为系统发展提供了重要指导。辩证法关于普遍联系的观点和永恒发展的观点是系统思想最核心的内容，现代系统论以至于整个系统科学是对这一核心观点的论证、展开、具体化和进一步发展。总而言之，系统内部各要素、系统与其外部环境都存在联系，在普遍联系之中实现动态发展。

马克思主义系统观对高职院校课程思政与思政课程同向同行机制具有能动作用，是同向同行机制发展的理论指导。马克思主义系统观能够把握系统的特性，促进系统的发展。同向同行机制系统这个整体是由不同的要素组成的，各个要素之间要相互交流、互通有无才能产生整体大于部分功能之和的系统功能。从结构层面分析，需要优化同向同行机制系统内部要素之间的排列结构，从而促进系统功能的优化。同向同行机制系统也受到外部环境的影响，并且会随着外部环境的变化而发展变化，所以要优化同向同行机制系统的外部环境，促进其发展，提升系统的整体效能。

（三）课程与教学论

课程论与教学论是一种相互联系、交叉、互补的关系，一般而言，课程论重点研究和解决“为什么而教”“教什么”等问题；教学论重点研究和解决“怎样教”“教的怎样”等问题。课程与教学论是以学校情境中的课程教学现象及其基本问题为研究对象，从而揭示课程教学规律，并以课程教学规律所揭示出来的原理为指导来开展课程教学实践的。

教学是基于生命的实践活动。基于知识的学习与理解，教学越来越多关注学生的参与和体验，教学育人价值和功能的发展。课程作为内容决定着采用什么样的教学方法，课程只有在教学中才能实现和检验，教学也必须是依据课程的教学，课程与教学在实践中是相互联系、辩证统一的关系。同时，课程与教学是一个系统工程，课程思政是一种课程观，其根本任务是落实立德树人，高职院校要依据国家相关政策文件，遵循课程教学规律，开展课程教学的变革与研究，在课堂教学中，体现出教书育人内涵，突出育人价值，在潜移默化中落实立德树人任务。高职院校课程思政与思政课程同向同行机制是由多个要素共同组成的复杂系统，各个构成要素之间既相互联系、相互渗透，又相互制约。研究高职院校课程思政与思政课程同向同行机制，就要从课程与教学论的角度出发，站在整体性的高度，用全局性的视角探寻高职院校课程思政与思政课程同向同行机制内部课程与教学各要素之间的协同关系，从而发现课程与教学固有的运行规律，完善高职院校思想政治教育课程体系，指导高职院校课程思政与思政课程同向同行机制的顺利构建与运行，实现课程思政与思政课程同向同行，形成协同育人，合力把立德树人落到实处。

（四）边界与教育共同体理论

“边界”是一个使用相当广泛的词汇，边界概念若不是指国家与国家的分界线，便是指不同文化与文化之间的类型差异，然而在大多数情况下，边界思想包含着对较大的对称性的承认 —— 承认边界两边存在人和文化。依据边界理论，边界具有维持功能与协调功能。“共同体”是基于情感、习惯、记忆以及地缘和精神而形成的一种社会有机体，把共同体运用到教育实践领域一直以来是研究者们的旨趣所在。

把边界与教育共同体运用到高职院校课程思政建设中，利于高职院校思想政治教育模式的创新。课程思政与思政课程既相互区别又相互联系，所以要充分发挥二者各自的思想政治教育功能和育人优势，同向同行，共同构成思想政治教育课程体系。利用边界理论，促进课程思政共同体的生成，在共同体内打破思政课教师与专业课教师、思政课程与专业课程的两个边界，并根据边界理论促进课程思政共同体的科学运行。课程思政是一种课程教育教学理念，它不是另类课程，必须维持课程边界，在课程思政实践中保持课程的学科立场。同时保持课程思政共同体边界渗透，通过边界渗透功能，使共同体能够吸收科学的思政元素，引入高水平的思政教师。边界的跨越、渗透需要一定的诱导机制，依据边界理论，促进课程思政共同体的生成，利于优化高职院校课程思政与思政课程同向同行机制的效果，对做好高职院校思想政治教育工作起着积极作用。

三、系统观研究高职院校课程思政与思政课程同向同行机制的现实切合性

高职院校课程思政与思政课程同向同行机制以立德树人为目标，是高职院校思想政治工作系统的一部分。思想政治教育供给侧改革和“大思政”育人格局的突出特征都在一定程度上为高职院校课程思政与思政课程同向同行机制系统研究提供了现实依据。

（一）思想政治教育供给侧改革对高校课程思政与思政课程同向同行机制构建提出系统要求

人民对美好生活的需求推动着思想政治教育的改革与发展。首先，系统构建高职院校课程思政与思政课程同向同行机制，利于从思政课程向课程思政拓展，实现课程思政与思政课程同向同行，利于解决思想政治教育工作中的矛盾及困境，推动思想政治教育供给侧的改革。系统构建同向同行机制，推进思想政治教育的供给侧改革，就是以人才培养为出发点，以立德树人为目标的改革，不仅对供给结构进行调整，还对要素的分配进行重新配置，推进思想政治教育供给侧的转型升级。推进课程思政要求将隐性思想政治教育与显性思想政治教育有机融合，由此构建起高职院校全课程育人大格局。其次，推进思想政治教育供给侧的改革，必须以实现立德树人根本目的来推进思政课程向课程思政的拓展，围绕供给侧进行改革，需要构建全方位的育人格局，包括课程目标、教学内容、评价体系等方面都需要被考虑在内，这对高职院校课程思政与思政课程同向同行机制构建提出了系统要求。在价值引领的供给主体方面，课程思政实现了多元化，在任何课程的课堂教学中都融入了思想政治教育元素，丰富与拓展了思想政治教育的渠道与载体，使思想政治教育在所有学科中都得以体现，形成了所有学科协同育人的格局。课程思政把智育、美育、体育、劳动教育等都融入德育之中，使价值引领的供给内容更加多样化，实现了知识、技能传授与价值引领的有机结合，利于取得更好的教育效果。思政课程与课程思政二者虽有不同，但其根本目的都在于立德树人，系统构建同向同行机制，实现课程思政与思政课程同向同行，可以更好地优化思想政治教育供给。最后，系统构建同向同行机制是以教育对象的现实需要为出发点，推动思想政治教育供给侧的转型升级，建立新型思想政治教育供需关系，结合教育目标实现思想政治教育的精准供给。

（二）“大思政”育人格局对高职院校课程思政与思政课程同向同行机制构建提供了系统方法

“大思政”育人格局是对思想政治教育的整体形态及其体制、生态和运行机制的实践要求。“大思政”育人格局反映了人才培养体系的系统观念，把育人过程综合为一个统一体，彰显了系统观方法的运用。立德树人成效是检验高职院校一切工作的根本标准，推进课程思政建设既要发挥思政课程的作用，又要发挥课程思政的功能，使课程思政与思政课程同向同行，真正实现所有课程共同育人的系统效力。因此科学构建有效课程思政与思政课程同向同行机制是确保立德树人根本任务落实的关键。当前高职院校课程思政与思政课程同向同行机制存在系统统筹协同不够、机制不畅僵化等问题，导致专业课程教育与思政课程教育“两张皮”现象，二者并没有形成育人合力也更没有发挥出课程应有的育人功能。高职院校“大思政”育人格局的理论内核是立德树人，其追求各要素耦合和各方联动，高职院校课程思政与思政课程同向同行机制作为一个系统，它的内部机理与所相对应的功能必须达成平衡有序、协调一致，才能以合力的形式出现维持系统的总体效应。同时，在“大思政”背景下，“大思政”育人格局明确与高职院校课程思政与思政课程同向同行机制系统之间的关系是坚持系统观的观点。因此，以思政课程为引领，在“大思政”背景下，运用系统观念构建高职院校课程思政与思政课程同向同行机制，促进课程思政与思政课程同向同行，形成最佳的课程思政育人系统，显得十分重要和迫切。

第二节　高职课程思政与思政课程同向同行机制的系统分析

一、高职院校课程思政与思政课程同向同行机制的系统性内涵

系统观作为研究客观世界、探究解决人类社会面临的复杂问题的方法，其主要落脚点在于对事物整体与部分、层次与结构、整体与环境关系的剖析。从系统观视角研究高职院校课程思政与思政课程同向同行机制，就是把同向同行机制作为系统整体来思考，围绕同向同行机制的构建目标，对其内部各组成要素、结构、功能进行整体研究，从而能够对系统进行全面准确的把握，可以系统构建同向同行机制。高职院校课程思政与思政课程同向同行机制系统是由高职院校党委、学校职能部门、教学院系、专业教师与思政教师、课

程思政与思政课程、评估评价方式等要素耦合形成的有机整体。研究同向同行机制系统必须关注三个方面内容。①研究高职院校党委、学校职能部门、教学院系、专业教师与思政教师等系统内部要素的特质，协调促进其质量提升。②研究各要素之间的关系，通过物质、能量、信息的连接使各要素形成一种和谐的相处方式，使之具有稳定并合理的组成结构。③外部环境因素对同向同行机制的影响具有直接或者间接的作用，所以必须分析环境对其影响的方式与途径，研究能够更好发挥系统效能功能的路径。

高职院校课程思政与思政课程同向同行机制系统由诸多要素组成，并且要素之间是相互作用、相互联系的状态，要素发生改变、要素与要素关系发生改变，都在一定程度上对系统的属性或者功能带来影响，使之发生改变，因此，系统内部各要素都是在动态的运行中实现耦合，推动同向同行机制系统的动态发展。从系统的外部环境看，外部环境可以为系统的生存与发展提供能量，所以，同向同行机制系统可以从外部环境中汲取其所需的能量，同时外部环境为同向同行机制系统提供的信息和物质资源是其生存与发展的必备条件，系统离开外部环境将不能生存发展。同向同行机制系统在发展过程中始终与外部环境相互联系、相互作用，以此来显示其自身的特定功能。将高职院校课程思政与思政课程同向同行机制作为系统来认识，就要运用系统观的理论和方法分析同向同行机制系统，即从同向同行机制的整体与部分、各组成部分之间、整体与环境的相互联系和相互作用中全面综合地把握同向同行机制系统的发展规律，进而优化系统的整体效能，更好地推进课程思政与思政课程同向同行，实现立德树人目标。

二、高职院校课程思政与思政课程同向同行机制系统要素分析

要素是系统的基本组成单位，也是机制的基本单元，在系统中，系统内部各要素之间的关系、各个要素所处的位置以及各要素发挥的作用都直接对系统产生深远影响，其决定着系统的结构与功能。研究系统的各个要素对揭示高职院校课程思政与思政课程同向同行机制的结构与功能具有重要的意义。本书从系统观角度出发，认为高职院校党委、学校职能部门、教学院系、思政教师与专业教师、课程思政与思政课程、评估评价方式等是构建高职院校课程思政与思政课程同向同行机制系统的必要元素。虽然这五个要素间的性质、作用都各不相同，但每一要素都具有直接影响课程思政与思政课程是否同向同行的特殊功能，五要素的相互关系与作用既可以体现高职院校课程思政与思政课程同向同行机制系统的属性，又可以客观地反映其发展的客观规律，缺一不可地组成了高职院校课程思政与思政课程同向同行机制系统这一有机整体。

（一）同向同行机制的要素概述

对高职院校课程思政与思政课程同向同行机制的系统剖析，首先是要分析同向同行机制的要素，对比高职院校课程思政与思政课程同向同行机制系统中各要素所具备的普遍性和特殊性，进而整体把握高职院校课程思政与思政课程同向同行机制这一系统。

1. 高职院校党委

高职院校党委作为学校事业的政治核心，其角色定位应该是把方向、抓大事、带队伍、促发展、保稳定。因此，党委更多地扮演着培育高职院校“软实力”的角色。高职院校党委对学校工作实行全面领导。高职院校课程思政与思政课程同向同行机制的系统构建是在高职院校党委的领导与指引下运行的。同向同行机制的系统构建是高职院校落实立德树人根本任务的重要抓手，也是高职院校党委全面贯彻党的教育方针政策的重要途径。这在客观上要求高职院校党委加强对课程思政建设的全面领导，把方向、做决策、保落实，深化课程思政建设的综合改革，为系统构建同向同行机制提供根本保障。因此，在高职院校党委的领导下构建高职院校课程思政与思政课程同向同行机制，实现课程思政与思政课程同向同行，培养大学生成才，最终实现立德树人目标。

2. 学校职能部门

职能部门是高职院校作为学校与教学院系之间的中间环节，高职院校职能部门在高职院校的管理层面具有重要地位，更是学校领导与教学院系之间连接的桥梁，其在服务学校领导和院系中发挥着重要作用。本书所指的职能部门主要指教务处、人事处、党委宣传部门等校内机构。高职院校课程思政与思政课程同向同行机制的职能部要素涉及的是管理者和管理活动。为了帮助和促进同向同行机制的建设，作为高职院校的中层机构，职能部门要与校党委的工作方向保持一致，要在学校中起到上传下达，服务于学校教学、科研等具体工作的职责。在与教学院系关系层面，高职院校职能部门的工作绩效是考察工作成效的基础，所以，其需要以工作绩效为基础，以此来服务好教学院系与高职院校师生的发展，这是高职院校职能部门工作展开的导向，同时，高职院校职能部门更需要稳妥地处理与教学院系之间的关系。职能部门内部也要相互配合，做好课程思政的宣传引领与落实工作，发挥其在同向同行机制建构和运行过程中的重要作用，实现为同向同行机制运行服务的特质。

3. 教学院系

教学院系作为高职院校课程思政与思政课程同向同行机制系统的要素之一，其是学校的主体，同时，也是学校完成教学任务与科研任务等重要任务的关键部门。高职院校整体的发展面貌的呈现，教学院系在其中具有重要作用。在课程思政建设过程中，哲学系应当主动地担负起课程思政改革的使命。哲学系的思想旗帜非常鲜明，同时，更拥有丰富的马克思主义资源，思政教师都具有明确的育人职责等特征，哲学系的这些特征对其他各专业学院具有重要的影响，利于其他各专业学院坚定马克思主义信仰。因此，在实践层面上来看，高职院校为哲学系提供了大量的资源，哲学系可以利用丰富的资源推进高职院校课程思政建设；建立与专业学院合作联动机制，可以从根本上解决高职院校思政“孤岛”困境。促进课程思政与思政课程同向同行的实现，需要哲学系和各专业院系相互配合，在课程思政建设过程中加强合作，互通有无，齐心协力，发挥育人的合力作用；从而打破哲学系与各专业学院之间的藩篱，促进二者互融互促局面的形成，最终实现高职院校课程思政与思政课程同向同行机制系统效能的最大化。

4. 思政教师与专业教师

思政教师与专业教师在高职院校课程思政与思政课程同向同行机制系统的诸要素中处于主导地位。思政教师与专业教师都是推进课程思政教育教学改革创新的主体，更是落实立德树人根本任务的主力军，在课程思政建设过程中发挥重要作用。全面推进课程思政建设，落实立德树人根本任务，教师有责任有义务对学生进行思想政治教育，在课堂教学中做到教书与育人的统一。思政课程教师能否发出内在的自信力量，理直气壮地讲好思政课，专业课程教师在学生思想品德教育中往往能发挥出意想不到的作用，所以，专业课程教师能够树立课程育人的理念，强化立德树人的意识，是实现专业课程与思政课程合力育人的关键所在。同时，思政教师与专业教师在实践教学过程中，有交叉互动跨学科的学术视野，推进实践教学过程合作，把思想政治教育元素渗透到教学的各个环节中，促进思政教师和专业教师相互配合，实现教书和育人的有机统一，是实现系统功能之和大于部分功能的必然效果。

5. 思政课程与课程思政

思政课程是对大学生进行系统的思想政治理论教育的主渠道，具有明显的意识形态属性，其他各类课程也蕴含着许多思想政治教育素材和资源。课程思政与思政课程的关系并不是谁从属于谁的关系，而是相互促进的关系，二者在高职院校思想政治教育工作中占据重要地位。课程思政与思政课程共同担负着立德树人的目标和任务，在高职院校课程思政建设中发挥着价值引领的作用，二者都坚持社会主义的办学方向，在课程思政建设中发挥着育人的功能；同时，二者都发挥着思想政治教育的功能，对学生进行思想政治教育是课程思政与思政课程的共同任务。思政课程的宗旨在于传播马克思主义科学理论，而课程思政则把思想政治工作体系与人才培养体系相贯通，开启了新时代“德才兼备”的高素质人才培养新模式。思政课程与课程思政两个要素在高职院校课程思政与思政课程同向同行机制系统中是同向同行、相融相济和相互促进的关系，共同培养中国特色社会主义的合格建设者和可靠接班人。

6. 评估评价方式

所谓评估评价，简言之，即对某一方案进行论证与考量，以确定具体运作过程是否需要改进或终止。评估评价作为一种管理手段，对高职院校课程思政建设的主体、资源和运作过程进行动态分析，促进其发展进一步走向科学化和规范化。评估评价是推进高效课程思政与思政课程同向同行的导向，构建高职院校课程思政与思政课程同向同行机制必须要在高职院校课程思政建设实际基础上，结合学校的专业发展情况以及学校的人才培养目标；同时，更要考虑学校的教学实际工作等情况，探索科学完善的评估评价体系，并与课程思政改革发展相适应的评估评价机制。科学的评估评价机制能够激发高职院校党委、相关职能部门、教学院系、专业教师与思政教师等高职院校课程思政与思政课程同向同行机制系统中的要素开展课程思政的积极性与创造性，形成育人合力，进而确保同向同行机制系统的科学构建与运行。

（二）同向同行机制的要素关系

世界上没有孤立存在的事物，任何一个事物都是在某些具体的联系中存在和发展的。高职院校课程思政与思政课程同向同行机制要素毫无疑问具有逻辑链条与辩证关系，从而促成同向同行机制系统的内部图景和整体轮廓。同向同行机制系统的要素及其之间的关系的确是客观存在的。考察同向同行机制系统的要素之间的关系是有必要的。在同向同行机制系统里，高职院校党委、相关职能部门、教学院系、思政课程与课程思政、思政教师与专业教师、评估评价方式等要素，它们都具有各自的鲜明特性，并且都是系统里不可缺少的特殊要素，但它们之间的关系并不是相互孤立的，而是一种息息相关、不可分割的关系。不仅如此，在同向同行机制系统里，高职院校党委、相关职能部门、教学院系、思政课程与课程思政、思政教师与专业教师、评估评价方式等要素处于十分紧密而又错综复杂的内在联系之中，一同构成了同向同行机制系统。

在高职院校课程思政与思政课程同向同行机制系统之中，高职院校党委、相关职能部门、教学院系、思政课程与课程思政、思政教师与专业教师、评估评价方式等要素之间的关系并不是没有秩序的，更不是偶然聚集或者简单的机械堆集的关系。也就是说，同向同行机制系统的要素是相互依存而又浑然一体的，它们相互影响、相互补充、相互渗透，从整体性视角看，它们呈现出层层递进的关系，对同向同行机制系统的形成、存在、运行、发展都产生非常重要的影响。此外，同向同行机制系统内部的各个要素在相互依存的过程中，通过系统的任务分工，各自发挥自身功能，并且引出了彼此之间相互作用的连线，在要素运行过程中编制出复杂的系统关系之网，深刻体现出高职院校课程思政与思政课程同向同行机制是一个动态的运行系统。

在同向同行机制系统之中，高职院校党委、相关职能部门、教学院系、思政课程与课程思政、专业教师与思政教师、评估评价方式等要素中的各个要素只有在相互联系和相互作用中，才能确立自身在同向同行机制系统中的相应地位，从而得以体现各个要素在同向同行机制系统中的性能，并彰显要素自身对系统的特殊作用。

（三）同向同行机制的要素原则

高职院校课程思政与思政课程同向同行机制的各要素构成了一个完整的系统。在促进系统内部要素与要素之间联动之前，要清晰同向同行机制的要素原则，主要有三个要素原则。首先，科学性原则。同向同行机制要素不是人为因素，是同向同行机制系统的内在体现，系统内部每一个要素都有自身独特的功能，并且不能被系统内部的其他任何要素取代，这是顺应了系统要素发展客观规律的体现，利于维护同向同行机制系统的发展。同向同行机制系统各个要素虽然转点各不相同、性质各异，但是在实践中各个要素之间并没有沟通的障碍，可以实现良好沟通效果。同向同行机制系统强调要素的内部整合来保障系统的运行，所以，各个要素不会脱离系统而单独存在，各个要素必须协调配合来满足同向同行机制系统的运行要求。坚持科学性原则，最主要就是了解同向同行机制系统内部各个要素之间的相互作用和内在关系，发现系统的运行规律，从而促进同向同行机制的科学发展。其次，整体性原则。系统观最重要的特点是将事物作为一个系统进行整体分析，系统的要素不是孤立存在的，要坚持整体性原则，系统的要素之间具有辩证统一的关系，需要形成多层次的互动，并作用于整体。在系统观视域下，有利于清晰地认识同向同行机制内部各要素之间的关系，更加有效地发挥各自的功能和作用，构建课程思政与思政课程相互联动、互融共促的思想政治教育整体，实现“1+1 ＞ 2”的系统功能。因此，以系统观为指导，分析和构建高职院校课程思政与思政课程同向同行机制，是实现立德树人根本任务的必然选择。最后，制度性原则。制度性原则是同向同行机制系统运行的保障，是实现课程思政与思政课程同向同行，提高思想政治教育时效性，落实立德树人目的，所必须遵循的原则。制度性原则可以规范同向同行机制内部各要素的权利与义务，对系统的运行具有规范、强制和稳定的作用。换言之，制度性原则可以使同向同行机制系统内部各要素有章可循，可以按照制度合理运行。遵循制度性原则最重要的是要建立符合客观事物发展规律的运行机制，并且要随着客观条件的发展变化对机制做出调整，才能使机制具备长效作用，实现同向同行机制的优化发展，从而推动系统形成有序稳定的结构，也才会形成新的系统的质的规定性。由此，同向同行机制的运行才能够科学发展，实现整个系统的自组织调控行为。

三、高职院校课程思政与思政课程同向同行机制系统的功能

（一）政治导向功能

高职院校课程思政与思政课程同向同行机制系统的政治导向功能是根本性的功能，也是方向性的功能，主要体现在三方面：首先，同向同行机制系统的有效运行需要通过促进能量的流动来保障。同向同行机制系统在与外部环境沟通交流过程中，不断的与外界环境进行物质、能量、信息的交换，向系统内部各元素传播当代主流政治观点与政治思想，从而激发系统内部各元素的政治热情。同向同行机制需要不断获得能量补充才能得以构建，能量流动是维持同向同行机制的物质基础。同向同行机制系统从国家、社会机构及高职院校等组织中获得人才、资金、设备、场地等方面的能量补充，为同向同行机制系统的有效开展提供物质保障。其次，同向同行机制系统通过内部能量流动引导系统各要素坚定政治立场，各要素相互配合，共同促进课程思政与思政课程同向同行。在同向同行机制系统内部，高职院校党委书记、相关职能部门、教学院系、课程教师等共同为同向同行机制的构建提供管理保障。同向同行机制内部各要素通过能量与信息的有效传递，保障课程思政与思政课程在政治层面上的一致性，共同推动大学生对国家认同、政治认同。最后，同向同行机制系统通过提高大学生对政治现象的观察、分析、判断能力及对政治行为方式的选择和把握能力，帮助大学生内化政治观念和价值准则，在课程思政建设过程中坚定正确的政治方向，不断增强政治意识，积极践行社会主义核心价值观，为社会培养更多的优秀人才。以此，将向外部环境中输出正能量，可以为社会创造更多的价值，能够得到社会的充分认可，因而可以从外部环境中得到更多有价值的能量输入，促进同向同行机制系统内部与外部的能量流动，实现其能量的良性循环，更好地促进课程思政与思政课程同向同行，保证政治导向功能实现。

（二）育人导向功能

育人导向功能是同向同行机制系统的发展性、超越性功能。同向同行机制系统作为一个自组织的开放系统，其向环境开放是系统得以向上发展的重要条件。同向同行机制系统在与外部环境进行能量、物质、信息交换的过程中，可以从外界吸收负熵流，抑制系统内部的熵的增长，从而实现系统从低级到高级的发展，促进系统从无序走向有序。课程思政与思政课程的共同目的是育人，同向同行机制系统可以促进课程思政与思政课程在育人方向上保持一致，实现立德树人、以文育人等，在育人方向上都统一到中国道路、中国理论、中国制度、中国文化的认同层面上来，增强四个自信，发挥系统的功能。同向同行机制系统以满足政治教育的需要为出发点，立足于实现立德树人的目的，在课程思政建设过程中，通过专业教师挖掘课程中的思想政治教育元素融入课程教学，从而实现价值塑造、知识传授和能力培养的有机统一，凸显了同向同行机制系统的育人导向功能。同向同行机制系统发挥育人导向功能时，高职院校党委、相关职能部门、教学院系、专业教师与思政教师等都为同向同行机制系统育人导向功能的运转、发展与演化提供所需的能量与物质，比如，资源、政策、制度、教学模式、知识传递等。同向同行机制系统通过从外界吸收负熵流，可以有效减少同向同行机制系统育人导向功能的能量损耗，实现同向同行机制系统育人导向功能循环流动的同时也推进了同向同行机制系统的有序发展。

四、系统构建高职院校课程思政与思政课程同向同行机制的意义

系统构建高职院校课程思政与思政课程同向同行机制是全面提升高职院校思想政治工作质量的重要举措，对推进高职院校及课程思政建设具有重要意义。

（一）系统构建同向同行机制利于确保社会主义大学培养目标顺利实现

高职院校是造就人才的象牙塔，担负着立德树人的根本任务。从根本上来说，高职院校作为坚持社会主义大学教育非常重要。高职院校培养的是中国特色社会主义事业的建设者和接班人，能够担当起中国特色社会主义大业，确保党的事业兴旺发达，确保国家长治久安，是肩负着实现“两个一百年”奋斗目标和实现中华民族伟大复兴的中国梦的历史重任的有为人才，就必须坚持高职院校的育人根本不变质、不动摇，而只有坚持“四个自信”，才能培养出中国特色社会主义建设者和接班人。高职院校课程思政与思政课程同向

同行机制利于推进高职院校课程思政的建设，实现所有课程共同育人，把课程思政与思政课程同向同行落到实处，体现了社会主义大学的办学特色和育人导向。系统构建高职院校课程思政与思政课程同向同行机制利于使各教育主体之间相互配合、相互协调、融合互动、互通有无、有机衔接起来，充分挖掘各门课程的价值意蕴，真正把教书育人落到实处，进而确保社会主义大学培养目标的顺利实现。

（二）系统构建同向同行机制利于巩固马克思主义在高职院校意识形态领域的指导地位

高职院校思想政治教育工作需要强化马克思主义意识形态在高职院校各类课程中的话语权，通过课程强化马克思主义意识形态在高职院校的地位，能够在潜移默化中对学生加强马克思主义教育。当今社会中，呈现出多种社会思潮，并且朝着多元化的趋势发展，这直接影响着马克思主义的发展。特别是在高职院校中，青年学生正处于人生中成长期，学生的三观非常容易受到外界的影响，面对各种不良社会思潮的影响，对马克思主义的传播带来不利影响。一方面，在市场经济条件下，人对世俗功利的追求越来越陷入非理性的状态，并且这种状态对人们的正常生活带来非常大的影响，甚至使人们对功利的追求都已经陷入“异化”的状态，影响人们的人际交往，使得人们生活中非理性的冲突日益增多。另一方面，当今社会深受多元社会思潮的影响，越来越多的国家受其影响，造成当今社会主义国家在多元社会思潮的影响下，社会主义国家一元意识形态的局面已经在社会的发展中被打破。我国是社会主义国家，要坚持不懈地传播马克思主义理论，马克思主义理论是高职院校思想政治教育工作的理论指导，可以促进立德树人目标的实现，为高职院校课程思政的建设提供理论与方法指南。高职院校推进课程思政建设，通过教师在课堂教学中融入思想政治教育元素，可以有效传播马克思主义理论。因此，系统构建高职院校课程思政与思政课程同向同行机制，能确保在各门课程中牢牢把握学术话语传播的价值导向，从而巩固马克思主义在高职院校意识形态领域的指导地位。

（三）系统构建同向同行机制利于完善高职院校思想政治教育课程体系

课程思政在高职院校思想政治教育工作中对学生具有隐性的思想政治教育功能。在高职院校课程思政建设中，课程思政是对思政课程的延伸，更是对思政课程的补充，与思政课程协同育人。在系统观视域下，构建高职院校课程思政与思政课程同向同行机制利于促进课程思政与思政课程同向同行，在实践中使高职院校思想政治教育课程体系逐渐得到丰富、发展与完善。在课程思政建设过程中，对高职院校思想政治教育工作提出了更高要求，系统构建高职院校课程思政与思政课程同向同行机制利于促进高职院校思想政治教育的发展，使得思想政治教育融入专业课程中，促进思想政治教育与专业课教育相融合，实现二者的协调发展，将专业课的思想性体现出来的同时，也使得专业课的实践性得以发挥，更把思想政治教育贯穿在专业课教学之中，实现所有课程共同育人。同向同行机制把协同育人理念融入工作体系之中，发挥课程协同育人的合力，促进思政课程与课程思政协同育人，进而形成规范的制度体系。同时，同向同行机制利于明确各门课程的育人目标，将思想政治教育融入各门课程教学改革的各环节，逐步形成知识传授和价值引领相结合的课程体系，确保课程思政落在实处。

（四）系统构建同向同行机制利于体现高等教育的本质和使命要求

在当社会中，高职院校不仅是社会的重要机构，也是培育人才的场所。所以，思考高等教育的本质和使命要求具有重要意义。从高等教育发展规律出发，中国高等教育承担的历史使命，是为国家和民族培养社会主义建设者和接班人。因此，在高等教育领域，必须在课程中融入思想政治教育元素使之与知识教育相融合，必须使课程在育人的同时体现价值引领，与社会的需求相适应，与党和国家的事业相互守望，呈现出丰富的时代气息。系统构建高职院校课和思政与思政课程同向同行机制利于实现课程育人，并且利于实现这个目标，能够建立课堂与课程的有机互动机制，促进学生综合素质的提高，并且能够在潜移默化中对学生传达课程本身的价值。同时，利于建立与人才培养目标相一致的课程价值体系，能够使学生通过对课程的学习，让其具备敏锐的观察力、对社会的责任感、对民族的认同和热爱以及理论与实践相结合的方法等品质，使人才培养的目标在课程思政建设中得以落实。系统构建同向同行机制利于落实课程思政育人理念，学生通过对课程的学习，真正实现学生综合素质的提高，获得自身成长成才的能力，成长为能够担当起中华民族复兴大任的建设者和接班人，使立德树人目标得以落实。这是课程思政建设的任务所在，也是高等教育的本质和使命要求，所以系统构建同向同行机制，促进课程思政与思政课程同向同行，是对高等教育的本质和使命要求的体现与回应。

第三节　高职课程思政与思政课程同向同行机制模式

一、构建高职院校课程思政与思政课程同向同行机制是一项系统工程

系统是由相互作用的若干部分组合成的具有特定功能的有机整体，系统论的创始人贝塔朗菲（Bertalanffy）将系统定义为“相互作用的诸要素的复合体”。系统观的第一要义是从整体上把握对象，把对象放在普遍联系的系统中来把握，以此更好地处理系统与要素、要素与要素之间的关系，进而促进系统成为互促互进的有机整体。正因为如此，在“大思政”背景下，系统观方式为构建高职院校课程思政与思政课程同向同行机制提供了理论基础。高职院校课程思政与思政课程同向同行机制是一个由诸多相互作用、相互联系的要素组成的复杂系统，其运行规则服从系统的原理，系统内部要素自身的变换及要素间关系的变化都会影响系统属性或功能，即系统要素均是在不断耦合过程中实现着同向同行机制系统的动态发展。从系统观角度看，高职院校课程思政与思政课程同向同行机制是由高职院校党政机关、思政课程教师队伍、专业课程教师队伍等要素组成的系统，系统内部各个要素的素质和水平，如高职院校组织管理者的素质和水平、思政课程教师与专业课程教师的素质和水平等，影响大系统的建设与运行状态。同时，系统内部各个要素之间能否做到目标统一、步调一致、相互促进，决定着大系统的整体效能，最终决定着能否实现“整体大于部分之和”的系统功能。构建高职院校课程思政与思政课程同向同行机制，必须运用系统观规范、整合高职院校课程思政与思政课程同向同行机制大系统内部各个要素，找到各要素和谐共生的方式，实现同向同行机制系统的要素共享、优势集聚和效果优化，协调促进系统内各要素质量的良性提升，使之构成稳定合理的结构，促进课程思政与思政课程同向同行、形成协同效应，才能更好地落实立德树人根本任务。

二、构建高职院校课程思政与思政课程同向同行机制的系统理念

（一）基于系统观的整体性特征，发挥组织领导保障作用

整体性是系统的首要观点，系统的整体性呈现了各个组成要素所没有的新特性。在

系统观视域下，系统的整体性是排斥绝对分解的方式的。按照系统观的这一要求，高职院校组织领导内部各部门、各成员之间并不是毫无关联的独立个体，而是相互联动的有机整体。所以，在系统观念的指导下要加强对组织领导层面的顶层设计与整体规划，以彰显系统科学的整体性思维方式。总的来看，高职院校组织领导内部各要素之间并没有形成完善的横向联系，各要素之间没有建立、健全相互沟通、相互协调的机制，缺少制度规范，各要素之间也没有形成统一、明确的目标导向。高职院校课程思政与思政课程同向同行机制是一项系统工程，其正常运行需要发挥组织领导的保障作用。组织领导作为同向同行机制内部的重要部分，其内部各要素之间的联系不是自然生成的，需要坚持系统观的整体性特征，通过制订一系列制度来加以规范，促进其内部各要素形成有机联系，这样才能使组织领导层面形成一个合理的结构，各要素之间协调配合，发挥最优的整体性功能，从而保障同向同行机制形成一个高效的系统。正因如此，要统筹规划组织领导内部的各要素，把握好各要素、各部分之间的关联性与耦合性，注重推进各要素之间相互促进、协同配合，坚持整体推进，深入论证规划举措的可行性，使各要素同向同行、相得益彰，产生共振效果。同向同行机制作为一个有机整体，只有以系统的整体性合理规划组织领导内部的各要素，建立完善的组织领导机制，才能保障同向同行机制的构建与运转，促进课程思政与思政课程同向同行，真正达到二者的高度统一，实现系统的良性共生。

（二）基于系统观的关联性特征，促进课程共融互促局面

关联性是秩序性的前提、是组织性的保障。高职院校课程思政与思政课程同向同行机制建设中思政课程与课程思政是相互联系的，二者之间既相互独立又相互关联，也和高职院校课程思政与思政课程同向同行机制整个系统之间存在相互作用的关系。根据系统观理论，社会中所有系统内的各子系统之间都是有机衔接并相互作用的，正是这些关联性使系统的结构和功能得以优化。同向同行机制系统内各要素之间都具有关联性，这种关联性使得高职院校同向同行机制结构独特又稳定。思政课程与课程思政作为同向同行机制系统中的两个重要元素，二者关联的前提首先必须承认二者的联系与差异。思政课程与课程思政统一于高职院校人才培养体系之中，二者都是落实立德树人根本任务的重要手段和渠道。课程思政与思政课程两者的概念范畴不同。思政课程是对大学生进行思想政治教育的关键课程，课程思政则是对所有课程发挥育人功能的总要求，前者属于形而下的范畴，后者属于形而上的范畴。因此，不能认为课程思政包含思政课程，两者是同一概念体系中的不同层级关系。课程思政中的思想政治教育元素是零散、不系统的，而思政课程所承载的教育内容是系统的，思政课程是实现立德树人的主渠道，而课程思政在育人过程中是重要

补充，二者都是落实立德树人根本任务的具体课程。以系统观的关联性特征为指导，要科学认识课程思政与思政课程的关系，既要看到二者的联系，又要厘清二者的差异，进而更好发挥二者的非线性作用，实现系统的整体功能最大化。同时，还要厘清课程思政与思政课程的边界，两者不是等同关系，更不是概念边界的简单互补关系。所以，要深入研究思政课程与课程思政的大纲要求，更好地发挥课程思政与思政课程的关联性，发挥整合和互补效应，形成系统合力，实现立德树人总目标。

（三）基于系统观的协同性特征，发挥教师立德树人序参量作用

协同论的最终成型是由德国物理学家赫尔曼·哈肯（Hermann Haken）完成的。其研究主要内容就是非平衡有序结构系统。依据协同论，在非平衡开放系统中，序参量对系统形成有序状态具有关键作用。所谓“序参量”，是指在复杂系统形成协同效应的过程中，把一切事物有条不紊组织起来的“无形之手”决定着系统的发展进程。序参量的内核是高职院校课程思政与思政课程同向同行机制构建的共同需求。教师作为影响课程思政建设的重要因素，因教师的主观性、能动性等因素在一定程度上决定着同向同行机制系统的发展，所以，教师是同向同行机制系统中的序参量。在同向同行机制系统中，各个要素相互协同才能发挥教师序参量的作用，才能促进系统朝着有序化方向发展。因此，实现课程思政与思政课程同向同行，教师必须在育人意识与育人能力方面实现协同。系统哲学认为，有协同才有和谐。有和谐才能有多要素的协同放大、整体优化。高职院校思政课程教师与其他各类课程教师之间存在差异，但在教书育人上出现不协同的现象。思政课程教师大多不自觉形成了一种专业主义观念，除了关注思政课程以外，很少关注其他各类课程，更不关注如何与其他各类课程“兼容”，较少与其他各类课程教师交流互动。在现实教学中，思政课程教师认为自己的职责就是世界观、人生观、价值观的讲解传授，其他各类课程教师只是拘于做好专业课程教学，由此，思政课程教师与其他各类课程教师之间的壁垒长久存在。协同理论告诉我们只有二者建立起真正的耦合关系，取长补短，互通有无，才能充分发挥其协同作用，其课程思政与思政课程同向同行机制系统功效必然会超越系统孤立的功效，同向同行机制系统的功能就会得到优化，使系统整体呈现出稳定有序结构的规定性，利于发挥全员育人的“共效应”，为培养社会主义建设者和接班人培养所需人才。

（四）基于系统观的动态性特征，发挥激励约束的活力作用

系统自身的开放性决定了系统一定具备动态性的特征，任何系统都遵循一定的规律处于不断运动发展中。在系统观视域下，从系统观的动态性出发，不能把系统看成是一成

不变的，而是要用发展的视角把系统看成是一种开放性的存在，系统是不断实现动态发展的存在。系统构建高职院校课程思政与思政课程同向同行机制，必须发挥激励约束机制在同向同行机制建设中的作用。课程思政建设的主体力量是高职院校教师，对教师实施激励约束利于教师开展课程思政工作，建立富有动态性的激励约束机制遵循同向同行机制动态性的系统特征，遵循其在一定阶段内保持系统的相对稳定性，但随着自身因素与外部环境因素的变化而不断变化的特点，因此动态性的激励约束机制处于动态性的发展变化中，为系统的发展提供动力支持。动态性的激励约束机制不仅兼顾到系统内部的发展状态，更兼顾到系统所处外部环境的变化发展，遵循系统的开放性，不断从外界吸收负熵流，抑制系统内部的熵的增长，在此基础上，可以实现同向同行机制系统的内部结构得到优化，使得系统结构更加有序。同时，动态性的激励约束机制与系统本身的动态性相适应，其可以不断地为同向同行机制的发展注入活力因素，使得同向同行机制系统实现动态的发展，进而提高其系统的整体效能。

（五）基于系统观的多元性特征，促进多元主体参与评估评价

系统的多元性是相对于单一性而言的。研究系统就要全面了解系统的基本特征。一般而言，系统具有以下特征：整体性、关联性、协同性、多元性、开放性、动态性和多层性等。系统的这些特征决定了系统方法就是要根据客观事物的系统特性去认识和改造事物的方法。根据系统观的观点，系统内部各个要素一定是多样性的共生才能真正达成系统的平衡。在系统观视域下，运用系统的特性解决问题时必须从事物的整体出发，处理好整体与部分、整体与结构、整体与环境等的关系，在处理这些问题运用的方法最显著的特点就是系统观的多元性。高职院校课程思政与思政课程同向同行机制建设的影响要素是多样的，其本身也是一个由多元主体组成的系统，其评价方式同样具有多元性的特征。因此，以系统观的多元性特征为指导，在评价过程中考虑多种因素，探索由多元主体参与的、评价方式的多元化方法，形成全方位、立体化的育人模式。评估评价方式是一种重要的管理职能。正确认识同向同行机制评价的多元性特征，利于健全其评价体系，开展有效的评估评价，实现课程思政与思政课程同向同行具有重要意义。对同向同行机制系统评价的多元性特征具体表现为评价主体与评价方式的多元性，同向同行机制系统主体的多元性决定了其评价方式的多元性，评价主体主要包括高职院校领导、课程教师、学生等人员，与此相应，理所应当的有其主持和推行的评估评价方式，决定了其评价目的和类型的多元性。同时，系统的存在和发展必然受到环境影响和制约。同向同行机制是一项系统工程，影响系统的发展有很多外部环境因素，比如，国家的教育政策、经济社会的发展水平状况，高职

院校的质量建设水平等因素。一个学校的类型，办学的历史和传统，办学目标、定位等因素，都直接影响和制约着同向同行机制系统的发展状态。总之，同向同行机制系统应该是一个开放的、多层次、多元化的系统。高职院校课程思政与思政课程同向同行机制是一个整体，是一个全员、全过程、全方位的育人系统，为了促进系统落实立德树人目的，必须激发各个要素的活力，采取多元性的评价方式，激励多元主体参与同向同行机制的建设，使得系统的各组成要素功能得以发挥到最佳水平。

三、构建高职院校课程思政与思政课程同向同行机制的系统模式

高职院校课程思政与思政课程同向同行机制是一个复杂的系统工程，构建同向同行机制必须遵循系统观，从全局着眼，系统构建同向同行机制各子系统以及内部关键要素之间的相互作用关系。

（一）上下联动的多层级管理机制

基于系统的整体性特征，系统的各要素只有组成系统整体，才会具备独立要素所不具备的性质和功能，也才会形成新的系统的质的规定性。组织管理机制作为高职院校课程思政与思政课程同向同行机制大系统中的重要子系统，要构建同向同行机制，就要抛弃单向度思维，在系统观的指导下，对组织管理机制这个子系统中的各要素进行整体规划。促进高职院校课程思政与思政课程同向同行在本质上要求在党委的领导下构建集教务部门和相关职能部门、各二级学院等于一体的上下联动的多层级的管理机制，实现不同管理主体及管理层级之间上下联动、合力育人。高职院校应该成立以学校党委书记为组长的课程思政领导小组，并配备专门办公室推进落实，并根据自身办学定位与办学特色，制定和实施不同的课程思政培养方案，并制定实施相应的规章制度，定期召开课程思政建设工作布置和推进会议。合力育人需要在教务的统筹下开展进行。没有教务的具体指挥、协调，难以实现课程思政与思政课程同向同行。同时，宣传部、学生处、教学院系等部门需要进行联动，使得课程思政得到具体落实。各二级学院应该建立多学院部门全员育人的领导机制，形成有效领导。积极动员学院教师参与课程思政与思政课程同向同行建设，为之提供必需的人员保障。在系统观指导下，高职院校组织管理机制的整体规划体现系统的整体性，能够调动各部门各单位的积极性和主动性，实现高职院校课程思政与思政课程机构上下联动、同向同行、协同推进。

（二）左右联动的课程互动机制

系统内各要素是相互关联的。同一系统的不同元素之间按一定方式相互联系、相互作用，不存在与其他元素无任何联系的孤立元素，思政课程与课程思政作为高职院校课程思政与思政课程同向同行机制系统中两个要素，并不是两个毫无关联的独立个体，而是相互联动的两个要素。构建高职院校课程思政与思政课程同向同行机制应加强思政课程与其他各类课程之间的关联性。构建左右联动的课程交流互动机制，就是在高职院校以党委书记为组长的课程思政领导小组指导下，建立起哲学系与各专业学院互利共赢、协同并进的合作机制，打破高职院校思政课程与其他各类课程之间“各行其是”的状况，促进思政课程与其他各类课程之间的互动交流，强化思想政治教育资源在各学科中的系统融入。在这种机制作用下，哲学系与各专业学院要打通课程之间的学科边界，融铸新的学术生长点，加强课程之间的关联性。思政课程具有社会人文学科属性，自然科学与人文社会科学并不是对立关系，自然科学与人文科学在研究范式、方法论上有共通之处。在这一过程中，哲学系要夯实自身基础，提升对思政课程的教学水平，充分发挥哲学系的重要作用，使之成为课程思政建设的中坚力量，实现其与专业学院的联动，促进不同学科之间开展良性互动。哲学系选派优秀的思政课教师深入各个学院，参与指导课程思政工作，为其他专业课程发挥价值引领的功能方面提供理论和方法上的指导。同时，思政课程要充分吸取其他学科在研究范式、讲授方式等方面的优势，从而丰富自身内涵。专业课程蕴含丰富的思想政治教育资源，专业课教师可结合自身学科背景形成各自的讲义，邀请思政课教师论证其科学性、可行性，在系统观视域下，使课程思政与思政课程关联互动，形成课程思政共同体，有效打通课程思政与思政课程同向同行的“最后一公里”。

（三）专业教师与思政教师协同育人机制

系统的各要素并不是无秩序的，而是相互协调、相互配合的关系。系统观的协同性是指系统要素相互协调能力，协同促使事物间属性互相增强，向积极方向发展。协同育人理念强调各育人主体相互配合、相互促进，在整体上形成更加合理的有序结构，从而促进系统效能的提升。因此，构建专业教师与思政教师协同育人机制就是要各个教师树立协同育人意识，相互配合、互通有无，不断优化协同育人机制的组织功能结构，促进课程思政与思政课程同向同行，进一步推动高职院校课程思政与思政课程同向同行机制这个大系统的构建。高职院校课程思政的建设关键在教师，“为学生点亮理想的灯，照亮前行的路”是教师的责任。教师对课程思政的认同度、协同育人意识直接关系到课程思政与思政课程同向同行机制的实现程度。无论是社会科学还是自然科学的授课教师，其使命就是要教书育人。高职院校要通过对教师的培训中强化教师的协同育人意识与责任担当，促进专业课教师与思政课教师共同育人。同时，要对教师开展多层次、立体化的培训活动，为高职院校提供优质的教师资源。高职院校立德树人使命的完成需高职院校各科教师相互配合、协同发力，挖掘课程中的思想政治教育资源。因此，在系统观视域下，以系统观的协同性为指导，打破思政教师与专业教师之间的边界，对高职院校各学科教师资源加以聚集整合，促进教师对思想政治教育的深度参与，打造多学科背景互相支撑、良性互动的师资队伍，实现专业教师与思政教师共挑“思政担”，推进课程思政与思政课程同向同行建设就显得尤为重要。专业课教师与思政课教师需要在分工协作育人机制中充分发挥各自的优势作用，最终使得“课程思政”与思政课程相互促进，共同为立德树人服务。同时，加强彼此之间合作和交流，形成教师合力育人共同体，实现课程思政与思政课程同向同行、形成协同效应。

（四）动态的激励与约束机制

系统是一个运动着的有机体，任何系统内部的各要素之间，系统与环境之间都是相互联系的关系，并且是在不断发展的动态之中联系着。高职院校课程思政与思政课程同向同行机制系统具有显著的动态性特征，随着高职院校课程思政建设的推进，同向同行机制这一系统也会随之实现动态的发展。所以，必须构建动态的激励与约束机制与同向同行机制系统的动态性特征相适应，才能为其注入源源不断的生机与活力，从而促进系统动态发展。推进课程思政建设，必须构建动态而强有力的激励与约束机制来确保教师开展课程思政。课程教师是否愿意开展课程思政，愿意在课程思政建设上投入多少，这是一个动态性的因素，因此就要有相应的动态性的激励与约束机制来配套。对于在课程思政建设中投入多、工作有成效的课程教师，可以在岗位聘用、评优评先等方面给予奖励，这种做法可以很好地提升教师的内在激励，激励教师开展课程思政的热情，做好教书育人工作。同时，需要改变单一的评估评价方式，改变对教师的外在激励，纠正部分高职院校评价教师主要以唯学历、唯职称、唯论文等为标准的情况，从而激励广大教师投入课程思政建设工作中。对于部分不愿意或者不积极开展课程思政工作的教师，高职院校就要对其进行教育引导，制订相应的规章制度，规定教师必须开展课程思政工作，使教师具有明确的教书育人目标，增加对教师的导向性激励与约束性激励。在系统观视域下，系统观的动态性是有层次的，具有明显的层次性。系统都是由低级层次向高级层次发展，低级层次孕育着高级层次，这是对同向同行机制系统动态性与层次性认识的深层表述，同理，激励与约束机制也是如此。动态性的激励与约束机制遵循系统的开放性不断的从外界吸收物质、信息和能量，以促进自身从低层次向高层次发展，从而促使教师投入到课程思政建设中，促进课程思政与思政课程同向同行实现。

（五）多维度的评估评价机制

多元性是系统的根本特征之一。在系统观视域下，以系统的多元性为指导，构建多维度的评估评价机制，有利于系统整体性功能的发挥，促进高职院校课程思政与思政课程同向同行机制的构建，实现“1+1 > 2”的系统功能。构建多维度的评估评价机制，需要高职院校相关领导的重视，把多维度的评估评价机制建设的实施状况，作为高职院校课程思政与思政课程同向同行机制建设的重要指标，纳入高职院校思想政治教育工作评价体系。为了改变当前落后的教育评价体系，制定内容全面、指标合理、方法科学的评价体系，中共中央、国务院印发了《深化新时代教育评价改革总体方案》(以下简称《方案》)。《方案》提出，落实立德树人根本任务，改进结果评价，强化过程评价，探索增值评价，健全综合评价。因此，推进高职院校课程思政建设，要注重多元评价、采取多维度的评估评价方法，应着力形成多元主体参与评估的发展格局，构建多维度的评估评价机制。为了确保评价的科学性，高职院校课程思政建设过程中，可以展开“自上而下”与“自下而上”的评估，促进多元主体参与的评估格局。实施多元化、多维度的评价主体可以体现评价过程的平等性、公正性，促进高职院校课程思政与思政课程同向同行建设水平的提升。人才培养效果是评价课程思政建设的首要标准。高职院校的教务主管部门应加强对课程的统筹规划，将课程的思想政治教育效果纳入其中，以此来做好人才培养工作。教师是做好高职院校课程思政教学改革的关键因素，评价教师要不唯学历和职称，不设置人才“帽子”指标；评价教师科研水平不唯论文和奖项，将教师参与课程思政建设情况和教学效果作为评价教师的重要内容，对于教学效果较好、科研成果较多的教师予以物质激励和精神激励。要做到定量评价与定性评价相结合、过程评价与结果评价相统一。在系统观视域下，通过多维度的评估评价机制激发多元主体开展课程思政的内生动力，实现以评促建、以评促升的效果，从而促进课程思政与思政课程同向同行，共同为立德树人服务。

第四节　高职课程思政与思政课程同向同行的对策

完善高职院校思想政治工作，要因事而化、因时而进、因势而新。应当重视实际的课堂教学，思政课应坚持在完善中持续加强，使得思想政治教育更具有亲和力和针对性，符合学习者的发展需求和期望，其他的科目也要各司其职，使各类课程与思想政治理论课同向同行，形成协同效应。

一、建构以“思政课程”为核心的运行机制

创建“课程思政”的目的，不是想要削弱或者代替“思政课程”，主要是为了发挥“思政课程”的引领作用。在设置的同向同行运行机制中，“课程思政”和“思政课程”是同行并存的，在实行过程中，教师在展开教学的过程中要以“思政课程”为主，“课堂思政”为辅，彰显“课程思政”的重要补充功能。因此，要构建以“思政课程”为核心的同向同行运行机制，从而提高“课程思政”和“思政课堂”的融合。

（一）建立协同育人工作机制

“课堂思政”和“思政课堂”同向并行为了实现全程育人、全员育人、全方位育人而存在的，并不仅仅是为了实现在课堂中进行思想政治的教学。因此要构建育人共同体，主要的方法是把专业课、思政课教师、辅导员以及相关的部门人员组织在一起，创建一个能够互助互补、将优势最大化的育人共同体。育人共同体中的每个部分都要承担各自的职能，从而实现育人的目标。例如专业课教师主要是实现思想政治教育的渗入效果，思政课教师主要是对学生的世界观、人生观和价值观进行指引，辅导员主要是负责对学生定期进行相应的心理辅导和成长成才关怀，相关部门主要是确保以“思政课程”为核心的同向同行运行机制可以顺利地运行，帮助打造思想政治教育共同体。

第一，专业课程教师要和思想政治理论课教师达成一致，形成合作关系。无论是专业课程思政还是思想政治理论课程都属于大学生思想政治教育中不可或缺的组成部分，这两者之间本来就是互相合作和互相补充的关系。两者之间的合作一方面能够推动专业课程思政的发展，另一方面还能够促进思想政治理论机制的重新创立和创新。这两者的合作还能够促进学校教学材料的研发、专业性课程思政专项材料的研发、思想政治教育实际工作平台系统的研发等。

第二，要按照教学工作状况，形成互相联动以及合作关系。思想政治理论课程以及专业课教师都开始以教学方案规划、教学行动实践措施等为基础开展合作，一方面能够推动专业课程思政教学的深层次发展，另一方面还能增加思想政治教育形态体系的具体内容。在教学结束后进行的合作反省思考，有利于两者完善后期教学计划，改善课程机制和具体内容。

第三，根据教师的专业学识素养，形成互动合作的状态。两者之间所形成的互动合作形态，在思想政治理论教师看来，可以加强科学文化内涵、拓宽知识范畴、优化知识逻辑，有利于教学计划的进行。在专业课程中融入思想政治教育，显而易见可以加强知识以及经验方面的思想政治理论课教师的道德水准。从专业课程教师的角度来看，伙伴性质的合作方式一方面可以加强他们的思想道德政治水准，另一方面还可以补足他们的教学规划机制，改善教学水准形态。

（二）完善教学评价机制

“课程思政”即使已经较多地关注潜在性影响，重视学生精神方面的影响以及学习习惯等方面的培养，不过还是要认真评价课程思政，评价是为了观察“课程思政”的实验结果和学生发生的变化，进而完善“课程思政”的规划和实践。

首先，评价标准。关注于定性评价，并非只是定量评价，而且，因为思想政治水准的进步需要一个过程，评价需要重视过程而非仅仅关注于最终结果，关注对于评析的阐述而并不是分值。除此之外，评价过程中要尊重发展的规定，也就是重视学生纵向的变化，尽量少去和他人进行对比。过程阶段的评价、定性评价、发展变化评价才是“课程思政”评价的主要标准。

其次，评析的指标和方式。所有课程必定拥有它对应的思想政治教育的诉求，具体分为以下三种：情感、态度、价值观。单论情感，就能做出如下分类：学习积极性、学科自信程度、勇于怀疑的勇气、合作和讨论的需求、课程历史观念等。如果通过“学生访谈”的形式来验证除思政课程之外的“课程思政”的育人效用成果；通过“同一行业听课”“不同学科老师交叉听课”“不同部门听对方的课”的评价形式来验证除思政课程之外的“课程思政”的专业性成果。深层次发展年终考试评估规定的改革，加入价值观监控测量点，加强思想政治教育内容评价的重要性，验证除思政课程之外其他课程“课程思政”的综合成效。判断“思政元素”带入的内容是不是精准、带入形式是不是合适、带入作用是不是存在实效特性。判断学生在接受教育阶段中，是不是拥有“正能量”的体会。站在全方位、多个水平的角度来推动“课程思政”教学成效的评价由原来的唯一一种专业效果评价转变为人文标准、价值观、社会责任感等多方面的评价拓展。在关于评价方法中，往往会使用思想发展档案法、重要事件法、评价表方法等，这其中，思想发展档案法指的是学生形成“课程思政”档案袋，如果是有关于思想政治教育的阶段，那么会使用纸质文档进行储存，好用来评价。

最后，评价的实用。评价最为重要的阶段是结果的实用。站在思想政治教育的角度来看，结果的实用往往要比评价结果起到的作用更大。总而言之，评价结果最为直接的实用是用来完善教学、加强老师的思想政治教育水准，而且结果还能够用于课程规划的完善、评价指标的完善、制度的补足等。

二、加强教师队伍建设

目前，要想使高职院校能够在“课程思政”与“思政课程”达到同向同行，那么无论是课程还是思政以及教师都在其中扮演着至关重要的作用。

（一）提升对“课程思政”与“思政课程”同向同行的认知

在进行教育的过程中，首先必须明确教育主体同向同行的目标。“课程思政”与高职院校的立德树人在本质上是一致的。学校教育在多年以前就提出了德智体美劳共同发展。然而现实情况却是德智体美劳的发展不尽如人意，出现这一现象的最主要问题是部分专业课教师对于思政课的理解不够透彻，在新时期这种局面必须能够破解。中共中央办公厅国务院办公厅印发的《关于深化新时代学校思想政治理论课改革创新的若干意见》中明确指出，为了更好地发展中国特色社会主义教育事业，必须重视思政课的课程创新与协同育人，只有这样才能够培养出德智体美劳全面发展的社会主义建设者和接班人。课程作为实现教育思想以及教育目标的载体，对于人才的培养有着至关重要的作用。在课程中不仅包含专业知识，还能够集中体现国家的意志以及正确的价值观。每门课程都要能够担负起责任，与思想政治理论课同向同行，共同促进发展。要想能够完成这一目标，学校必须在思想上积极引导教师，也必须制定行之有效的规章制度推动课程围绕立德树人的根本任务发展。在对学生的培养过程中，不仅需要育才，更重要的是育德，只有将社会主义核心价值观落实到生活中的方方面面，才能更好地达成上述目标，要想使整体教育功能达到最优，就必须要传播正能量。

其次，要向专业课的教师深入传输“课程思政”与“思政课程”同向而行的含义和意义，一方面提升专业课教师本身对这两者之间的认知，避免混淆，另一方面便是在消除认知模糊的基础上，让专业课教师意识到专业课的教学和思想政治教育之间是可以有一定的联系，在专业课教学的过程中融入思想政治教育不会干扰到正常的教育活动，反而两者相辅相成会提高教学的质量，提高学生对知识点的接纳度，达到“1+1 ＞ 2”的效果。

再次，需要运用不同的方法，使得专业课教师意识到思想政治教育的开展有助于专业课本身的育人能力，也在一定程度上达到了对学生的思想、人文、价值观的教育目标。

只有当专业课教师意识到了“课程思政”对于开展教学的重要性，才能让专业课教师主动地探寻“课程思政”和“思政课程”同向而行的方法，研读原有的教材，汇入新的思想从而转变原有的教学模式，用寓教于乐的方式促使专业课和思想政治教育的有机结合，同时也促进了思想政治教育的发展。换一句话说，教师发挥自己的主动性，将思想政治教育融入课程教学中，改变原有的教育模式和态度，激发教学激情，最后寓教于乐。从另一个方面来看，如此的教育理念也促使了整个育人能力的提升，从而全方位地提升学生对课程的理解，并树立正确的世界观、人生观和价值观。

最后，除了专业课对的教师转变对“课程思政”以及“思政课程”同向而行的观念转变，思想政治理论课的教师也不能拘泥于自己所教授的课程，而是和专业课教师相互合作，找出新的教育方向，以促进两者融会贯通。

（二）提升专业课教师的思想政治素养

高职院校要想实现“课程思政”“思政课程”共同进步，相比于“授业”，“传道”才是所有教师最为根本的责任，教师的责任心与其能够获得的成绩成正比。若立足于高职院校管理层面分析，要想确保实现“课程思政”除了需要教师主动意识到其重要性，学校也应为其制定专门的制度配合执行。除此之外，为确保“课程思政”得到顺利开展，高职院校除了需要重视专业课教学的安排，也需要要求教师在课堂内安排相关思想政治教育内容，以此帮助教师意识到思想政治教育的重要性。

对于教师而言，最根本的是要掌握思想政治教育体系的内容，可以借助伙伴式学习、常态化培训等方式加深自身对内容的掌握，了解其深层含义，从而使自己拥有思想政治教育的各项技能，只有保证自身拥有该项技能，才能将思想政治教育融入专业课程教学中。教师应熟知思想政治教育的特点、模式以及内容等，思想政治教育往往具备明确的规则、话术，虽然其具备一定的人文性与生动性，但是其严肃性也是至关重要的。高职院校教师要想真正掌握这项技能，将其灵活穿插至课堂教学中，就必须深入了解其各项规则与要求。具备培养对接意识，使教师学会如何实现专业课程和思想政治教育的转换。要求教师在掌握思想政治教育内容、规则后，将其融入专业课程内容中。

（三）改进课程教育教学方法

高职院校要想实现“课程思政”“思政课程”共同进步、加强专业课思政育人的效果、达成思想政治教育最终目标，还需调整教学方案，修改不恰当的内容、拓展更多的教学手段。

针对教学内容而言，第一，制定科学的人才培养方案，排查教学大纲中的漏洞，完善课堂教学管理体系，明确各项管理制度，为“课程思政”建立统一的规范体系。努力找出专业课程中蕴含的思想政治教育内容，以此加强课程育人目标的地位。第二，注重教材、制度的完善，将课堂教学作为思想政治教育活动开展的主要场所。尽可能在课程教材中融入一些思想政治教育的内容，使学生在专业课程学习的同时也能接受到思想政治教育，尤其需要融入更多有关社会主义核心价值观的内容。

从教学手段方面分析，高职院校可以充分借助新媒体技术等设施，丰富教学方法。首先，高职院校应意识到互联网资源优势的强大作用，通过为所有课程开设独立的网上教学资源数据库来实现资源分享、宣传的效果，使更多的学生了解到课程内容。同时，专业课教师在日常授课的过程中也要尽可能使用、宣传网上教学资源库，激发学生的学习兴趣，使学生掌握共享资源的能力。其次，高职院校可以为全体师生成立综合信息数据平台，以服务学生、教师日常学习工作为主旨，把思想教育穿插教学服务中，不仅便于高职院校的日常管理，更是达到了宣传思想政治教育的效果，并且更具渗透力。最后，高职院校应在坚持“课程思政”的同时，反复总结与反思，使其成为能够被他人借鉴的成功案例。

关于课堂教学方式方面，教师可以通过找到该门专业课程的特点，将该专业的专业知识技能与开展育人工作的“思政元素”结合起来，形成以专业知识为主，“思政元素”为辅的教学形式。这种教学方式不仅能够展现该专业的突出特点以及需求，也可以充分地体现教师在教学过程中“正能量”的思想教育。该教学方式主要依据思想政治工作规律、教书育人规律、学生成长规律的规则和“知识迁移”的方式来执行。并根据该专业课程的突出特点，使用“集体备课”的方式，一起探讨该门课程的“思政元素”，充分展现“整体课堂观”。就目前而言，这种教学方式已经在英文课中的中西文化差异和文化自信的联系、医学课堂中的人文关怀和思想道德教育的联系以及国家的形式与政策课堂中的爱国主义思想教育等方面被很好地体现，它不仅寻找到了联动点，同时也守护好了该专业的专业技能。在教学过程中，教师可以采用以基础教学为主、创新教课为辅的课程设计，并在两者之间找到“润物细无声”的切入点，使教学得到从理论到实践的转变，具体的实现是在第一次课堂中学习其理论知识，然后在第二课堂上将上次课堂学习的理论知识投入实践当中，从而检验理论课堂的教学效果。这种课程设计有利于显性教育和隐性教育的结合，充分体现该专业课程的“思政元素”。

另外，教师在教学过程中也需要相应地给予学生参与实践的机会。实践是检验真理的唯一标准，实践经验不仅可以将思想政治教育结合到课堂教学中，同时也是反映教学成果的最好方式。因此教师应该让学生走入课外实践队伍、走入大众日常的生活社交圈、走入课外网络课堂等，拓宽课堂教学的方式，使学生能够将课堂内外知识融会贯通，满足支持学生的实践发展、社会发展和创新创业的要求。这种方式在激励学生将远大抱负落实的过程中得到充分的体现，实践探索的指引方向是大思政育人，实践方法是参加志愿活动，实践内容是建立多个满足思想政治实践学分标准和服务性学习的教学基地，不断地增加参与实践的机会，从而让学生得到充分的锻炼，并创建成立一个结合课堂知识教学的实践教学成绩单。

三、加强制度保障

（一）为教学理念的转变提供保障

站在高职院校高层的角度来看，要创建把思想政治教育融入管理过程中的观念培养机制。学校党委一方面要制定相应的理论学习以及政策学习体系，进而加强管理层的思想观念，另一方面还要完善听课机制、督导机制等管理体系，进而把理论观念融入真正的教学实践中。

站在专业性课程教师的角度来看，要想创建出把思想政治教育融入普通教学中的观念引导机制。对于这方面，最关键的就是让专业课程教师熟悉“课程思政”和“思政课程”同向同行的重要性，同时加强思想政治教育理论知识和具体方法的传播与交流，并运用到课程教学过程，不断总结经验，优化教学过程，提升教学效果。

（二）落实高职院校党委主体责任制

做好“思政课程”和“课程思政”这两者的结合，需要学校党委、院系、职能部门联动，形成齐抓共管、各负其责的工作格局和闭合完整、全面覆盖的管理链条。落实好党委主体责任。思想政治工作是管党治党的重要内容，开展“课程思政”是办学治校的重要方面，高职院校党委要在加强和改进“思政课程”和“课程思政”中切实承担主体责任。党委书记、校长、党委干部都需要引领教师们共同参与集体备课，使得“思政课程”和“课程思政”的结合过程中得到更多的建议，共同想办法。参与“思政课程”特别是形势与政策课的讲课，做到全程育人、全员育人、全方位育人，把“立德树人”的根本任务落到实处。

（三）完善学生工作制度

积极落实学生工作，需要将其贯穿于教育和管理的始终。从学生队伍建设角度来看，要提升教育管理水平，增强价值引领力度。通过科学理论，尤其是马克思主义中国化最新成果，让大学生充分意识到扣好人生第一粒扣子的重要性，为大学生迎接美好未来起到推波助澜的作用。从师德师风建设水平来看，鼓励广大教师坚持以德立身、以德立学、以德施教、以德育人。将课堂教学的思想政治教育功能得以充分体现出来，促进各类课程和思想政治理论课的统一协调发展，包括基础课和专业课等，由此产生协同育人效果。从干部队伍角度来看，需要提升服务观念，真正成为大学生全面发展的领航者。学生工作干部应该在坚持各项基本原则的基础之上，对大学生予以高度尊重，积极落实好大学生的思想引领工作，扮演好心理辅导师的角色等。

第五章

高职院校课程思政综合实施与深化推进

第一节　课程思政工作的组织领导

要切实抓好课程思政工作，形成全党全社会协同联动的氛围，就必须要有统筹的规划、科学的设计和有序的推进。其中，体制和机制的问题是带有根本性、全局性、稳定性和长期性的问题。为此，要不断加强对课程思政工作的组织领导，把课程思政工作的目标任务和具体要求落实到各领域各部门、落实到基层单位，努力构建党委统一领导、党政齐抓共管、宣传部门组织协调、有关部门分工负责的工作体制和工作格局，最终形成推动课程思政的整体优势。

一、加强学校党委统一领导，抓好统筹规划

深入推进课程思政工作，战线在高职院校，战场在课堂，教师是战斗员，指挥部则在高职院校党委。高职院校党委必须站在坚守意识形态阵地和保障党的事业薪火相传的战略高度，把课程思政工作作为一项重要的政治任务和战略工程，靠前指挥、抓好关键、强化责任，建设一批学生真心喜爱、终身受益的优秀课程，引导广大师生树牢“四个意识”，坚定“四个自信”，坚决做到“两个维护”，从而培养和造就担当民族复兴大任的时代新人。首先，要深刻认识高职院校党委抓好课程思政工作的极端重要性。高职院校党委履行学校管党治党主体责任，最终目的是要教书育人、立德树人。其次，要强化高职院校党委抓课程思政工作的主体责任。把课程思政工作建设纳入学校总体发展规划，列入党委工作议程，坚持课程思政工作与其他工作同谋划、同部署、同落实、同考核。课程思政是一项需要学校顶层设计、前瞻布局和组织协调的整体性工作，进行统一规划、宏观指导、组织协调和督促检查，最终实现全员、全过程、全方位育人的目标。要落实学校党委的主体责任，成立校党委书记为组长的课程思政工作领导小组，分管思想政治工作和分管教学工作

的校领导共同参加，总体负责全校改革试点统筹。建立完善学校各部门常态协作和分工负责机制，建立责任清单，细化工作台账，学校相关部处、院系职责明确，有明确思路、有制度、有落实、有成效，最终形成职责明确、思想统一、上下贯通，执行有力和有效监督的课程思政教育教学育人体系。

具体来说，学校党委主担政治责任，监督各部门实施情况，党委书记作为第一责任人，要对课程思政工作的重大事项进行政治指导，对课程思政工作重点任务亲自部署、重大问题亲自过问、重要事项亲自协调；强化其他校领导的分管责任，结合自己的分管领域，落实教育教学、科研立项、社会实践、经费保障等方面的政策和措施；党委组织部、党委宣传部、教务处、学工部等相关部处进行相对应的保障支撑。各学院（系）要在师资、实践教学基地等方面对课程思政工作予以积极的具体支持。院（系）是直接落实单位，肩负谋划和推进本学科课程思政建设工作的具体职责，充分发挥校院两级和全体教师的积极性、主动性、创造性，形成课程思政的良好机制和氛围，实现协同协作、同向同行、互联互通，构建一体化的响应机制、协同机制和联动机制。

二、成立咨询委员会，做好科学设计

虽然从提出到实施，课程思政的推进工作已有几年时间，但仍处于探索阶段，从设计、实施到反馈都需要经过不断的尝试和改进，才能达到更好的教学效果。为此，各高职院校可以考虑成立课程思政工作专项咨询委员会，由学校教学主管部门（教务处、研究生院）宣传部、组织部、发展规划部门、哲学系、学工部门及专业教师代表等组成，明确牵头部门和具体负责人，负责对全校课程思政教育教学改革的具体工作进行具体规划和设计，在试点阶段进行科学性、专业性、操作性上的前期论证，在改进阶段进行瓶颈问题研讨和关键方案的决策，为“课程实施”的顺利开展提供综合保障。

各高职院校要紧紧依托专项咨询委员会持续推进课程思政工作，及时完善和优化改进本校课程思政改革建设方案，不断总结经验、提炼工作模式，推动思想政治教育与综合素养教育、专业知识教育有机结合，分步骤、分阶段有序推进，更加有效发挥各类课程的育人功能，逐步完善课程思政工作机制。

三、设立教改推进办公室，强化项目实施

在课程思政工作领导小组的指导下，学校还要协调设立课程思政教改推进办公室，具体负责各项工作任务的推进落实，统筹全校课程思政教学改革方案的具体实施，指导、

咨询、督查、评估课程思政工作的实施效果。课程思政是一项需要协调各院系、各学科、各专业以及每门课程的系统性工程，要将每个举措都落实下去，需要专门的办公室进行推进和督办，保证工作落实的质量。对于高职院校内部量大面广的各类专业课来说，可以采用试点先行的方式，从教学目标、教学内容、教学方法、教学资源分配、教学组织和教学评估等各方面探索，逐步积累经验，分步推广，最终形成全覆盖的课程体系。

第二节　课程思政工作原则、育人目标

一、科学把握课程思政的工作原则

思想政治教育要想取得较好的实效，就必须要分析规律、把握规律、尊重规律。作为全面提升思想政治工作质量的一项重要举措，课程思政也需要把对规律的尊重、对原则的坚持放在重要位置。因此，在课程思政推进过程中，应该结合实际情况，科学把握工作原则，切实提升工作开展的质量和水平。

（一）坚持顶层设计和试点培育相结合

课程思政工作的推进，一方面，既要加强学校顶层设计，统筹规划课程思政教学改革任务和路径措施；另一方面，又要发挥改革试点的示范带动作用，分步骤、分阶段有序推进，充分发挥校院两级和全体教师的积极性、主动性、创造性，形成课程思政的良好机制和氛围。课程思政理念的提出与践行，有助于强化每位教师的育德意识和育人责任，能充分挖掘所有课程的思想政治教育资源和育人功能，有效弥补了思想政治理论课教师单兵突进、传统思想政治工作队伍单线作战的不足，初步实现了从专人思政转向全员育人的转变。

（二）坚持知识传授与价值引领相结合

在知识传授的同时，深入挖掘各类课程的思想政治理论教育资源，发挥所有教师在知识传授中的价值引领功能。推进教育综合改革，深入理解课程思政的深刻内涵和创新途径，使所有课程都具备价值塑造、能力培养、知识传授“三位一体”的课程思政教学目标。既要凸显思想政治理论课程显性的思想政治教育功能，又要强化综合素养课、专业课隐性的思政教育作用。深入挖掘各门课程蕴含的思想政治教育资源，强调所有任课教师在课堂教育教学中的价值引领责任，以“立德树人”为根本，寓价值引领于知识传授中，在价值传播中凝聚知识底蕴，真正做到“将思想政治教育融入高职院校课程教育的全过程，各门课程都守好一段渠，种好责任田”，使各类课程与思想政治理论课同向同行，形成协同效应。

（三）坚持改革创新与遵循规律相结合

课程思政必须结合教育目标、教育环境以及教育实况，与时俱进地推进其自身的改革，这是高职院校思想政治教育长期发展的客观规律。在推动课程思政改革创新中，要坚持政治性和学理性相统一、坚持价值性和知识性相统一、坚持建设性和批判性相统一、坚持理论性和实践性相统一、坚持统一性和多样性相统一、坚持主导性和主体性相统一、坚持灌输性和启发性相统一、坚持显性教育和隐性教育相统一。既要解放思想、勇于改革、大胆创新、先行先试，又要遵循思想政治工作规律、遵循教书育人规律、遵循学生成长规律，搞好统筹谋划、精心设计，不断积累经验，确保课程思想政治教育教学改革沿着正确的方向健康推进，不断取得扎实成效。

深化高职院校思想政治理论课教学改革，确定教材、教学和教师三个关键因素，创新课堂教学内容和形式，充分发挥网络的作用，通过社会实践有机融合，密切关注大学生成长问题，卓有成效地提高课堂吸引力。对于提升思想政治教育的实效性上来说，课程思政的稳步持续推进是突破高职院校思想政治工作育人“瓶颈”的一种极其重要的方式。

（四）坚持教师引领与学生参与相结合

在课程思政教学改革过程中，教师要以德立学、以德施教，加强政治引领和思想教育。实施教师德育意识和育德能力提升计划，将其纳入教师培训体系中，通过举办专题专项德育培训，扎实开展推进；完善教师教学激励机制，对专业课程的育人功能和任课教师的德育实效进行绩效评价，纳入教师综合考核体系中，作为重要参考项。梳理优秀典型，加大宣传力度，积极回应社会关注。同时要契合学生成长发展需求和期待，尊重学生的主体地位，提高学生的参与度，增强课程思政工作的亲和力、针对性和实效性。

二、持续明确课程思政的育人目标

课程思政的教育理念也是一种体现连续性、系统性的课程观，它不拘泥于各科专业知识的学习，而是通过将思想政治教育的目标融会于各科的教学当中，使得各门课程都能参与到学校育人的过程当中，形成一个完整的课程育人体系。课程思政的育人目标最终是要培养德智体美劳全面发展发展的社会主义接班人，努力为党和国家培养更多担当民族复兴大任的时代新人，以课程思政的全面质量提升带动“三全育人”工作，以育人质量的全面提升带动高职院校“双一流”建设。具体来说，课程思政工作主要从以下几个方面下功夫。

（一）要在引导学生坚定理想信念上下功夫

对于当代大学生来说，是要树立共产主义远大理想和中国特色社会主义共同理想。各门课程教育教学的任务之一，就是要积极引导学生树立共产主义远大理想、坚定中国特色社会主义共同理想。其中，思想政治理论课的教育教学内容设计要重在阐释共产主义远大理想和中国特色社会主义共同理想的丰富内涵、实现路径与发展要求，结合国际共产主义发展史和中国共产党党史、中华人民共和国国史，在学理上引导学生深刻认识树立远大理想、坚定理想信念的必要性与重要性，增强树立远大理想信念的自觉性。综合素养课的教育教学内容设计要注重从历史、文化、社会、生态等不同视角比较分析社会主义制度和共产主义理想的优越性与先进性，让学生在人文关怀与生活感悟中体会理想信念的特殊作用，增强学生树立远大理想信念的自信心。专业教育课的教育教学内容设计要结合学科、专业和课程的特色，从专业的沿革、现状与前沿的讲解中，激发学生的责任感、使命感与荣誉感，引导学生不断提升专业素养，抓住国家快速发展的战略机遇期，积极寻找实现个人价值与才华抱负的成长舞台和发展机遇，提升学生树立远大理想信念的可行性。思想政治理论课、综合素养课、专业教育课同向发力，协同育人，不断增强学生的中国特色社会主义道路自信、理论自信、制度自信、文化自信，勇担民族复兴的时代重任。

（二）要在引导学生厚植爱国主义情怀上下功夫

爱国，是一个公民最起码的素养，也是每位学生应当具备的重要情怀。各门课程教育教学的任务之一，就是要积极引导学生理解爱国主义的内涵，增强爱国主义的情怀，让爱国主义精神在学生心中牢牢扎根。其中，思想政治理论课的教育教学内容设计要重在阐释爱国主义的要义，了解爱国主义的历史意义与当代价值，正确处理好爱国、爱家、爱党与爱人民之间的关系，特别是要科学辨析历史虚无主义等错误思潮；要借助案例分析与典故教学等形式，教育引导学生热爱和拥护中国共产党，听党话、跟党走，立志扎根人民、奉献国家。综合素养课的教育教学内容设计要从不同课程的学科背景出发，为爱国主义提供更多的理论支撑，让爱国主义在学生的心中既能顶天又可立地；特别是要注重结合学生学习生活中出现的各种不合理现象进行分析批判。专业教育课的教育教学内容设计要以学科专业为依托，通过国际间学科专业与产业的发展比较，增强学生们投身专业研究、致力产业发展的危机感、紧迫感，鼓励学生把爱国精神投身为国奉献的实践行动中。比如，结合中美贸易摩擦问题，软件专业的课程教学就可以从芯片技术的发展、我国芯片产业的“瓶颈”、中美贸易战中的危机与挑战，激发学生们的爱国热情，齐心协力，和全国人民一起推动芯片技术产业大踏步向前发展，加大技术创新研发。

（三）要在引导学生加强品德修养上下功夫

人们常说，对于学生而言，学习成绩不好是次品，身体素质不好是废品，思想品德不好是危险品。立德树人是中国教育的根本使命，培养品德修养高尚的人才是高职院校教育教学的中心任务。各门课程教育教学的任务之一，就是要积极引导学生理解加强品德修养的必要性，踏踏实实修好品德，成为有大爱、大德、大情怀的人。其中，思想政治理论课的教育教学内容设计要重在阐释品德修养的内涵，理解加强品德修养的重要意义，把真善美作为终身的品德追求；要结合不同时代的要求，教育学生把握当代品德修养的核心内容，特别是把社会主义核心价值观作为当前学生品德修养最重要的任务目标，围绕国家、社会、个人三个层面进行解读和分析，引导学生积极培育、大力践行。综合素养课的教育教学内容设计要从国家道德、社会公德、职业道德、个人道德等视角对社会主义核心价值观进行细化细分，寻找社会主义核心价值观的历史溯源，分析其在伦理、法治、文化等不同领域的表现形态，引导学生科学辨识“社会主义核心价值观”与“西方价值观”的异同，对社会主义核心价值体系形成更为全面的了解。专业课的教育教学内容设计要不拘一格、不搞一刀切，要围绕专业特性，挖掘专业课与社会主义核心价值观的结合点，在培养方案中对“德”“能”等方面做出明确的规定，形成有效的指导方案。比如，“大学英语”的教学，可在精读短文中，主动选取分别讲述“勇气、诚信、善良、公平、法治、文明、爱国、敬业”等主题的素材，让学生在掌握专业知识的同时，深刻领会社会主义核心价值观的要旨，不断提升修养。

（四）要在引导学生增长知识见识上下功夫

21世纪的竞争是人才的竞争，人才竞争力的核心之一就是见识与才智的较量。高职院校各门课程教育教学的任务之一，就是要教育引导学生珍惜学习时光，心无旁骛求知问学，增长见识，丰富学识，沿着求真理、悟道理、明事理的方向前进。其中，思想政治理论课的教育教学内容设计要以让学生形成“四个正确认识”为主要任务，重在教育引导学生“正确认识世界和中国发展大势、正确认识中国特色和国际比较、正确认识时代责任和历史使命、正确认识远大抱负和脚踏实地”，将中国情怀和时代特征与世界眼光统一起来，客观看待当代中国和外部世界的关系，让学生知晓个人知识见识的增长对国家和社会的重要作用，增强提升知识见识的自觉性与自主性。综合素养课的教育教学内容设计要以拓展学生见识为主要任务，整合全校教学资源，开设尽可能多、可供自由选择的不同门类综合素养课程，大力拓展学生的知识面，主动加强不同学科间的协同与交叉，让理工科学生增加人文社科知识、让人文社科学生接触理工知识，力争实现文理交融、医工交叉；增加实践教学环节，拓宽学生视野，让学生在实践中提升运用知识的能力。专业教育课的教育教学内容设计要以增长学生知识为主要任务，发挥教学名师的育人效应，鼓励更多的大师走进一线课堂，让学生接触掌握最前沿的专业知识；要充分调动教师的教学积极性，培训提升课堂教学水平与效果，激发学生的求知欲，教育学生扎实掌握专业知识，让学生学一门会一门、干一行爱一行，努力做到让勤奋学习成为青春飞扬的动力，让增长本领成为青春搏击的能力。

（五）要在引导学生培养奋斗精神上下功夫

新时代中国特色社会主义的建设最需要的精神之一就是奋斗精神和创新精神。高职院校各门课程教育教学的任务之一，就是要教育引导学生培育敢于担当、不懈奋斗的精神，塑造勇于奋斗的精神状态，保持乐观向上的人生态度。其中，思想政治理论课的教育教学内容设计要重在阐释“奋斗精神”的内涵，通过抗日战争、解放战争、新民主主义革命和建设、改革开放四十多年中国特色社会主义建设的历程梳理，借助“两万五千里长征”“八年抗战”“南泥湾精神”“铁人王进喜精神”“深圳特区建设”“浦东大开发”等系列案例的教学，让学生深刻理解奋斗精神的实质；要重在阐释新时代中国特色社会主义建设的历史任务与实现中华民族伟大复兴的使命担当，分析凝炼奋斗精神的时代属性，与理想信念教育有机结合起来，激发学生勇担时代责任。综合素养课的教育教学内容设计要更为注重奋斗情怀教育，可以设立“奋斗精神”专题进行讲解，也可把奋斗精神教育培养与乐观主义、爱国主义等专项教育结合起来，加大对古今中外历史名人的案例教学，让学生在提升综合素养的过程中不断增强勇于奋斗的动力。专业教育课的教育教学内容设计要把专业知识传授与自强不息精神培养结合起来，重在引导学生不怕苦、不怕难，勇于挑战并攻克科技难题、社科难题，立志成为科研研究的生力军与后备军；要大力挖掘科学大师、理论专家不懈奋斗的成长故事，用榜样人物的成长经历激励学生成长，引导学生努力做到刚健有为、自强不息。

（六）要在引导学生增强综合素养上下功夫

培养德智体美劳全面发展的人才，教育引导学生培养综合能力、培养创新思维，是中国教育的重大使命，也是高职院校各门课程教育教学的根本任务。其中，思想政治理论课的教育教学内容设计要重在培养“德”，教育引导学生正确认识国家公德与个人私德的异同，科学处理个人利益与集体利益、国家利益之间的关系，把党和国家的需要、人民的需要作为最崇高的德，树立远大理想信念和正确的“三观”，增强“四个意识”。综合素养课的教育教学内容设计要重在培养“体美劳”，通过体育、竞赛等课程内容设计，教育引导学生树立健康第一的理念，增强体质、健全人格、锤炼意识；通过音乐、美术、文化、品鉴等课程内容设计，坚持以美育人、以文化人，提高学生审美和人文素养；通过社会实践、志愿服务、生产实习等课程内容设计，在学生中弘扬劳动精神，教育引导学生崇尚劳动、尊重劳动。专业教育课的教育教学内容设计要重在增长“智”，一方面，是要抓好课堂知识传授，把基础知识与前沿知识结合起来，让学生习得一身知识、练就一身本领，“知其然，并知其所以然”；另一方面，是抓好知识的应用能力，把知识传授与解决问题、书本知识与实践问题结合起来，让学生成为“理论知识高、动手能力强、综合素养好”的高端人才。

第三节　课程思政的教学实施

一、积极打造“三位一体”的课程体系

课程思政工作是当前教育事业的一项重大战略部署，需要将这一理念全方位地融入高职院校思想政治工作中，为高职院校开展思政工作提供新的思路、构建新的路线图。打造思想政治理论课、综合素养课程、专业课“三位一体”的思想政治理论教育课程体系，突破了传统思想政治理论课单向度育人理念，建构起了思想政治理论课、专业课和综合素养课协同的立体化育人模式，突出显性教育和隐性教育相融通，将价值引领蕴含在知识传授和能力培养中，注重在价值传播中凝聚知识底蕴、在能力培养中体现价值内涵，在一定程度上改善了高职院校思政“孤岛化”、思想政治理论课与专业课“两张皮”的问题，进而创造性地将人文与科技相结合、将思想政治理论课与专业课相结合，提高了高职院校思想政治理论课的实效性。因此，推进课程思政教育教学改革，要从战略高度构建以思想政

治理论课为核心、综合素养课程为支撑、专业课为辐射的“三位一体”的思想政治教育课程体系，牢牢抓住课堂育人主渠道主阵地，将高职院校党委意识形态责任制落实到一线课堂，教师思政工作从宏观抽象要求转化成具体微观的解决方案，找到实现高职院校三全育人的关键枢纽和有效抓手。

（一）办好思想政治理论课，发挥思想政治教育核心课程作用

在高职院校思想政治教育课程体系中，思想政治理论课是核心、是根本、是基石。思想政治理论课质量提升是核心环节，要注重发挥思想政治理论课在大学生社会主义核心价值观教育中的引领作用，着力增强高职院校思想政治理论课的实效性。深入贯彻党的十九大精神和全国高职院校思想政治工作会议精神，聚焦思想政治理论课教学重点、难点问题，推动教材体系向教学体系转化，共建共享思想政治理论课优质教学资源，加强思想政治理论课教师队伍建设，不断提升思想政治理论课教学的亲和力和针对性，切实增强大学生在思想政治理论课上的获得感。

实现在所有课程、全体教师、教育教学全过程的全覆盖，使青年学生坚定理想信念、坚定“四个自信”。扎实推进领导干部上思想政治理论课，加强高职院校党建和思想政治工作，有利于青年学生从“顶层设计”的高度了解国情、党情、社情、民情。进一步推动领导干部上讲台，使之制度化、常态化，对于加强和改进高职院校党建和思想政治工作，做好大学生思想政治教育，汇聚广大师生同心共筑中国梦的强大力量具有重要意义。加强哲学系建设，为课程思政提供宝贵的资源库，进一步加强学科建设、师资队伍建设、课程建设、教育教学改革，发挥马克思主义理论学科优势，整合力量、联合攻关。打造一系列示范课程，推出一批公开教学观摩课，有利于青年学生全面正确地理解党的路线、方针、政策，有利于青年学生坚定信仰，增强社会责任感。

（二）发挥综合素养课特色，将时代性与民族性有机结合

通识教育旨在现代多元化的社会中，为受教育者提供通行于不同人群之间的知识和价值观。通识教育重在“育”而非“教”，因为通识教育没有专业的硬性划分，它提供的选择是多样化的，而学生们通过多样化的选择，得到了自由发挥的成长空间。可以说，通识教育是一种人文教育，它超越功利性与实用性。通识教育是现代教育理念中国化的实践过程。

无论是国外与通识教育相关的博雅教育、全人教育、自由教育、能力拓展训练等教育方式；还是中国贯彻多年的素质教育和“德、智、体、美、劳”全面发展教育；以及爱

国主义、集体主义、社会主义教育；还有培养一专多能、德才兼备的人才教育；或者弘扬传统文化教育等，都能涵盖在通识教育的范畴之中。这种包容性体现了中国的通识教育既有中国特色，又能对接改革开放、面向世界。通识教育的理念有助于整合多样性的现代教育理念和模式，赋予通识教育以中国传统文化内涵，既体现时代性，又保持民族性，把现代科学技术与中国传统的文化典籍结合起来，把现代信息文明与中华优秀文化历史统一起来，对提升育人质量也有很大的帮助。

（三）强化专业课育人导向，使之与思想政治理论课同向同行

专业课是高职院校根据培养目标所开设的讲授专业知识和培养专门技能的课程，让学生掌握必要的专业基本理论、专业知识和专业技能，培养分析解决本专业范围内一般实际问题的能力。

相比思想政治理论课，目前专业课教学中对知识传授更为偏重，育德意识和育德能力相对较弱。要想实现课程思政改革的整体目标，就要充分挖掘专业课的育人功能，深度发挥课堂主渠道的育人作用，在知识传授中强调主流价值引领，提炼专业课中蕴含的文化基因和价值范式以及德育元素，在专业技能知识学习中融入理想信念层面的精神指引。

为此，一方面，要积极探究专业课的思政育人内涵和科学的体制机制。专业课的思政育人内涵主要是指在专业课理论知识讲授基础上，充分结合专业课自身特色和优势，提炼其蕴含的文化底蕴和价值范式，通过具体、生动、有效的课堂教学载体，将专业知识传授与价值引领结合起来，实现在知识传授中提升价值引领，价值引领中牢固知识技能，从而达到培养学生运用马克思主义基本原理分析具体社会问题的能力，教育学生如何做人、如何做事、如何成才。另一方面，要不断探求专业课践行课程思政理念的一般规律，总结专业课融入思想政治教育元素的方式方法，不断健全三位一体的课程思政教育体系。专业课践行课程思政理念的关键是实现专业课教学与思想政治教育目标的精准对接，既不生搬硬套强加思想政治教育内容，又能将其润物无声地融入专业教学的全过程。其中，找准专业课中的思想政治教育元素和资源尤为重要。以思想政治教育元素和资源为切入，围绕课堂教学这一主线，从课程设置、课程参与主体（教师、学生）两个方面入手，逐步实现专业课的思政育人功能，从而最终实现思想政治课、综合素养课与专业课的同向同行、协同育人。概括而言，专业课践行课程思政的机制可以概括为点（专业课中的思想政治教育元素和资源）、线（课堂教学主线）、面（“三位一体”思想政治教育课程体系）的有机结合和统一。

1. 点——挖掘专业课德育因素点

在专业课教学中践行课程思政的理念，需要在全面关注学生的发展需求基础上，选准思想政治教育在专业课教学中的最佳结合点，使两者有机融合，并以此为抓手推动专业知识学习与价值培育实践的有效结合。要在思想政治教育原则指引之下对专业课进行深度开发，充分挖掘和激发其中的思想政治教育内涵，科学、有序地推动专业课思政教育。因此，在专业课教学中践行课程思政的理念，关键和核心在于找准思想政治教育的元素和资源，以无缝对接和有机互融的方式建立专业知识与思想政治教育目标的内在契合关系。

深入思考每一门专业课，都可以凝炼出其在情感培育、态度选择、价值观引领等方面的教育要求，而这些要求也就是思想政治教育与专业课结合的因素点。相对而言，哲学社会科学类的专业课应更多地凸显其在强化社会主义意识形态教育方面的作用，自然科学类的专业课则应更注重对学生科学思维、职业素养的养成教育。具体来说，要根据专业课的教育要求，结合课程自身特点，分别从爱国情怀、社会责任、科学精神、人文精神、品德修养等角度找准思想政治教育的因素点，设置课程思想政治教育目标，有机融入社会主义核心价值观、中国优秀传统文化教育以及理想信念教育、爱国主义教育、道德品质教育，特别是对中国特色社会主义的“道路自信、理论自信、制度自信、文化自信”的教育内容。

2. 线——抓好课堂教学主线

在课程设置上，首先，要明确课程总体思想政治教育目标，在思想政治教育目标引领下，结合专业课特点，深入挖掘专业课的思想政治教育内涵和要素，做好专业课的育人教学设计，从而优化课程设置。课程内容的设置要在立足专业知识的基础上，推动中华优秀传统文化融入教育教学过程，明确课程建设标准，并将思想政治教育路径固化于教学大纲中。其次，要结合课程内容创新教学方式方法，探索课堂教学、社会实践、网络运用等多维课程组织形式，在授课过程中结合学生特点进行科学引导。

就教师而言，要针对性地提升专业课教师的育德意识和育德能力。一方面，要转变专业教师的传统育人观念，提升专业课教师对课程思政的认知，消除思想误区。在调研中，我们发现，目前仍有一些专业课教师对于课程思政的认识还是停留在思政课程层面上。因此，要帮助教师明确思想政治教育与专业课之间的关系，认识到思想政治教育不仅不会影响专业课原本的专业知识教学，相反还会提升教学的思想性、人文性，深化教学的内涵。另一方面，教师自身的思想政治教育水平及文化素养也是在专业课教学中践行课程思政的理念能否有效开展的重要因素。专业课中思想政治教育要素的融入，对于教师的思想政治素养和知识积淀提出了更高的要求。如何找准专业课的思想政治教育资源与元素，实现育人目标与专业知识的精准对接，保证专业课知识讲授的同时有效融入思想政治教育，需要专业课教师不断提升自身的思想政治素养。另外，实现思想政治教育与专业课的有机对接，需要教师能够基于思想政治教育核心原则和内化要求，主动结合专业课的设计与教学活动的实施，深度开发教材，挖掘其中思想政治教育内涵，在专业课中自然而然地融入内容，避免生搬硬套。

对学生而言，要促使学生在专业学习和社会实践中不断接受思想政治教育的内容，提高自身思想政治素养。课程思政的落脚点要放在学生思想政治素养的发展上，引导学生形成正确的世界观、人生观、价值观。为此，对于学生发展的评价要和对课程思政工作质量的评价结合在一起，但是思想政治素养的提升是一个循序渐进的过程，因此评价应该更注重过程而不应是唯结果论。可以探索建立学生思想政治素养发展档案，在课程教学过程中记录学生思想政治素养的变化，课程结束时由教师和学生个人对学生的思想政治教育目标实现情况进行双向评价。

3. 面——构建三位一体的思想政治教育课程体系

在坚持以立德树人为根本任务的前提下，通过深入挖掘专业课中的思想政治教育资源与元素，立足学科优势，实现思想政治教育目标与专业课知识点的精准对接。一方面，要围绕课堂教学这一主线，从课程设置、课程参与主体（教师、学生）两个方面入手，不断探究课程思政的有效路径和载体，最终构建起专业课与思想政治理论课、综合素养课协同的“三位一体”的思想政治教育课程体系。另一方面，要根据课程思政基本要素的内在联系，把目标、主体、内容、路径等要素融合为一个有机体，协同推进思想政治理论课的显性价值引领和专业课、综合素养课程的隐性价值渗透的有机融合，保证思想政治理论课的核心地位，同时充分发挥其他课程的育人作用，在实现教育目标的过程中真正做到融会贯通。

二、不断优化课程思政的教学实施

科学推进课程思政工作，要紧紧围绕课程思政所要求的价值塑造、能力培养、知识传授三位一体的教学目标，进行系统梳理和创新思考，深入挖掘各门课程蕴含的思想政治教育资源，修订各学科专业的人才培养方案，完善教学大纲，逐步形成课程思政建设的体系架构。在这个体系架构里，一方面，既有的思想政治理论课显性的思想政治教育功要能进一步强化；另一方面，原有的综合素养课和专业课潜在的思想政治教育功要能得到充分挖掘和深化，要把思想政治教育融入高职院校课程教学的全过程，所有任课教师在课堂教学中既在价值传播中凝聚知识底蕴，又在知识传授中强调价值引领。为此，需要建立一套完整的教学管理体系，健全课堂教学管理办法，完善课程设置管理和课程标准审核制度，优化教师培训和教学评价制度，落实校领导和教学督导听课制度等。

（一）教材编写

教材是课程思政的重要内容，是育人育才的重要依托。建设什么样的教材体系，特别是主干课程传授什么样的教学内容，体现了知识的价值导向。教材建设是国家意志的体现，对意识形态属性较强的哲学社会科学教材和其他课程的教材都要深入研究“教什么”“怎样教”等育人的本质问题。要集中骨干教师力量，统筹优势资源，推出高水平的教材。要加强教材建设，创新学科体系、学术体系、话语体系，在内容上应尽力避免脱离实际的“空话”“大话”，增强学生成长成才的获得感。每一个学科都应当立足育人根本，用生动活泼的方式培养身心健康、态度积极的学生，在传授知识的过程中加强价值引领。通过集体备课，引入吸引学生的案例，融入时事政治中鲜活的育人元素开展课堂教学；要分步推进计划表，明确责任分工，设计好成果目标，借助教学大纲的编写，融合课程思政、工程认证和应用本科专业建设的要求，保持课程与专业建设共进方向。

针对各类课程的特点，研制教学指南与课程教学方案，在教学目标、教学内容、教学策略、教学案例等方面融入思想政治教育元素，将知识背后的价值、精神、思想挖掘出来，阐述清楚。在专业课中加强思想政治教育，找好育人的角度，具有较强的说服力和感染力，有助于将课堂主渠道作用发挥到最大化。比如，理科着力于“追求真理、勇攀高峰”的科学精神，工科着力于“精益求精、追求卓越”的工匠精神，医科着力于“珍爱生命、大医精诚”的救死扶伤精神，等等。再如，每一个学科都有其代表性的权威人物，这些人物的奋斗历史就是非常好的思想政治教育资源。在专业课中实现科学教育与人文教育的融通，让科学精神与人文精神走向交融，让德育与智育同频共振，产生最有效的育人效果。

与此相对应的是，马克思主义理论学科的育人方式也需要进一步优化。作为一个学科，要突出科学性，强调核心素养，遵循教育规律。马克思主义理论学科的建设要研究学科与全体学生的思想政治教育之间的关系，不可自视为学生思想工作的唯一阵地。如果学科根基缺失，则难以立足于课堂。要在遵循社会发展逻辑、人的认知逻辑和成长逻辑的基础上，在社会主义核心价值观的统领下，统筹设计，制定分层教学目标。

（二）教学设计

要把思想政治教育有效融入教学全过程，教学组织设计尤为重要。为此，需要主要考虑教学主体、教学内容管理、教学过程管理三方面要素。

在教学主体方面，要特别注重发挥哲学系在课程思政工作中的协同引领作用，构建思想政治理论课与其他社会科学的协同创新机制，形成科学化、标准化、精细化的建设管理办法，不断加强课程思政教育教学过程的科学化、规范化建设。

在教学内容管理方面，要明确学校所有专业课都应有的育人职责和功能，注重在传授专业知识和技能的过程中加强思想政治教育。围绕思想政治教育目标，对照思想政治教育核心内容，全面修订学科专业人才培养方案，针对具体课程编制课程思政教学指南。针对意识形态属性较强的社会科学课程，始终坚持马克思主义的指导地位，充分挖掘其中蕴含的思想政治教育资源。深化哲学社会科学教育教学改革，建立健全符合国情的社会科学人才培养质量标准体系。高职院校哲学社会科学相关专业统一使用马克思主义理论研究和建设工程重点教材。

在教学过程管理方面，要修订完善教学大纲，健全课堂教学管理办法，完善课程设置管理制度，建立课程标准审核和教案评价制度，落实校领导和教学督导听课制度。要逐一梳理课堂教学所有环节，深入挖掘专业课的思政育人内涵，细化课程思政具体目标，制定高职院校课程思政教学规范，做到有章可循的规范化、制度化。

（三）评价反馈

由于思想政治教育的复合性，我们很难将学生思想政治素养上的发展归功于某个单一方面的工作。换言之，思想政治理论课教师、专业课教师、学生工作队伍（辅导员、班主任等）和其他管理服务岗位教师的工作往往会产生叠加效应，很难区分哪些变化是由什么方面带来的，但这并不意味着不可以进行评价，课程思政的评价要围绕教师、学生、教育内容和教学方式等方面，采取特色化的指标进行评价。这就要求评价的指标体系应该全面和多样，以保证评价的客观性、全面性和机制科学性。

1. 合理确定评价主体

课程思政工作的推进，是通过教学活动和管理活动合力推动来开展的。因此，评价主体应该包含学生本人、班级评价小组、专业课教师、专业课的管理人员、思想政治理论课教师、辅导员等。围绕在专业课教学中践行课程思政的理念设定的内容和相关标准，由各个主体独立评价；在协商的基础上，最终形成综合性的评价，并对取得的成效和原因再进行拆分细化。当然，这种做法难免带有武断性，但为了明确在专业课教学中践行课程思政理念的效果，以便于不断优化改进，这种分割有时也是十分必要的。

2. 科学设定评价维度

在实施评价过程中，我们也要根据评价主体的不同而分别有所侧重，体现出不同的视角，以保证其全面性和科学性。其中，专业课教师主要对学生在学科学习中所表现出来的情感、态度、价值观的变化，对学科专业的忠诚度、对学科专业价值的认知、学科专业方面的操守（伦理）、对与学科专业相关社会现象的分析能力等进行评价。学业导师更为侧重对学生学业理想、学业价值、未来的职业选择、个人学业与社会发展的关系认知等进行评价。思想政治理论课教师更为侧重社会主义核心价值观对学生专业思想引导的评价。辅导员更为关注学生学业行为的变化，如积极性、主动性以及对专业相关活动的参与度、与专业相关的社会活动尤其是公益活动的参与度。最终在评价结论的合成上，多方面的评价最终必须形成一个合议。

3. 系统开展评价活动

对于学生发展的评价，往往和对课程思政自身的评价是结合在一起的，因而这种评价是一个系统性工作，需要周详规划。思想政治素养的提升是一个循序渐进的过程，在评价的原则上，评价首先要注重定性评价而非定量评价，应注重过程而不应该唯结果；应遵循发展的原则，即关注学生纵向的自我发展，尽量减少横向比较。在评价的标准与方法上，任何课程都有其思想政治教育的诉求，主要包括情感、态度、价值观，课程思政也应该基于这三个层面开展效果评价，并据此制定相关标准；在评价的方法上，可以采取思想政治素养发展档案法、关键事件法、评价量表法等。其中，思想政治素养发展档案法是指为学生建立课程思政档案袋，对于涉及思想政治教育的环节，形成纸质文档存储，便于评价之用。在评价的运用上，最直接的运用就是改进教学、提升教师的思想政治教育能力，同时，结果还可以运用到课程设计的改进、评价标准的改进以及制度的完善等方面。

4. 健全评价督查机制

为保证课程思政工作的持续推进，我们需要在教师评聘考核体系中大力强化思想政治工作的考量，建立健全高职院校课程思政教育教学体系建设评估督查机制，将课程改革情况列为学校办学质量评估考核的重要指标，作为评价和衡量学校领导班子工作业绩的重要内容，纳入学校党建和思想政治工作督导评价体系。学术评价体系是学者开展教学和科研的“指挥棒”，高职院校要改革用自然科学的标准衡量评价社会科学，以西方的学术评价体系来评价中国社会科学的现有评价机制；要转变重科研轻教学的评价体系，侧重教学的过程评估，要将评价体系的重心落在“立德树人”的总任务上，以学生成长和发展为标准，完善教师职称聘任的评价体系；要有序淡化文章数、项目量、获领导批示的层级、人才计划头衔等科研考核指标，转向以教学质量为重心，以学生成长发展为标尺的评价指标体系，形成教书育人与实践育人相统一，让思想政治教育内化于心，外化于行。对教师为学生做心理咨询、参与学生竞赛辅导、积极投身教学竞赛等育人实践成果要给予充分的认可，纳入教学评价考核体系中，鼓励广大高职院校教师将育人的使命牢记于心，将更多、更好的精力和热情投身于育人事业中。

第四节　推进教师队伍建设

课程思政强调所有的教师都有育人职责，强调团队合作，需要整合思想政治理论课教师、专业课教师、学生辅导员和班主任队伍，组建多学科背景互相支撑、良性互动的顶尖师资课程教学团队，将思想政治教育工作贯穿教育教学全过程，坚持知识传授和价值引领的统一，实现全员育人、全方位育人、全过程育人。教师要给学生心灵上埋下真善美的种子，引导学生扣好人生第一粒扣子。为此，我们要着力提升教师育人意识与能力，加强教师队伍建设，使教师做到教书和育人的高度统一。实施课程思政，就是要求所有任课教师不仅要在思想认识上形成全员育人的共识，也要在专业发展上具备有效育人的能力，将育人要求和价值观教育内容融入专业教师的教学体系。

一、提升专业课教师对课程思政的价值认同

教师是推进课程思政工作的关键因素，课程思政的工作效果直接取决于教师的育德意识和育德能力。为此，教师必须自觉树立牢固的育德意识，时时处处体现育人的职责，扭转重传授知识与能力、轻价值传播与引领的倾向。

一方面，要始终坚持以马克思主义理论为指导，深入推进课程思政工作。课程思政离开了马克思主义理论的指导，就是无源之水。课程思政是将马克思主义理论贯穿教育教学和科学研究全过程，深入挖掘各类学科的思想政治理论教育资源，从战略高度构建“三位一体”的思想政治教育课程体系，促使各专业的教育教学，各专业任课教师都乐于、善于运用马克思主义立场、观点和方法，探索实践各类课程与思想政治理论课同向同行，形成协同效应。在课程教学中，各学科教师要始终坚持以马克思主义理论为指

导，努力发挥马克思主义理论对学科课程的牵引和带动作用，引导教师围绕马克思主义理论学科的创新和发展、马克思主义及其中国化的最新理论成果进行学科交叉的课题研究，并把科研成果转化为教学内容。

另一方面，要消除部分教师对课程思政的误解，帮助教师明确思想政治教育与专业课之间的关系。要通过多种途径，帮助专业课教师明确课程思政对专业课的知识、能力、情感态度价值观教育一体化的作用，帮助其加深对课程育人要求和价值的理解，明确课程思政对学生科学思维训练、人文素养提升和价值观塑造的重要性。要让专业课教师认识到思想政治教育不仅不会干扰专业课自身的教学活动，减弱教学效果，相反，还会提升教学的思想性、人文性，深化教学的内涵，提升教学的效能。最终的目标是要让专业课教师形成一种思想观念，那就是——不能只做传授书本知识的教书匠，而应坚持教书和育人相统一，成为塑造学生品格、品行、品位的大先生，要把知识传授、能力培养、思想引领教育融入每一门课程的教学之中，在每一门课程中体现育人的功能。

二、提升专业课教师对课程思政的教学能力

课程思政的建设实施最终仍需要落实到教学主课堂上，教师队伍的建设尤为关键。从现状来看，专业课教师对课程思政教学目标的实施仍存在专业课教师思想政治教育意识和能力的欠缺，为提高课程思政教学质量带来了挑战。如何提升专业课教师对思想政治教育内容的胜任善教，成为课程思政推进中的重大课题。

只有推动专业课教师对课程思政工作的胜任善教，才能真正提升课程思政的育人能力。为此，我们要注重开展对包括专业课教师在内的全体教师的日常培训，将育德意识与能力建设全方位落实到各个相关环节，在新进教师岗前培训、教学督导随堂听课、教学技能竞赛、日常政治学习、研修培训等方面强化“传道”意识、提升“传道”能力，引导广大教师担负起育人责任。每门课的授课教师不仅要传授好书本知识，也要注重塑造学生的品格理想，成为学生健康成长的指导者和引路人。总体来说，专业课教师对课程思政工作的胜任善教要体现在三个方面。第一，是对思想政治教育体系要具备系统的运用能力。要通过常态化培训、伙伴式学习，帮助教师掌握思想政治教育的内容体系，理解基本内涵与逻辑，使其在提升思想政治素养的同时，逐步具备思想政治教育基本能力与素养，这是专业课教师抓好课程思政的前提和基础。第二，是对思想政治教育的特征、规律和话语的掌握能力。思想政治教育有其特定的要求和规范，也有其特定的话语系统。相较于生动性、人文性因素而言，思想政治教育活动也有其严肃性。掌握思想政治教育的基本规范和基本

要求，帮助教师以合适的方法开展思想政治教育，是推动专业课教师抓好课程思政的重要手段。第三，是教学设计能力。专业课教师要想抓好课程思政工作，必须在教学设计能力的提升上下功夫，具体包括研究学生的能力、课程与教材设计开发能力、课程思政的教学与管理能力、课程思政的评价能力以及反思与发展能力等。

第五节　课程思政的建设规律

近年来，全国各高职院校积极探索课程思政的建设工作，在理论和实践上进行了多角度的研究分析，对课程思政的建设规律做了较多的思考，也取得了一定成效。但随着高等教育事业的快速发展和培养勇担民族复兴大任的时代新人的需求日益强烈，对课程思政内在规律的研究仍需要进一步加强。

一、深化对课程思政内涵的认识

推进课程思政工作，首先需要清晰把握课程思政的内涵，要不断拓展原有工作的边界，对课程思政的理论内涵、学理探究、模式探寻、成效考评等进行深化研究。

一是要深化对课程思政理论基础的研究，巩固马克思主义的理论基础。抓好课程思政工作，首先要坚持以马克思主义理论为指导，加强对马克思主义理论的学习教育，充分发挥马克思主义理论渗透性、综合性与实践性的特点，并在实践层面加强探索，让马克思主义理论在课程思政建设中得到充分体现和坚决贯彻，确保课程思政工作的科学性和持续性。

二是要对课程思政工作的内在规律加强研究，从学理上进行总结、提升和深化。比如，课程思政的理论基石是什么、课程思政的工作主体有哪些，思想政治理论课、综合素养课与专业课结合的内在逻辑在哪里，什么样的模式才是更为有效的，如何才能有效地将思想政治教育与各门课的教育教学结合起来等问题，都亟待更为深入的思考。只有厘清以上关键核心问题，才能对课程思政形成学理性、科学性的认识，也才能使课程思政创新走向常态化、形成规律性。

三是要积极探索课程思政的有效推广模式。在课程思政工作取得现有成果的基础上，我们要注重提炼总结，努力形成一套能够在全国范围内复制和推广、带有较强指导性的课程思政工作模式。从实践工作情况看，目前各学校的课程思政建设多以专题形式进行，主题相对较为单一，内容同质性较高。尽管各高职院校通过不断深化主题，想了很多办法、创新了不少形式，但内在的运行机制问题始终没有破题。只有厘清课程思政工作各主体的内在联系，构建有效的联动协同机制，总结工作推进中的运行规律，才能将课程思政工作有效推广开来。

四是要探索不同课程在课程思政建设中的功能定位与育人协同机制。目前各高职院校开设了较多的综合素养课，内容涵盖人文、社会、政治、经济、文化等诸多方面，但需要挖掘的思想政治教育资源和元素仍有待进一步去丰富。例如，中国古代传统文化强调“修身齐家治国平天下”，强调内省教育等，其中蕴含的思想政治教育资源较多，都需要科学地反映在课程思政的具体建设中。同时，加强对专业课的思想政治教育资源的挖掘，也是课程思政建设的重要内容和必要支撑。

二、构建思政课程与课程思政协同育人的联动机制

把思想政治工作贯穿教育教学全过程，实现全程育人、全方位育人，构建思政课程与课程思政协同育人体系，是一项长期、复杂、艰巨的系统工程。高职院校要从教育理念、教育内容、教育方法和教学管理的制度建设入手，加强学校教务处、学生处、人事处等职能部门与大学生思想政治工作队伍、思想政治理论课教师队伍的整合协同，进一步构建规范的思政课程与课程思政协同育人的联动体系。

一是科学构建专业课教师与思想政治理论课教师的互动模式。作为大学生思想政治教育的重要组成部分，在专业课教学中践行课程思政的理念与通过思想政治理论课加强思想政治教育的关系本身就是相辅相成和合作互补的。二者的合作不仅包括课程育人目标的整体规划、思想政治教育内容的深度设计等，还包括思想政治教育资源的联合开发等。二者的有效互动不仅有利于推动课程思政在专业课教学中的实践，同时也能丰富思想政治理论课教学的内容支撑。此外，从促进教师专业发展的角度来看，二者之间的合作互动对于思想政治理论课教师来说，能够在很大程度上丰富知识体系、拓展知识视野、完善知识逻辑，对于其开展后续的教学活动大有裨益；对于专业课教师来说，不仅能够提升他们的思想政治素养，更能够完善其教学方法体系，优化教学能力结构。

二是建立分别适合专业课和思想政治理论课的课程思政建设机制。一方面，针对专业课，要建立贯彻课程思政理念的专业课程改革机制。首先，要从调整培养目标入手，对专业培养方案和课程设计方案进行修订。其次，要对课程教学大纲和具体教学方案进行修订，引导专业课教师对所教授课程的价值定位、教学目标、教学效果、教学内容以及实验

实践内容进行重新审视，主动融入思想政治教育元素，并在课时分配中明确思想政治教育内容的讲授要求。在教学过程中，组织教学督导队伍对专业课融入思想政治教育元素的相关内容进行专项督导听课；在学生评教中，对专业课教师讲授思想政治教育内容的教学效果进行专项评分，努力从教学工作层面对课程思政提供机制保证。最后，教学主管部门要依托各类教学水平评估或专业认证，把课程思政的实施情况作为重要评估内容进行考察，鼓励优秀的课程思政案例参评各级各类教学成果奖，提升教师推进课程思政工作的积极性。另一方面，针对思想政治理论课，要始终坚持高标准、严要求。教育部印发的《高等学校思想政治理论课建设标准》，对加强思想政治教育理论课的组织管理、教学管理、队伍管理、学科建设和特色项目等提出了明确的课程建设标准，并确立了对应的责任部门。贯彻文件精神，高职院校要建立起备课、听课制度，以及教学内容和教学质量监控制度，还要打通校内思想政治教育资源，形成协同合力。首先，要将思想政治理论课的教育延伸和贯穿到学生学习、生活的全过程。依托团委、学生会、学生党组织、社团等开展丰富多彩的政治理论主题学习活动，提升学生党性、增强学生的“四个意识”，巩固思想政治理论课的教学成果。其次，要整体推进高职院校党政干部和共青团干部、思想政治理论课教师和其他社会科学专业课教师、辅导员班主任和心理咨询教师等队伍建设，抓好教育培训，强化实践锻炼，健全激励机制，不断加强队伍建设。

三是固化思政课程和课程思政的协同育人体系。高职院校要积极搭建大思政育人格局，探索建立大学生思想政治教育专项工作指导委员会，把校内相关部门全部调动起来，相互支持、相互配合，从教育教学、学科建设、人才培养、科研立项、社会实践、经费保障等各方面做好全方位的保障。如可由党委组织部和党委宣传部牵头，把高职院校思想政治工作纳入党建工作和意识形态工作年度考评体系；可由教务处、研究生院牵头，对思想政治理论课和课程思政的具体建设标准提出细化要求；可由人事处、科研处牵头，对师资队伍进行聘任和考核时，增加课程思政相关的工作要求；可由文科处、规划处牵头，引导教师加强对思想政治理论课和课程思政相关的创新项目研究；可由学生处、团委牵头，加强大学生“第二课堂”与“第一课堂”的对接。在各二级教学单位层面，可建立由二级党组织书记、院长任组长，分管教学副院长、副主任和分管学生工作副书记任副组长的大学生思想政治教育工作小组，整体推进思想政治理论课和课程思政的教育教学工作。

三、加强课程思政的理论攻关

理论研究的过程就是发现问题、筛选问题、研究问题、解决问题的过程，只有具有鲜明的问题意识、突出的问题指向、科学的解题方法，才能守正出新，不断超越、不断完善。课程思政是一个新理念，是一个新事物，要想确保课程思政推进的效果，我们就需要持续加强对课程思政相关问题的深入研究。加强课程思政的理论研究和规律思考，能够更好地解释此项工作推出的背景依据，增加公信力；能够更科学地预判关键环节和发展趋势，更具有前瞻性；能够更有效地指导工作实践，更具有指导性。具体来说：

一是深入研究“三全育人”理念的落地机制。要把思想政治工作贯穿教育教学全过程，实现全方位、全过程、全员育人。但“什么才算三全育人”“如何才能做到三全育人”等问题亟待深入研究。一方面，需要及时转变理念。要将课程思政工作与三全育人理念有机统一起来，树立高职院校“大思政”思维，打破资源的壁垒、队伍的隔阂、体制的掣肘，从教育教学的全局、立德树人的大局通盘考虑。另一方面，要在体制机制上创新突破。从育人目标着手，把教学资源、培养方案、内容方式、考核评价、配套保障等结合起来，顺利实现从思政课程向课程思政的转变，最终形成教育合力。

二是深入研究形成科学有效的教学方式。在课程思政的教学实施中，要突出显性教育和隐性教育相融通，将价值引领蕴含在知识传授和能力培养中，注重在价值传播中凝聚知识底蕴、在能力培养中体现价值内涵。而要将课程思政理念落地到每门课的教育教学过程中，就要牢牢把握课堂教学的三个要素——教师、学生、教学内容。通过设计有效的教学方式，让教师首先接受承担思想政治教育职责的理念，选取精准的教学内容，让学生在求知中潜移默化地接受价值观的引领。只有将社会主义核心价值观巧妙融入课程教学中，充分发挥课堂主渠道作用，才能真正做到立德树人、教书育人。

从总体推进情况看，课程思政还处于试点和推广阶段，关于课程思政的深度理论研究、实践经验凝练还未全面铺开。要进一步提升课程思政工作的成效，就需要进一步加强学科建设、师资队伍建设、课程建设和教育教学改革的研究，就需要进一步发挥马克思主义理论学科优势，整合力量、联合攻关，以习近平新时代中国特色社会主义思想为指导，围绕立德树人的中心环节，聚焦课堂教学重点和难点问题，推动课程思政工作逐步走向制度化、规范化和常态化。

第六章

高职院校课程思政的建设

第一节　高职院校课程思政的要求

一、中国高职院校“课程思政”的特点

作为一种教育理念，本书认为，隐蔽性、依附性、浸润性是中国高职院校“课程思政”的特点。

（一）隐蔽性

“课程思政”作为我国高职院校实现立德树人根本任务的新理念，并不是直接公开地对新时代大学生进行施教，而是采取隐蔽的方式，在暗默中将政治引导、思想引领、道德熏陶、心理健康教育及劳动教育等方面的内容渗透到教育教学活动中，传授给大学生，影响大学生，“寓教于无声无息之中。”“课程思政”所强调的是将价值观引导隐蔽在教育教学活动中，在教育教学活动开展的过程中不构成形式上、“感觉上”的价值观引导，而是构成事实上的价值观引导，即隐去的是价值观引导的“形”，让价值观引导在施教过程中不被大学生所直接感受到。所以，“课程思政”是“隐形”之教，它所追求的价值观引导是隐蔽而不是黏附于教育教学活动中，具有隐蔽性。

“课程思政”的隐蔽性主要表现在两个方面。一方面，施教过程的隐蔽性。专业课教师进行“课程思政”建设，是将政治引导、思想引领、道德熏陶、心理健康教育、劳动教育等方面的内容渗透于专业知识之中，使大学生在学习专业知识的过程中接受价值观教育。专业课教师所开展的“课程思政”施教过程也是其所“隐”“寓”其中的价值观引导过程，大学生所直接关注的是专业知识的学习活动，而没有直接体验到价值观引导活动，甚至没有感觉到价值观引导的存在，因此，其施教过程是隐蔽的。比如，医学类的教师如果要在

一堂急救的课堂教学中对大学生进行价值观引导，往往是通过急救对于挽救生命的重大意义来向大学生传递医务工作者们敬畏生命、救死扶伤、舍己救人的精神，虽然专业课教师具有明确的价值观引导动机，但却没有从外在表露出来，因此，这种施教过程与思想政治理论课程具有明确的施教动机和过程不同。在思想政治理论课程中，思想政治理论课教师对大学生开展的施教活动是以思想政治教育本身的内容为基点展开的，而医学课堂中的价值观教育活动是隐蔽在医学教学中的。

另一方面，受教结果的隐蔽性。“课程思政”改革要求专业课教师将思想政治教育元素熔铸在专业课程的专业知识中，对于大学生而言，在整个施教过程中，他们的整个思想是向专业课教师的施教开放的，不存在主观的“封闭”和“逆反”倾向，所以，其教育效果是突出的，但是，由于专业课教师进行价值观引导的施教过程也是专业知识的传授过程，大学生所直接关注的焦点在专业知识上，而不是其背后蕴含的思想政治教育资源。因此，所取得的价值观教育的效果会被专业知识的传授所暂时遮蔽，一般不会即时即刻地显露出来，所以，从这一意义上来看，“课程思政”有异于思想政治理论课程，教育效果具有滞后性。总而言之，我国高职院校专业课教师对大学生进行价值观引导的方式是隐蔽的，因此，我国高职院校“课程思政”具有隐蔽性。

（二）依附性

我国高职院校专业课教师不能孤立地对新时代大学生进行价值观引导的，而是要依附一定的载体，通过这个载体将专业知识蕴含的思想政治教育元素不知不觉地融进新时代大学生的心灵，并对其产生影响和发挥作用。这一载体就是专业课程，所以，依附性是我国高职院校“课程思政”的特点之一。专业课教师只有全面、正确地把握依附性这一特点，才能增强新时代大学生价值观教育的实效性，提升价值观教育的渗透力、感召力、说服力和吸引力。因此，专业课教师需对自身所授的课程进行精心设计，精心组织教育教学活动，使新时代大学生身体力行，积极参与，从中陶冶情操、树立信念、培养意志。

我国高职院校“课程思政”之所以具有依附性，是因为：其一，“课程思政”建设要求专业课教师依附一定的课程向新时代大学生传递专业知识蕴含的思想政治教育元素，而这种课程能够为专业课教师所操控；其二，专业课程是将专业课教师与新时代大学生联系起来的形式和手段，双方需依附于这种形式和手段发生双向互动。“课程思政”的本质在于育人，围绕这一本质，专业课程教学致力于实现知识传授与价值引领的同频共振，使新时代大学生在学习专业知识的同时受到价值观的熏陶，进而成为合格的社会主义建设者和接班人。由此可见，专业课程承载了丰富的思想政治教育资源。以课堂教学为主要表现形式的专业课程也能为经过专门培养的高职院校专业课教师所掌握和运用。新时代下，专业课教师是对大学生进行价值观教育的新力量，大学生价值观教育的客体是大学生。在我国高职院校“课程思政”建设的过程中，专业课教师与大学生之间正是依附专业课程教学这种有效形式发生着多维互动，产生着积极的教育效果，以达到大学生价值观教育的目的。总而言之，专业课教师需依附专业课程来对大学生进行价值观引导，所以，我国高职院校“课程思政”具有依附性。

（三）浸润性

中国高职院校“课程思政”具有浸润性。所谓浸润性，是指每个专业、各类学科以及课程积极挖掘其潜在的思想政治教育资源，并通过课堂教学展现出来，将这种思想政治教育元素浸润到课堂教学的全过程中，实质上是一种隐性思想政治教育方法，是与理论灌输法的一个显著区别。首先，这种浸润性表示为形式上的“寓他性”。思想政治理论课与其他课程的一个显著不同就是自身的特殊性质，就是要将思想政治理论传授给受教育者，显而易见，是一种显性思想政治教育。“课程思政”则不同，它是要求专业课教师在讲授相关学科知识理论时渗透价值观引导，换句话说，将价值观引导寓于每个专业、各类学科以及课程之中是显在的，但其本身的存在方式是内隐的，是一种隐性思想政治教育，但是二者的存在是同一的。也就是说，在“课程思政”的实践存在中，“课程思政”表现的外在形式是单一的，但其内在的目的、意图以及内容是多维的。值得注意的是，“课程思政”不是静态的，而是动态的。其次，这种浸润性重点强调的是内容上的融合性。“课程思政”是在不破坏原有的思想政治理论课的前提下，专业课教师积极开发各自所属专业、学科以及所在课程中的思想政治教育元素，将价值观引导体现在课堂教学的全过程以及各个环节之中，突出的是融合中的浸润。把握这种浸润性，要注意把握浸润之魂。本书所述的浸润是将价值观引导潜移默化到每个专业、各类学科以及课程的每一个环节之中，而不是整个地将价值观教育置放在每个专业、各类学科以及课程的某个环节。这一点体现的是浸润的精髓与灵魂，也就是说，开展“课程思政”建设，关键是要具有隐性育人的意识，要在课堂教学中植入隐性教育之魂，实现价值观引导与其他课程的融合，从而达到思想政治教育与其他课程形式与内容的一体化。那种将思想政治教育的任务、目的以及内容等简单地负载于每个专业、各类学科以及其他课程之中，而不在深层次的价值观教育融合上下功夫，并不构成真正意义上的“课程思政”，因为“课程思政”的浸润性不是在每个专业、各类学科以及所有课程的教学中附着一个“看不见、摸不着”的幽灵，也不是简简单单地对每个专业、各类学科以及其他课程提出价值观引导要求或者在其基础上进行思想政治教育价值赋值。从某种意义上讲，思想政治教育是“灵魂”，“课程思政”是“肉身”，“灵魂”与“肉身”在隐性思想政治教育中是高度合一的。

浸润性对于中国高职院校“课程思政”建设的顺利进行具有十分重要的意义。首先，坚持浸润性，有利于打通“思政课程”和“课程思政”的协同育人链接。一般来说，思想政治教育主要包括显性思想政治教育和隐性思想政治教育两种形式，在我国高职院校，“思政课程”是显性思想政治教育的方式之一，而“课程思政”实质上是一种隐性思想政治教育方式，从“思政课程”到“课程思政”，教育形式由直接教导到潜移默化，有利于丰富和完善思想政治教育方式，打通“思政课程”和“课程思政”的协同育人链接，形成“思政课程”与“课程思政”通力合作的局面，从而保障“课程思政”建设的顺利进行。其次，坚持浸润性，有利于凸显主体性与主导性相结合的教育理念。中国高职院校“课程思政”建设是在充分尊重新时代大学生自主性的基础上，从他们的实际需求出发来设计教育教学内容，但是有一点是不容忽视的，教师在教育教学过程中仍占据主体性与主导性。一方面，“课程思政”的顺利开展有利于充分发挥教师的主体性作用。在“课程思政”建设过程中，教师作为兼具能动性与创造性的主体，主要表现为对“课程思政”建设过程组织实施的主体性、对受教育者施教的主体性、对自身发展的主体性等方面。因此，“课程思政”建设有利于推动高职院校教师形成完善的知识结构、正确的思想观念，从而在知识量的储备和思想观念的先进性上优于新时代大学生。另一方面，“课程思政”的顺利开展有利于继续深化教师的主导性作用。虽然“课程思政”强调需尊重新时代大学生的主动性与自主性，但是作为教育内容的实施者和教育活动的发起人，教师应深化自身的主导性作用。教师的主导性主要表现为其在整个教育教学过程中的有意识性，“课程思政”建设有利于促使他们结合教育任务、目标的需要和新时代大学生思想发生的新变化，及时引导和调控活动的进程和发展方向，根据新时代下的新情况采取不同的应对办法，从而彰显自身的主导性。

二、中国高职院校“课程思政”的要求

长期以来，我国高职院校将育人工作更多地交给思想政治理论课程及其教师。但是，实践表明，这一举措取得的效果不佳。新时代下，“课程思政”要求专业课教师参与到育人工作中来，用专业知识蕴含的思想政治教育元素育人，因此，我国高职院校“课程思政”应按照立德树人的要求，明确政治导向，寓德于课，人文立课，对新时代大学生进行价值引领。

（一）政治导向

政治导向规定了中国高职院校“课程思政”的方向性问题。在这里，政治导向就是指我国高职院校“课程思政”建设要坚持社会主义办学方向。办什么样的大学、坚持什么方向、高举什么旗帜，是高等教育发展的根本性与方向性问题。中国高职院校的发展方向不能恣意妄为，而是要沿着中国特色社会主义道路前进，不能脱离中国特色社会主义现代化建设的现实需求和未来目标，需要为人民服务，以民之所需、所求为育人的出发点和归宿；需为中国共产党治国理政服务，保证党对高职院校的领导权，坚持马克思主义意识形态在高职院校的主导地位，牢牢把握住其在高职院校意识形态领域的领导权和话语权；需要为中国特色社会主义制度的巩固和发展服务，以道路自信、理论自信、制度自信和文化自信为着力点，并将其一以贯之；需要为改革开放和社会主义现代化建设服务，以培育中国特色社会主义建设的时代新人为崇高使命。高职院校社会主义办学方向的根基是否牢固，离不开其思想政治工作的质量。“课程思政”改革是我国高职院校思想政治工作的新力量，充分地展示了社会主义高职院校办学的鲜明特色，彰显了社会主义高职院校的育人导向。“课程思政”要围绕坚定学生理想信念，以爱党、爱国、爱社会主义、爱人民、爱集体为主线；既要引导大学生实事求是、踏踏实实地学好本学科的专业知识，掌握专业技能，为中国特色社会主义建设倾尽全力，又要引导其将自身的学习生活与国家发展的主诉求联系起来，认识到学习知识的目的在于为人类的幸福而奋斗，从而为中国梦和共产主义的实现提供物质和精神条件。

正确的政治导向对于中国高职院校“课程思政”建设的顺利进行具有十分重要的意义。首先，只有坚持正确的政治导向，才能实现“课程思政”的本质要求。“课程思政”的根本任务是立德树人，为国家培养符合社会发展要求的时代新人。育人是“课程思政”的本质。育人的方向问题是根本问题，只有把握住社会主义这一根本方向，才能确保“课程思政”的本质不变质。其次，只有坚持正确的政治导向，才能统一新时代大学生的思想与行动，真正发挥“课程思政”的作用。正确的政治方向是统一新时代大学生的思想、协调“课程思政”各方面的力量，使之同向发挥作用的根本保证。因此，无论出现什么状况，“课程思政”都要将政治性置于重要位置，坚决不动摇社会主义的办学方向。最后，只有坚持政治导向，才能实现“课程思政”的价值。“课程思政”价值的实现程度与其是否达到教育目的以及达到的程度息息相关，要实现培养合格的社会主义建设者和接班人的目的，坚持社会主义方向是根本要求。因此，坚持政治导向是达到“课程思政”的目的，实现“课程思政”价值的内在保证。

（二）寓德于课

立德树人是我国高职院校的立身之本。大学教育是一个人最终走向社会的铺路石，大学阶段的教育不单单是向学生传递科学文化知识的最后冲刺阶段，更是帮助大学生形成积极健康的精神状态、良好的道德品质以及高尚人格的最后教育阶段。这是一段十分难得而又弥足珍贵的人生阅历和体验。因此，要坚持把立德树人作为中心环节，把思想政治工作贯穿教育教学全过程，实现全程育人、全方位育人，努力开创我国高等教育事业发展新局面。立德不仅是思想政治教育的重点内容之一，还应成为我国高职院校“课程思政”建设的重要组成部分。德需要借助于一定的载体才能实现自身的功能和作用，“课程思政”建设为德提供了课程这一载体，既将德寓于具体的课程内容中，又将德寓于教师的教育教学过程中。

德是立身之本、立国之基，自古以来，中华民族就将以德修身、从政以德作为崇高的价值追求。评价一位教师是否是一名优秀的教师，不仅要看他是否精于“授业”和“解惑”，更要看他是否以“传道”为责任和使命，也就是说，看他是否做到了“经师”和“人师”的统一。立德的要求就潜隐在这一评价标准中。新时代下，培养社会主义事业建设者和接班人是每一位高职院校教师的重要任务，而“德智体美劳全面发展”是社会主义事业建设者和接班人的应然状态，德是首位。所以，中国高职院校“课程思政”建设应突出对大学生的德行教育。一直以来，“思政课程”在对大学生立德过程中发挥着关键作用，但是这一教育任务不是仅仅靠某一门课程就能完成的，所有课程都要承担这一任务。从这个意义上来看，除了“思政课程”之外的其他专业课程具有不可推卸的责任，要与“思政课程”亦步亦趋、同向发力。然而，在实际的育人过程中，很多高职院校在某种程度上存在着“思政课程”与专业课程相脱节的问题，在认识上形成一种误区：帮助大学生立德是“思政课程”的任务，专业知识教育是专业课程的任务，二者是没有联系、毫不相干的。这一认识误区将“思政课程”与专业课程对峙起来，割裂了二者在立德上的一致性。因此，“课程思政”改革的提出，有效地弥补了这一不足，使立德成为所有课程及教师的任务。立德并不是游离于课程之外的幽灵，而是课程的应有之义，课程思政所要实现的正是寓德于课，从而为国家、社会和人民培养德才兼备之人。

（三）人文立课

我国高职院校“课程思政”建设要求专业课教师挖掘所授课程的“人文素养”元素，人文素养的范畴是十分宽泛的，人文精神是人文素养中的重要部分，它是一种对人类生存意义和价值的关怀。我国高职院校“课程思政”建设的载体并不是单指某一门课程，而是除了思想政治理论课程之外的其他所有课程都可以成为这一载体，没有高低优劣之分，只是在难易程度上存在差异。从本质上来看，每门课程都具有育人功能，课程教学包括教书与育人两种维度的教育，人文精神则蕴含于此，只不过在实际教育教学过程中，不同类型的课程在不同程度上隐化了人文精神。大学生只有接受了知识教育与价值观教育，才能称得上是接受了健全的教育。人文精神教育对于大学生形成健全的人格具有十分重要的意义。事实上，人文精神是课程的固有之物，“课程思政”改革进一步加深了课程原有的这种人文精神。教师是履行教育教学职责的专业人员，承担教书育人，培养社会主义事业建设者和接班人、提高民族素质的使命。因此，我国高职院校“课程思政”建设强调专业课教师在教学过程中积极开发人文精神，扩充知识的内涵，赋予知识教育一定的情趣，将能力培养落到实处。

在我国高职院校“课程思政”建设中，专业课教师需认真学习、领会、贯彻立德树人是教育的根本任务中潜在的人文精神，自觉地在教育教学过程中将知识教育与家国情怀教育、健全人格教育结合起来，挖掘课程中潜隐的思想政治教育资源，对“课程思政”进行深刻的认知和理解，将对人类生存意义和价值的关怀有机地渗透到知识教学中，真真正正地使所有课程发挥育人功能，踏踏实实地守好一段渠，种好责任田。

（四）价值引领

中国高职院校“课程思政”建设要求各门各类课程挖掘潜在的思想政治教育元素，并将这种思想政治教育元素有机地融入教育教学过程中，其中思想政治教育元素主要指思想政治教育内容，不一定是具体的思想政治教育理论知识内容，也可以是思想政治教育所体现的一种价值理念和精神追求。一方面，从融入的具体内容来看，将培育和践行社会主义核心价值观融入专业知识传授与能力培养之中，实施性较强，融合模式比较易于实现，彰显我国高职院校“课程思政”的价值引领特点；另一方面，从融入的抽象内容来看，“课程思政”建设不是要将思想政治教育的基本理论知识灌输给大学生，而是要通过隐性思想政治教育的方式来引导大学生树立正确的世界观、人生观、价值观，从而实现对大学生的价值引领。“拔节孕穗期”的大学生离不开栽培和教导，他们价值取向的科学与否将对未来整个社会的价值取向产生重要影响，因此，处于青少年时期的大学生价值观教育意义重大。因此，无论从融入的具体内容还是抽象内容来看，中国高职院校“课程思政”建设是以价值引领为核心的。

第二节 高职院校课程思政建设的必要性

我国高职院校是为国家输送高质量人才的主阵地，所培养的人不仅要具备扎实、过硬的才能，还要具备为国家、社会及个人服务的德行。德才兼备是我国高职院校人才培养的目标。课堂是将大学生塑造成德才兼备个体的主渠道，从这一意义上来说，高职院校的所有课程都应积极承担这一任务。但是，很长一段时间以来，“隐性课程”育人功能弱化、“思政课程”育人效果不佳、其他各类课程与“思政课程”背道而驰等阻碍了我国高职院校立德树人根本任务的有效贯彻落实。因此，我国高职院校必须进行“课程思政”建设。

一、发挥“隐性课程”育人功能的需要

一直以来，我国高职院校思想政治理论课程独自承担着大学生价值观教育工作，经过长期摸索和实践，其效果难以令人满意。育人是课程的固有功能，所以，我国高职院校的各门各类课程都具有育人功能，只不过在教育教学实践中被忽视了而已。我国高职院校“课程思政”的建设过程就是对除思想政治理论课程之外的课程育人功能的解蔽过程，就是要激发“隐性课程”的育人功能，在这里，“隐性课程”就是指专业课程，使之与思想政治理论课程这一显性课程一道共同承担价值观教育的任务。因此，专业课教师要勘探专业课程的育人元素、铸牢自身的政治信仰、将思政工作贯穿育人全过程。

（一）勘探专业课程育人元素的需要

社会成员经由高职院校这座“桥梁”，接受高等教育的过程是实现社会化，进而成长为合格公民的过程。我国高职院校如果只片面地要求大学生学习专业知识、练就专业技能，而不引导大学生如何学会生活、学会做事、学会生存，就很难塑造他们的责任意识、使命意识和权利义务意识，就会拉低教育的境界，使大学生缺乏理想和追求。在我国传统的教育理念中，“传道”与“授业”“解惑”是手段与目的的关系，而长期以来，这种传统似乎被弱化和遗忘了。尤其是专业课程，专业课教师多数情况下都是以“授业”和“解惑”为目的，而只把“传道”说在嘴上，写到纸上，挂在墙上，成为“泥塑之身”，成了“空心萝卜”。新时代对于高职院校的立德树人工作提出了新诉求，我国高职院校逐渐意识到应该在“授业”和“解惑”中悄无声息地“传道”，实现教书与育人的统一。

当今世界的思想政治斗争并未随着经济全球化而有所减弱，反而呈现逐渐强化趋势，随着我国逐渐走进世界舞台的中央，一些对马克思主义存在偏见的国家对我国不断疯狂地

进行思想文化渗透，对正处于“拔节孕穗期”的大学生造成了严重的负面影响。课程是传递国家意志、内含教育目标、彰显教育内容的载体，是学校教育教学活动的基本依据。专业课程育人元素的勘探是“隐性课程”发挥育人功能的基础。课程是新时代大学生接受价值观教育的主要载体，赫尔巴特曾说过，缺乏品德教育的教学，是没有目的手段；缺乏教学的品德教育，就丧失了手段和目的。任何一门课程都包含知识、方法与价值三个维度。一是本学科的基础知识和基本概念体系；二是基础知识和基本概念体系背后蕴藏的思维方式与行为模式；三是该思维方式与行为模式背后潜隐的情感、态度与价值观；三个维度是相互联系、相互贯通、相互渗透的，有机地构成一个整体。任何一个维度目标的实现都是在于整体目标的相互联系中实现的。所以，每门专业课程同思想政治理论课一样，具有丰富的思想政治教育资源，只不过前者是内隐的，后者是明显的。仅靠思想政治理论课程对大学生进行价值观是远远不够的，专业课程在吸引学生、感染学生、引起学生共鸣方面比思想政治理论课更具优势。专业课程的“课程思政”元素蕴含着启迪人们智慧、激发爱国热情、拥有社会正义感、负有社会责任感、具有文化自信、充满人文精神等价值范式的思政元素。所以，勘探专业课程的育人元素，使专业课程的育人功能得到最大限度发挥是我国高职院校“课程思政”建设的应有之义。

（二）铸牢专业课教师政治信仰的需要

与思想政治理论课教师相比，专业课教师与大学生接触的时间比较长，因此，专业课教师是否具备坚定的政治信仰在很大程度上影响着大学生的情感、态度和价值观。铸牢专业课教师的政治信仰就是要求专业课教师明确“为谁培养人”的问题，从内心深处树立对马克思主义的信仰。马克思主义不仅是一种科学理论，而且对于以马克思主义为指导的共产党来说，对于马克思主义者和一切反对资本主义制度的革命者来说，马克思主义学说可以成为一种信仰。我国在意识形态领域始终坚持以马克思主义为指导，并将坚持马克思主义在意识形态领域指导地位作为一项根本制度，不只是因为马克思主义是以事实为依据、以规律为对象、以实践为检验标准的科学学说，更是因为马克思主义彰显了党和国家的行为准则、理想追求和价值目标。并不是所有人都可以将马克思主义作为自己一生的信仰，马克思主义只有对共产党人、对一切马克思主义者乃至所有支持和拥护马克思主义的人来说，才是信仰。如果一个人是一位坚定的马克思主义者，那么，在他心目中，科学与信仰二者是统一、不可分割的。马克思主义的科学性与个人信仰在一定程度上呈正相关的关系。一个人将马克思主义的科学性理解地越透彻和深入，他个人对马克思主义的信仰则越为坚定。马克思主义的科学性是信仰坚定性的理论基础，而信仰坚定性是马克思主义学说科学性的内化，化为内心的坚定的信念和情感。

专业课教师是大学生的一面镜子，他们对于马克思主义的信仰程度直接影响大学生对于马克思主义科学价值观的认同程度。在我国高职院校“课程思政”建设中，专业课教师能否将科学的价值观寓于知识传授与能力培养之中，在很大程度上取决于自身是否坚定马克思主义信仰。专业课教师坚定马克思主义信仰，有利于夯实自身的教育引领力。作为一种教育理念，“课程思政”要求专业课教师对大学生所进行的知识教育和一般意义上的知识教育是有差别的，前者比后者增加了价值观教育的维度。马克思主义价值观是科学的价值观，树立马克思主义价值观是大学生思想政治教育工作的核心和灵魂。从一般意义上看，知识教育的主要任务是使受教育者具备一定的知识技能和形成一定的知识构建体系。而“课程思政”的主要任务是在知识传授与能力培养中渗透价值观教育，这就对专业课教师提出了极高的要求。坚定马克思主义信仰不是世界观、人生观、价值观的简单叠加，而是要在内心中构建一种终极价值理念。课堂是专业课教师发挥作用的主要载体，专业课教师必须将马克思主义信仰融入自身的“血液”里，将马克思主义信仰作为自身崇高的价值追求。长期以来，思想政治理论课教师承担着引导大学生树立科学价值观的任务，思想政治理论课是实现这一任务的主渠道，因此，思想政治理论课教师需要坚定马克思主义信仰是毋庸置疑的。但是，实践证明，只要求思想政治理论课教师坚定马克思主义信仰，并且依靠思想政治理论课对大学生进行价值观引导是远远不够的，专业课教师也要将马克思主义信仰作为一生的崇高追求。在寓价值观引导于知识传授和能力培养的过程中，专业课教师是实施主体，占据主导地位，专业课教师的马克思主义信仰是否坚定直接关系到马克思主义科学价值观能否有效地渗透到课堂教学过程中。如果一位教师自身的马克思主义信仰不坚定，那么就无法实现对学生科学价值观的引领，甚至会使价值观教育的有效性大打折扣。所以，铸牢专业课教师的马克思主义信仰，有利于促进其将马克思主义信仰作为毕生的价值追求，在课堂教学中彰显自身的主导性，有效地将知识背后的育人元素挖掘出来，夯实自身的引领力，真正实现让有信仰的人讲信仰，是专业课程发挥育人功能的关键所在。

（三）将思政工作贯穿育人全过程的需要

思想政治工作是党和国家一切工作的生命线。我国高职院校思想政治工作不能停留在表面上，不能停留在一段时期，也不能体现在某一环节中，而是将思政工作渗透到育人全过程中。全过程育人的实质在于将思想政治教育潜移默化地渗透到教育教学全过程之中。“教育教学全过程”就是在立德树人过程中，高职院校围绕育人这一中心任务，坚持知识逻辑与价值逻辑并驾齐驱，在遵循教育教学规律和学生成长成才规律的基础上，充分发挥课堂教学和其他教育实践活动的育人功能，从而保证思政工作在时间上的不间断性和过程上的可持续性。如何将思政工作贯穿到教育教学全过程，需要结合好如何衔接的问题。思想政治工作和教育教学虽然都具有育人功能，都致力于为国家培养输送建设者和接班人，但是二者毕竟在运行逻辑和管理方式上不尽相同。就思想政治工作而言，它的任务在于将社会价值理念转化为个体的思想观念和行为准则，对于社会价值秩序的再生产产生维护和推动作用，是一种“规范性逻辑”；就高职院校教育教学而言，它在落实教书育人、科研育人等要求的基础上还有一定的自主空间，具有明显的专门性，主要遵循“知识性逻辑”，所以，将思政工作贯穿教育教学全过程，就必须要解决好“规范性逻辑”与“知识性逻辑”的关系问题，即如何勘探不同学科蕴含的思政元素，怎样实现二者有机衔接的问题。

教育教学过程，简而言之，包括教师教和学生学两个部分，不是单向度的传授过程，而是双向度的互动过程。在对新时代大学生进行价值观教育的过程中，专业课教师通过有目的、有计划、有组织的师生活动，使学生自觉地学习和运用专业基础知识与基本技能，在此基础上引导他们形成符合社会发展要求的价值观和道德品质。在以往的育人工作中，我国高职院校大多数情况下将其抛给思想政治理论课和思想政治理论课教师，而思想政治理论课一般情况下被安排在大一和大二时期，从而导致育人工作出现断层、育人体系保守封闭等问题。“课程思政”建设应该强调育人的连续性和不间断性，具体而言，从大学生入学到离开校园这段时期，专业课教师就要牢记立德树人的初心和使命，结合所授课程的性质对大学生给予价值观引导，思政工作是连续的、不间断的。在将思政工作贯穿育人全过程中，各门专业课程都具有自身的特殊性，育人的逻辑存在差异，在育人的目标、功能、资源以及策略上侧重点不同，所以，专业课程发挥育人功能是将思政工作贯穿育人全过程的“牛鼻子”，我国高职院校能否有效地牵着这个“牛鼻子”走，是决定立德树人成效的关键所在。

二、提升“思政课程”教育效果的需要

教育效果问题一直是课程教学的永恒主题，思想政治理论课程，简称“思政课程”，是对大学生进行价值观教育的主导性渠道，但是，“思政课程”的教育理念滞后、教育方法单一以及教育实践不足等缺陷在很大程度上弱化了“思政课程”的教育效果。我国高职院校“课程思政”改革的提出能够有效地弥补弱化“思政课程”教育效果的不足，与“思

政课程”一道形成具备正确价值领航功能的课程体系，进而提升大学生价值观教育的整体效应。

（一）更新教育理念的需要

教育理念是教师在长期教育实践活动中，经过亲身体验和理性思考形成的关于教育本质、规律及其价值的根本性判断和观点。教育理念有别于教育观念，前者属于“价值”范畴，强调个体的体验和思考，后者属于“事实”范畴；教育理念有别于教育思想，前者是后者的形成基础，是对后者的高度概括；教育理念不同于教育信念，所有的教育理念都可以称为教育信念，但并不是所有的教育信念都可以称为教育理念，比如，一些盲目接受和顺从的教育信念就不能称得上是教育理念，因为这种教育信念没有经过体验和思考。

教师是人类最古老的职业之一，他受社会的委托对学生进行专门教育。向学生传递人类传承下来的科学文化知识和进行思想品德教育是每一位教师的神圣使命。从社会视角来看，教师是人类科学文化知识的继承者和传递者；从学生视角来看，教师是学生智力的开发者和个性的塑造者。课堂教学是大学生接受价值观教育的主渠道，一直以来，在我国高职院校，大学生的价值观教育工作一直由思想政治理论课教师来完成，出于增强价值观教育效果的目的，思想政治理论课教师做出了很多努力和尝试，但是，产生的效果不尽如人意。思想政治理论课教师逐渐意识到单兵作战的教育理念不能迎合新时代大学生思想政治教育的诉求，仅靠自身对大学生进行价值观教育是远远不够的，专业课教师也要承担育人的职责，教育理念的滞后是导致价值观教育效果不佳的一个重要原因。高职院校的育人工作是一项工程，专业课教师要加入育人队伍中来，充分发挥自身的育人作用，只有与思想政治理论课教师协调发展、通力合作，才能实现育人效果的最优化。

“课程思政”旨在将价值观引导渗透到各类课程中，利用课堂这一载体实现育人功能，从而达到专业知识教育与价值观教育的内在统一。“课程思政”这一教育理念的提出丰富了大学生思想政治教育的内涵和外延。专业课教师是否有效地组织和实施教育教学实践，直接关系到“课程思政”建设与改革的成败。因此，“课程思政”提出后，专业课教师逐渐意识到“教书”与“育人”的本质内涵，在对新时代大学生开展教育教学活动时，积极开发自己所在学科、专业以及课程蕴含的思想政治教育元素，以自己的言行感染学生，从而引导他们在掌握专业知识和技能的同时，意识到坚定政治立场与提升道德修养的重要性。专业课教师将发挥专业课程的育人功能作为一项基本要求，积极寻求本专业知识与思想政治教育元素的契合点，将育人元素渗透到专业知识中，引导新时代大学生在知、情、意、信、行等方面做出正确的判断与选择，为高职院校实现立德树人根本任务增添新力量。

（二）完善教育方法的需要

方法是人们为了认识世界和改造世界，达到一定目的所采取的活动方式、程序和手段的总和。教育方法就是教育者为达到一定的目的，在教育教学活动中所采取的各种方式和手段的总和。它虽然不是教育教学活动的实体要素，但却离不开教育教学活动，总是要与教育教学活动联系在一起，如果离开了教育教学实践活动，教育方法就丧失了存在的基础和价值。教育方法是人们在长期教育实践活动中形成的关于教育活动的准则，其本质是人们对教育教学规律的科学把握和自觉运用。首先，作为教育教学活动的准则，教育方法是教育教学活动的中介因素。教育目的的实现离不开方法的运用，教育方法是在教育活动中将教育者与受教育者联系起来的桥梁，是教育目的实现的手段和工具。其次，教育方法是为教育目的和教育任务服务的。在教育教学活动中，运用何种教育方法，是由教育目的和教育任务决定的，教育方法随教育目的和教育任务的变换而发生改变。新时代下，面对新情况和新任务，我们强调教育方法的创新，其原因就在于此。最后，教育方法与教育理论不可分割。无论是教育实践经验上升为理论，还是教育理论指导、运用于教育实践，都离不开一定的教育方法。

一般情况下，思想政治理论课程的教育方法以直接灌输为主，不但直接地对大学生进行马克思主义理论与思想政治教育，而且公开、透明地对大学生进行价值观引导。归根到底，思想政治理论课的理论性特点决定了其必须采取直接灌输的教育方法。抽象的理论只有通过思想政治理论课教师深入浅出的讲解，才能够让学生在应有的层次上准确地理解和运用。直接灌输法就是思想政治理论课教师公开表明知识教育和价值观教育的目的，运用简练、准确的语言引导大学生开展思维活动，从而实现教育目的的教育方法。这种教育方法的最大特点就是信息量大、教学效率高、适用范围广，但是，直接灌输法公开暴露教育目的会使大学生产生一定的排斥心理，不易于大学生欣然地接受教育内容，这是直接灌输法最大的局限所在。直接灌输法在一定程度上使思想政治理论课程的思想政治教育陷入孤岛化和边缘化。我国高职院校“课程思政”建设要求专业课教师潜移默化地将价值观引导寓于所授课程中，实现价值观教育与知识传授和能力培养有机结合，这可以看作是一种间接的教育方法。这种间接教育方法的最大特点是内隐性，将价值观教育藏在知识传授和能力培养背后，使学生在学习知识的同时无形地受到价值观的熏陶和洗礼，能有效地弥补思想政治理论课程直接灌输法的不足。

（三）增强教育实践的需要

实践的观点是马克思主义认识论的基础。人类之所以能够存在和进行，根本原因在于实践，实践也是人类实现自我教育的基本途径之一。大学生是我国宝贵的人才资源，社会实践是使新时代大学生“成才”与“成人”的必经之路。社会实践能够促进大学生对所学专业知识的理解，意识到学习知识的目的在于服务社会，进而增强自身的社会责任感。社会实践是对课堂教育的有益补充和延伸，是高等教育必不可少的一部分。作为课堂专业理论教育的进一步延伸和素质教育的重要载体，大学生实践教学活动对于提升大学生的思想道德素质和科学文化素质具有重要作用。所以，实践育人应成为高职院校育人工作的新方式。

思想政治理论课是大学生思想政治教育的主渠道，理论教育是其重要特点之一。理论教育就是思想政治理论课教师在思想政治理论课中有计划、有目的地对大学生进行马克思主义与思想理论教育，引导大学生逐步树立正确的世界观、人生观、价值观。思想政治理论课教师在对大学生进行理论教育时，必须要与实际联系起来。理论能否发挥出自身应有的作用，关键是要看其是否与人们的社会生活实际与思想实际相联系。既要与社会生活实际相联，引导大学生用马克思主义立场、观点和方法看待问题、剖析问题和解决问题，还要与大学生的思想实际相连，做到有的放矢。在实际的教育教学过程中，虽然思想政治理论课教师做到了理论与实际相结合，以大学生的思想状况为依托，但是由于思想政治理论课的授课对象全校大学生，群体庞大，人数众多，很难对其开展丰富多彩的社会实践教学活动，教育实践不足，从而导致很多大学生对教师所传授的理论知识和价值观引导认识不深刻，教学的实效性不强。“课程思政”改革恰好弥补了这一不足，我国高职院校“课程思政”建设不仅要求专业课教师积极挖掘各门各类课程的思想政治教育资源，还促进了相关管理部门对大学生思想政治教育工作的认识，比如，学工部、二级学院组织开展的参观红色旅游基地、支教活动、社会公益活动等，将大学生的价值观教育由课堂内搬到课堂外，使大学生在社会实践中加深了对所学理论的理解，与思想政治理论课的价值目标相辅相成，从而成为思想政治理论课的有力帮手。

三、推进“课程思政”与“思政课程”同频共振的需要

课程在大学生思想政治教育中一直发挥着重要作用，很长一段时间以来，思想政治理论课程承担着育人职责，但是，从产生的实际效果来看，存在明显不足。新时代下，中国高职院校“课程思政”建设能够有效地弥补仅依靠思想政治理论课进行育人工作的不足，

推进了与“思政课程”在落实高职院校立德树人根本任务、促进知识传授与价值引领相结合、推动新时代大学生全面健康发展等方面的同频共振。

（一）落实高职院校立德树人根本任务的需要

俗话说，人无德不立，道德对于个人乃至社会的发展具有重要意义。崇德修身是做人做事的首要原则。立德树人，德是首位，每个个体只有明大德、守公德、严私德，自身的才华才能用得其所。

以前，我们主要从个体维度出来讲“立德”，如今，“立德”的范围有所拓宽，不再只限于个体维度，还包括集体维度。从个体维度来看，“德”分为大德、公德以及私德等三个层面，具体而言：国家、社会之德，即为大德；公民、公共之德，即为公德；家庭美德、个人品德，即为私德；从集体维度出发，由于本书是以“课程思政”建设为主线，所以，本书所讲述的集体指我国高职院校，高职院校“立德”主要指坚定党对教育事业的领导，贯彻落实党的教育方针，拥护马克思主义和坚持社会主义办学方向等方面。因此，高职院校通过“课程思政”建设实现立德树人的根本目标，要从个体和集体两个视角出发来理解“立德”，不仅要求新时代大学生和全体教师“立德”，自身必须将“立德”理念贯穿到学校教育教学全过程中，既塑造个体的“德”，也培养集体的“德”，只有将二者协调统一起来，才能真正地对“立德”问题进行正确、深刻而全面的理解。

自中华人民共和国成立以后，虽然国际国内形势瞬息万变，但是党和国家十分重视人才培养工作。在不同时期、不同阶段，人才培养的目标略有差异，但有一点是共同的，就是都彰显了立德树人的实质内涵。教育的首要问题就是要解决树什么样的“人”的问题，并从个人成长和国家发展两个方面提出了一些要求，比如，树具有民族复兴使命担当的时代新人、树德智体美劳全面发展并为中国特色社会主义建设服务的时代新人、树坚定中国共产党的领导和维护社会主义制度，为社会主义现代化建设持续奋斗的时代新人等。

在我国，高职院校承担着如何将我国从人口大国转化为人才强国的重任，新时代下，为中国特色社会主义建设培养源源不断的人才是我国高职院校的主要目标，而这一目标能否顺利实现在很大程度上取决于立德树人工作的成效。立德树人是高职院校立身之本，与以往相比，当前我国高职院校的办学环境、教育对象发生了深刻的变化，既面临发展机遇，也面临严峻挑战。新时代下，多种思想、价值观念竞相迸发，各种社会思潮激烈交锋，这一社会现象在很大程度上对新时代大学生的思想与行为产生了影响。易变性和可塑性是新时代大学生思想呈现的两大特点，他们不仅在校内接受马克思主义意识形态和社会主流价值观的教育，还易受到一些非主流社会舆论和其他价值观念的熏陶，所以，高职院校的立德树人工作面临严峻挑战。

长期以来，由于学科定位和课程特点，我国高职院校的“思政课程”秉持知性教育与德性教育相统一的理念，成为立德树人的关键课程。经时间检验，这种“单兵作战”的模式暴露出明显不足，“思政课程”需要其他课程的增援，其他各类课程只有在落实高职院校立德树人根本上与“思政课程”同频共振，才能提升立德树人的实效。中国高职院校“课程思政”建设要求学科任课教师在课堂教学中摒除只教给学生知识与培养学生能力的观念，更重要的是要对学生进行思想观念和价值观的引领。高等教育是由各学科门类组成的，在各学科门类的基础上开设相关专业和课程，所以，“课程思政”建设要为各学科发展和各专业培养目标服务。同时，各学科虽不像马克思主义理论学科具有明显的政治倾向，但是，都内在地蕴藏着一种价值观塑造和精神培育功能，因此，“课程思政”建设促进了专业课教师对自身所在学科这种功能的发挥，与“思政课程”一道共同为落实立德树人根本任务发力。

（二）促进知识传授与价值引领相结合的需要

一直以来，在我国高职院校内部，专业课教学偏重知识传授，而忽视了价值引领，从而造成了“教书”与“育人”的分离。教师是人类最古老的职业之一，他受社会的委托对学生进行专门教育。向学生传递人类传承下来的科学文化知识和价值观教育是每一位教师的神圣使命。如果教师交给学生的知识没有温度，只是将其植入学生的大脑中，没有使学生在内心深处产生深刻的感悟，那么，则没有实现的知识的真正价值。对于我国高职院校“课程思政”建设而言，教师是主力军，除了思想政治理论课教师之外的专业课教师也要将对大学生进行知识传授和价值引领作为自身的必要职责和崇高使命，将塑造又红又专、德才兼备的健全人才作为职业导向，从而促进知识传授与价值引领同步驱动。

（三）推动新时代大学生全面健康发展的需要

新时代下，我国经济社会发生了质的转变，迎来了从站起来、富起来到强起来的飞跃，这表明科学社会主义在21世纪的中国彰显出强大的生命力和号召力，意味着为解决人类问题进一步贡献了中国智慧、提供了中国方案。同时，新时代大学生也面临着新的时代使命，即为决胜全面建成小康社会、全面建设社会主义现代化强国助力青春力量。大学生的全面健康发展是实现这一时代使命的基础和条件。全面健康发展的内容是多维立体的，包括才能、志趣及道德品质等多方面的发展，而这一目标的实现需要专业课教师来发挥纽带作用。专业课教师这一纽带作用的发挥又离不开自身所授的课程。一直以来，我国高职院校专业课教学存在一种现象，即“知”与“德”相分离。也就是说，专业课教师在课堂中只是向大学生传授了专业知识，而没有让大学生掌握知识背后所蕴含的价值，从而弱化了“思政课程”的育人效果。

“人才辩证法”蕴含着深刻的“知”与“德”辩证关系问题。“知”的目的在于促进“德”的认识，为“德”的养成服务，因为“德”是真知。“德”的内涵是丰富而深刻的，将“德”理解为品行和道德是远远不够的，我国高职院校“课程思政”建设就是要使专业课教师摒弃这种错误认识，从更广阔的领域认识“德”。对于“知”与“德”的辩证关系而言，这里的“德”不只具有“公德”与“私德”的向度，还深刻地体现一种“大德”的向度，即对自然发展规律和人类社会发展规律的认知和领悟。一切人文学科和自然学科的最终归宿都是为了认识人类社会的规律以及自然界发展的规律，而认识自然界发展的规律实际上也是为了更深刻地认知人类社会的发展规律，比如，历史哲学的产生是由进化论所催生的，为社会服务是一切人类知识有益成果的最终归宿。所以，出于推动新时代大学生全面健康发展的目的，中国高职院校“课程思政”建设要求每位专业课教师意识到通过课程向大学生传授专业知识的目的，深刻掌握“人才培养辩证法”的价值旨归，坚持知识逻辑与价值逻辑并驾齐驱，厘清“德”与“知”的辩证关系，围绕育人这一中心任务，使各门各类课程与“思政课程”同频共振，在遵循教育教学规律和学生成长成才规律的基础上，打破思政教育与专业教育“两张皮”的壁垒，与“思政课程”共同成为推动新时代大学生全面健康发展的有力抓手。

第三节　高职院校课程思政建设的内容

一、政治引导

所谓政治引导，就是引导社会成员正确认识以国家问题为核心的政治关系和政治问题，所以，对大学生进行政治引导，就是教育引导他们以马克思主义为根本立场去观察、分析政治问题和处理政治关系，从而保障我国的意识形态安全。政治引导是大学生思想政治教育的核心内容。“课程思政”改革是新时代下我国高职院校育人工作的新尝试，通过归纳和总结，本书认为政治理论、政治认同及家国情怀构成了我国高职院校“课程思政”建设的政治引导方面的内容。

（一）政治理论教育

习近平新时代中国特色社会思想是马克思主义中国化的最新理论成果，它是对新时代坚持和发展什么样的中国特色社会主义、怎样坚持和发展中国特色社会主义的科学回答。习近平新时代中国特色社会思想对新时代中国特色社会主义事业在实践、创造、经验等方面的革新进行了系统的理论表达，是马克思主义与发展的中国不断结合的结果。因此，引导大学生将习近平新时代中国特色社会主义思想入脑入心，对马克思主义进行科学的认知和把握，是新时代我国高职院校育人工作的重要任务之一。

新时代下，对大学生进行政治理论教育主要是对其进行世情、国情、党情、民情教育，习近平新时代中国特色社会思想是对当今世情、国情、党情、民情的深刻揭示，课堂是高职院校进行立德树人的主渠道，《高等学校课程思政建设指导纲要》指出，“推进习近平新时代中国特色社会主义思想进教材进课堂进头脑”，由此可见，其他各门各类课程都要将习近平新时代中国特色社会主义思想作为一项重要的思想政治教育元素来抓，使其与专业教材的知识内容相结合，找到二者的联结点，有机融入，从而增强新时代大学生对党的创新理论的认同，实现将习近平新时代中国特色社会主义思想润物细无声地进入大学生的头脑中、心灵中为其以后服务社会、实现个人全面发展打下坚实的思想基础。

（二）政治认同教育

国家意识形态是在社会意识形态中处于引领和主导地位的意识形态，是社会意识形态的主流和核心。认同具有多种表现形式，政治认同是其中的一种特殊表现形式。政治认同是指社会成员在政治生活实践中逐渐形成的对已有政治体系的归属感和行为上的支持、服从。作为国家、民族发展的后备军，新时代大学生的政治素质强不强、政治信念坚不坚定对于我国意识形态建设具有重要意义。高职院校大学生的政治认同程度，直接反映出国家政治体系的发展水平。因此，做好高职院校政治认同教育显得异常重要。

一方面，新时代下，国际国内形势发生了前所未有的变化，全球范围内的思想文化激荡不仅为彼此之间相互借鉴优秀文明成果提供了可能，还将我国暴露在“和平演变”战略的颠覆之下。在这一背景下，蕴含西方价值观念的意识形态以多种表现形式蜂拥而入，引起了大学生思想观念的深刻变化。比如，历史虚无主义、新自由主义、民主社会主义、后现代主义、实用主义和文化保守主义等社会思潮对部分大学生的影响比较大，在一定程度上对马克思主义意识形态在我国意识形态领域的指导地位造成了威胁，削弱、动摇和销蚀着大学生的思想观念，影响其政治判断，进而对国家意识形态安全造成威胁。

另一方面，改革开放已有四十余载，我国取得了令世界称叹的成绩，综合实力稳步增长，国际影响力大幅度提升，人民生活发生了实质性的变化，人们对中华民族满怀自信心和自豪感。但是，在社会发展过程中也存在一些亟待解决的问题，一是表明我国仍需在社会建设方面加大努力，二是对党和政府的服务能力和水平提出了更高要求。如果不能及时有效地疏导和化解这些思想冲突和社会问题，将会对马克思主义意识形态造成消解，不利于其导引和保证功能的发挥，会使大学生质疑党和政府的服务宗旨和服务能力，从而减弱其对中国特色社会主义的道路、理论、制度自信，危及党的执政基础。

新时代下，对大学生进行政治认同教育主要是引导大学生认同中国特色社会主义和中国梦，一直以来，这一教育内容由思想政治理论课独自完成，但是，产生的实际效果与大家的期望值产生一定的落差。所以，党和国家更加意识到了对大学生进行中国特色社会主义和中国梦教育的重要性，将中国特色社会主义和中国梦作为“课程思政”的一项重要内容来推进，其他各类课程也要在知识传授和能力的过程中渗透中国特色社会主义和中国梦要素，承担对大学生进行中国特色社会主义和中国梦教育的重任。这样一来，中国特色社会主义和中国梦成为其他各类课程的一项重要的思想政治教育资源，不仅使其他各类课程明确了政治性导向，还为我国高职院校夯实社会主义方向提供了有力保证。

（三）家国情怀教育

对新时代大学生进行家国情怀教育就是对其进行爱国主义教育，所谓爱国主义教育，就是对人们施加教育，使人们的爱国主义情感得到升华，成为一种自觉遵守的政治原则和道德规范。大学生思想政治教育工作是高职院校常抓不懈的经常性工作，爱国主义教育在大学生思想政治教育中占据重要地位，是思想政治教育的灵魂所在，所以，要把加强青少年的爱国主义教育摆在更加突出的位置，把爱我中华的种子埋入每个孩子的心灵深处。新时代下，大学生爱国主义教育具有丰富的内涵。其一，实现中华民族伟大复兴的中国梦，是当代中国爱国主义的鲜明主题。也就是说，中国梦与新时代爱国主义具有内在的一致性，因此，高职院校所要培养的人才离不开爱国主义教育。其二，《新时代爱国主义教育实施纲要》指出：“爱国主义的本质就是坚持爱国、爱党、爱社会主义高度统一。”爱国、爱党、爱社会主义不是孤立存在的个体，而是构成一个相互依靠、相互支撑的整体，因此，新时代爱国主义教育必须将爱国、爱党、爱社会主义教育统一起来。其三，爱国主义教育必须以维护祖国统一和民族团结为着力点。新时代大学生应高举“祖国统一、民族团结”的伟大旗帜，树立民族共同体意识，与其他各民族人民一道共建美好中国。其四，爱国主义并不是闭关自守，而是要正确地看待爱国主义与对外开放的关系，在坚守民族性的同时，面向世界，以推动世界和平发展为最高追求。

目前，部分大学生没有将国家利益放在心上，而且易受外来反动势力的蛊惑，通过网络等途径泄漏涉及国家安全的信息，“勿以恶小而为之”，这种行为无形中对国家安全造成了极大的损害。还有某些大学生对我国的发展目标、步骤及未来漠不关心，历史使命感和社会责任感不强。极少数大学生没有意识到各民族平等、团结和共同繁荣的重要价值，对其他民族存在歧视现象，主要表现为在校园内对少数民族学生存在偏见等不友好行为。新时代的大学生自我意识更加强烈，他们渴望自由、不愿受拘束，当他们当中的一些人放眼看世界的时候，将我国文化与外来文化进行对比，可怕的是，他们竟大肆追捧外来文化，对我国的优秀文化嗤之以鼻，丧失了民族信仰，家国情怀不断消退。这些问题为高职院校思想政治教育敲响了警钟，我国高职院校“课程思政”建设要求其他各类课程也要在知识传授和能力的过程中渗透家国情怀要素，所有课程都要结合自身的课程特点对大学生进行爱国主义教育，这样一来，使爱国主义教育成为所有课程的共识，共同为培养大学生的家国情怀贡献力量，成为新时代大学生爱国主义教育的新途径。

二、思想引领

思想引领是大学生思想政治教育的重要内容之一。从一定意义来看，个体的行为是在一定思想的指导下发生的，因此，大学生思想观念的正确与否，直接影响其行为的性质。长期以来，思想政治理论课及其教师主要承担了对大学生进行思想引领的任务，效果不是十分理想。新时代下，“课程思政”改革是对大学生进行思想引领的有力举措，它要求专业课教师将社会主义核心价值观、中华优秀传统文化及宪法法治等要素寓于知识传授和能力培养之中，使学生在获得专业知识和提升专业技能的基础上，在思想上秉持社会主义核心价值观的价值追求，受到中华优秀传统文化的熏陶，树立宪法法治意识，从而提升隐形思想教育的实效性。

（一）社会主义核心价值观教育

强化价值观教育是推动社会发展进步与个人成长成才的需要。由于价值观对于个体的健康成长具有重要的指导作用，所以，新时代大学生的价值观是否正确直接影响其个性和良好德行的形成。但是，目前大学生价值观教育的效果不是令人十分满意，思想政治理论课的价值观教育与专业课的价值观教育出现了断层，因而，“课程思政”改革要求各门各类专业课程也要渗透价值观教育，将价值观教育寓于知识传授和能力培养之中，使教育对象在接受专业知识教育的同时，接受价值观的熏陶，凸显了立德树人的根本任务。

在这里，本书所理解的价值观教育是以人文主义为价值取向，引导新时代大学生正确认识个人价值与社会价值的关系，用正确的价值标准来看待自己的生命生活、人生及社会的发展变化，正确看待社会的作用和认识人生的意义，尊重生命的存在和价值，塑造高尚的灵魂，形成坚定的信仰，养成关爱情怀和人文精神，做现代文明的建设者和接班人。新时代下，高职院校教师对大学生开展价值观教育，主要是用社会主义核心价值观引导他们成长成才，把社会主义核心价值观教育渗透到其他各类课程中，是促进新时代大学生健康成长的必然要求。改革开放三十多年，我国在经济领域取得重大进步的同时，文化领域也出现了价值观多元化和多样化的趋势。市场经济体制下，东西方文化相互激荡、碰撞，新时代大学生不可避免地会产生价值困惑，在多样化的价值观中迷失自我。因此，把社会主义核心价值观渗透到其他各类课程中，不间断地对新时代大学生进行科学价值观教育，引导他们进行正确的价值选择，帮助他们解决个人价值与社会价值的冲突，提升他们的全面素质，增强他们对社会的认同感势在必行。将社会主义核心价值观的价值追求潜隐于高职院校所有课程中，解决部分大学生在价值上存在的困惑，是实现价值观教育最优化的必然选择。

毫无疑问，思想政治理论课程是大学生接受社会主义核心价值观教育的主要阵地，而其他各门各类课程也是大学生接受社会主义核心价值观教育的重要场域只是以往被忽视了而已。在专业知识传授过程中，专业课教师要将社会主义核心价值观与教学的重难点结合起来，在此基础上引导教育对象科学理性地分析当今社会出现的热点问题，对社会出现的复杂情况与多种文化思潮采取客观评价的态度，帮助新时代大学生从正确价值观的视角认识多种多样的社会意识及现象，弘扬文化领域的主旋律。因此，专业课程要凸显“价值向度”，专业课教师应优化课程设置、完善教学设计，力争打造一批综合性、学科交叉的新型课程群，找准本专业、本学科知识与社会主义核心价值观的联结点，引导大学生正确认识个人价值与社会价值的关系，从而在价值引领方面实现与“思政课程”的同向同行。

（二）中华优秀传统文化教育

在我国高职院校“课程思政”建设中，对新时代大学生进行中华优秀传统文化教育，就是大力弘扬以爱国主义为核心的民族精神和以改革创新为核心的时代精神。一个国家的精神与其自身的物质生活条件息息相关，是在物质生活条件基础上发展起来的创造性意识活动的结晶，其形成经历了漫长的过程，它是中华民族在历史发展的长河中，在革命、建设和改革中所形成的具有中国本土特色、带有鲜明时代特征的稳定的精神品格。每一历史时代的经济生产以及必然由此产生的社会结构，是该时代政治的和精神的历史的基础，民族精神和时代精神是人们精神世界的航向标。新时代大学生是中国梦的实践者和见证者，弘扬、培育民族精神和时代精神是其必修课之一。课堂教学是大学生接受民族精神和时代精神教育的主渠道，如何将讲仁爱、重民本、守诚信、崇正义、尚和合、求大同的思想精华和时代价值融入其他各门各类课程的专业知识教学中，对于促进高职院校育人工作的深入发展以及中国精神的弘扬和培育具有重要意义。在高职院校“课程思政”建设中，专业课教师将讲仁爱、重民本、守诚信等元素渗透到专业知识和能力培养之中，有利于增强新时代大学生的民族认同感；将崇正义、尚和合、求大同等元素渗透到专业知识和能力培养之中，有利于激发新时代大学生的开拓进取精神。

（三）宪法法治意识教育

法治意识是人们对法律的认可、崇尚与遵从，是关于法治的思想、知识和态度。我国高职院校“课程思政”建设要求专业课教师挖掘专业知识所蕴含的宪法法治元素，通过知识传授和能力培养，引导新时代大学生树立宪法法治意识。专业课教师通过专业知识内隐的宪法法治元素对大学生的宪法法治意识进行培养，就是要让大学生知晓社会主义法治国家建设的新理念；明确宪法是治国安邦的总章程，是人民权利的保证书；厘清权利与义务的关系，养成依法办事、依法行使权利、依法履行义务的习惯，使其成为课程教学价值表达的一部分，进而引导他们形成法治思维、树立法治意识。

在我国高职院校“课程思政”建设中，专业课教师在知识传授和能力培养的过程中培养大学生的宪法法治意识，能够使他们意识到法存在于人们的日常生活中，生活处处有法，在遇到困难时，及时运用法律手段来维护自身的合法权益。同时，还能引导大学生心中有法、心中有国，做知识、做学问的目的是为国家、为人类谋福利，而不是滥用科研成果，为所欲为，甚至危害人民的生命财产安全。

三、道德熏陶

道德是以善恶来评价、依靠社会舆论和内心信念来实现的调整人们之间以及个人与社会之间关系的行为规范及其相应的心理意识和行为活动的总和。社会主义办学方向是我国高等教育的根本方向，所以，我国高职院校所培养的人是否具有较高的道德水平，直接关系到新时代中国特色社会主义伟大事业的成败和中华民族复兴目标的实现。道德教育与知识教育是不可分割的，二者需要实现一体化。新时代下，“课程思政”改革促进了专业课教师将社会公德、职业道德、个人品德等元素渗透到专业课程中，从而实现对大学生的道德熏陶。

（一）社会公德教育

社会公德是人们在社会交往和公共生活中应该遵守的行为准则，是维护社会成员之间最基本的社会关系秩序，也是大学生要遵守和践行的最基本的道德要求。社会公德主要调节三个向度的关系，分别是人与人、人与社会、人与自然关系，因此，扬善和惩恶是社会公德的两大功能。一方面，肯定、激励和弘扬一切对社会和个人生存、发展和完善起助推作用的思想和行为；另一方面，否定、驳斥和约束一切对社会和个人生存、发展和完善起阻碍作用的思想和行为。社会公德不仅是衡量一个社会文明程度的标尺，而且标志着一个国家综合素质的高低。作为未来社会建设的主力军，新时代大学生承载着民族复兴和国家繁荣的使命，其社会公德素质的高低不仅关乎个人的成长进步，而且直接影响国家的发展进步。因此，大学生的社会公德教育是我国高职院校育人工作的重要组成部分。

促进学生的全面发展是我国高职院校实施素质教育的目标，具体而言，就是不仅要教会学生如何行事，更要教会学生如何做人，要成为德才兼备的时代新人。德才兼备又是我国高职院校“课程思政”建设的目标，所以，专业课教师在授课过程中将社会公德元素寓于知识传授和能力培养之中，有其必然性。专业课教师采掘专业知识背后蕴含的社会公德元素，对于促进大学生个体的健康成长以及社会的精神文明建设具有重要意义。一方面，社会公德是新时代大学生思想道德素质的外在表现，并且越来越成为考量其综合素质的一项重要指标。将社会公德的基本要求渗透在专业课程中，能够为新时代大学生形成崇高的价值观起到积极的推动作用；另一方面，精神文明是评价一个国家软实力的重要指标，而社会公德又是社会主义精神文明建设的题中之义，对新时代大学生进行社会公德教育，不仅有利于为国家未来建设培养具有良好德性的社会公民，还能够借助一批又一批具有良好德性的社会公民来提升国家的软实力。由此可见，专业课教师通过勘探专业课程潜隐的社会公德元素对新时代大学生进行社会公德教育是十分必要的。

（二）职业道德教育

职业道德是从业者在职业活动中应具有的道德观念、道德情操和道德品质及应遵循的道德行为规范的总称。新时代下，我国高等教育越来越呈现出大众化趋势，离开校园、走向社会的大学毕业生逐年增加。从整体上看，大学毕业生的职业道德状况是良好的，但也暴露出一些不足，比如：职业理想缺失，择业观念扭曲；虚构求职信息，诚信意识缺失；在功利化职业价值取向的笼罩下，专业、特长与工作性质不挂钩；奋斗精神匮乏，责任感弱化；以自我为中心，以自私为半径，背离集体，缺少服务和奉献意识。虽然这些现象不是普遍性的存在，但是也在一定程度上对大学毕业生的形象造成不好的影响，所以，我国高职院校应高度重视这一问题，以人才培养质量为核心，加紧对新时代大学生进行职业道德教育。

长期以来，在我国高职院校，大学生的职业道德教育只是通过某一课程或某些课程有所体现，并没有通过所有课程普遍性地开展起来，部分专业课程存在只重视本专业知识和技能的学习，而忽视职业道德养成的现象。课堂是对大学生进行职业道德教育最正规的载体，所以，我国高职院校“课程思政”建设要求其他课程挖掘潜在的思想政治教育元素，除了发挥知识传授的功能外，还要发挥育人功能，将职业道德的核心内涵渗透在知识传授和能力培养之中。专业课教师需教育引导学生深刻理解并自觉实践各行业的职业精神和职业规范，增强职业责任感，培养遵纪守法、爱岗敬业、无私奉献、诚实守信、公道办事、开拓创新的职业品格和行为习惯，从而实现职业道德教育的全课程化。

（三）个人品德教育

个人品德是指一定社会生产关系或阶级所要求的特定社会规范、道德原则在个人的思想和行为中的体现，是一个人在道德行为过程中所表现出来的比较稳定的心理特征和一贯的道德特点倾向。《新时代公民道德建设实施纲要》将个人品德作为公民道德建设新的着力点，因此，个体品德建设是公民道德建设的应有之义。作为社会群体中的佼佼者，大学生的个人品德如何，将对未来社会的发展质量及党和人民事业的兴衰成败产生重要影响。人才培养是一个不间断过程，只有环环相扣，才能确保人才培养的质量。其中，我国高职院校是关键一环，所以，如何提升大学生的个人品德，使其成长为德才兼备的新型人才是新时代我国高职院校面临的主要任务之一。

我国高职院校普遍存在重专业知识教育，不重个人品德教育的倾向，虽然素质教育理念已提出多年，但是，并不是所有高职院校都将其有效落实到教育教学实践中，部分高职院校没有摆脱传统思想的痼疾，从而导致德育工作陷入“瓶颈”。观念是行动的先导，所以，我国高职院校首先应该转变重专业知识教育，不重个人品德教育的倾向，深刻分析知识教育与品德教育脱节的危害性，进而以立德树人为抓手推进知行合一教育，将大学生个人品德建设摆在突出位置。“课程思政”教育理念的提出使我国高职院校意识到通过挖掘专业课程的德育元素对大学生进行个人品德教育的重要性。专业课教师深挖自身所授课程的德育素材，将个人品德教育寓于专业知识和能力培养之中，立足于与个人品德相关的社会热点难点、疑点问题，精化、深化个人品德培养目标，从而实现个人品德教育“沁人心脾”“润物无声”，极大地增强了大学生德育的实效性。

此外，劳动教育和心理健康教育也是我国高职院校“课程思政”建设的重点内容。劳动教育在新时代教育发展道路上具有奠基作用，高职院校在完成立德树人这一根本任务的进程中，必须把加强大学生劳动教育作为一项基础性、重要性的任务。培养德智体美劳全面发展的新型人才是新时代下我国高职院校的人才培养目标，所以，加强大学生的劳动教育是我国高等教育的价值旨归之一。我国高职院校“课程思政”改革要求专业课教师将劳动教育元素寓于专业课程之中，使之与知识传授和能力培养有机融合起来，使新时代大学生在学习专业知识和提升专业能力的同时，正确认知劳动的价值，养成热爱劳动、尊重劳动者、珍惜劳动成果的情感态度，树立诚实劳动的良好品德，在生活中乐于劳动、勤于劳动、创造劳动。这样一来，我国高职院校立德树人根本任务的完成指日可待。

随着时代的发展变化，心理健康愈益成为推动大学生健康成长的重要因素。大多数行为不够理智、不够完美的大学生，往往不是思想品德有问题，而是心理健康有问题，从而对个人、家庭乃至社会造成不必要的损失。所以，作为人才培养的摇篮，我国高职院校理应承担起对大学生进行心理健康教育的重任。心理健康教育是思想政治教育的重要内容之一，而“课程思政”建设的重点在“思政”，不能脱离课程来谈思政，所以，在课堂教学中，专业课教师将心理健康元素寓于知识传授和能力培养之中，通过课程这一载体对大学生进行心理健康教育势在必行。

第四节　高职院校课程思政建设的策略

任何事物在发展过程中都会面临问题，发现问题的目的在于最终解决问题，消除事物发展的阻碍。探究我国高职院校“课程思政”建设的策略，是推进立德树人根本任务的有效落实、提升人才培养质量的必然选择。本书深入地分析我国高职院校“课程思政”建设面临的困境及面临困境的原因，主张从原则、方法、路径三个方面出发加强我国高职院校“课程思政”建设，坚持党委领导、协同共建、贴近实际等原则，实施统筹与支撑相统一、自察和培训相统一、融合和联动相统一等方法，党委、宣传部、教务处各司其职，专业课教师树立“立德为先”的价值观、专业课程凸显科学的价值取向。

一、中国高职院校“课程思政”建设的原则

思想政治理论课是落实立德树人根本任务的关键课程。但是，办好思想政治理论课并非只有显性教育这样一种方式，还需要采取隐性教育的方式，挖掘其他课程中的思想政

治教育资源，即“课程思政”，从而达到立德树人“随风潜入夜，润物细无声”的效果。观察或者处理问题所依据的准则或标准，即原则。本书认为，我国高职院校“课程思政”建设应坚持党委领导原则、协同共建原则及贴近实际原则三大原则。

（一）党委领导原则

我国高职院校进行“课程思政”建设，这一教育理念是新时代党和国家对我国高等教育提出的要求，因此，需要学校干部贯彻落实下去。宣传和执行中国共产党的决议是高职院校党委的职责所在，“课程思政”这一教育理念集中彰显了党中央的意见，所以，高职院校党委必须要发挥自身的带动作用，促进“课程思政”改革在高职院校的贯彻落实与逐步推进。

中国共产党是我国高职院校建设和发展的领导力量，我国高职院校能否坚持中国共产党的领导直接关系到其教育目标是否与国家要求保持同步，是否为国家发展服务。坚持党委领导原则是我国高职院校进行“课程思政”建设的根本原则，校党委的力量是重中之重。立德树人是我国高职院校的根本任务，人才培养的方向与基本要求不是随心所欲规划出来的，是以国家的发展要求为基石，与国家要求的目标相一致的，而要实现国家要求的目标，就必须坚持校党委的科学、有效领导，通过这一领导力量，深刻地探讨人才培养的基本要求和人才发展的内在规律，研究出适应新时代加强育人工作的有效措施，为保证育人工作“不脱轨”提供方向指引。“课程思政”的本质在于育人，也就是说，坚持党委领导原则，能够对高职院校“课程思政”建设的落实和推进起到积极的作用，只有坚持党委的领导，才能使高职院校的发展建设不偏离党的领导路线。由于自身的特殊性质，党委领导能够使“课程思政”有目的、有计划、有秩序地推进，与党中央对高职院校的发展目标保持高度的一致，高职院校党委需扮演好“带头人”的角色，重视“课程思政”建设，主动承担起贯彻落实“课程思政”教育理念的重任，以实际行动推动“课程思政”改革的顺利进行。

高职院校党委应时刻牢记自身的领导核心地位，树立“课程思政”意识，明确通过专业课程推进育人工作的理念，贯彻落实党中央的政策，引领各个学院开创“课程思政”课程，要求专业课程在进行“课程思政”的过程中不离马克思主义的方向，不失立德树人的目标，与各院系的领导和教师们一道推进“课程思政”建设。除此之外，坚持党委领导原则，在高职院校党委内部，还要成立专门的“课程思政”建设领导小组，选调专门的校党委人员带动“课程思政”建设。专门人员的直接负责制能够在确保“课程思政”改革高效实施和推进方面起到积极作用。同时，高职院校党委之间还要定期或者不定期地开展交流与合作，通过这一形式互通有无，取长补短，既借鉴“课程思政”建设的有益经验，又探讨“课程建设”亟待解决的问题，只有这样，高职院校党委才能以新理念、新思维、新方法引领“课程思政”建设，为“课程思政”建设提供有益的指导。

（二）协同共建原则

在我国高职院校“课程思政”建设中，协同共建原则是指专业课教师与思想政治理论课教师共同进行“课程思政”建设。无论是思想政治理论课教师，还是专业课教师，其一言一行都会对大学生产生影响。专业课教师是高职院校“课程思政”建设的实施者，在对大学生进行知识传授和能力培养的同时，也承担着教育大学生如何做人，做一个什么样的人的职责。与思想政治理论课教师相比，专业课教师与大学生接触的时间比较长，所以，他们更应该明确自身在我国高职院校“课程思政”建设中的主力军地位，要“以身作则”。但是，在实际的教育教学过程中，由于部分专业课教师育人观念错位，只教给学生知识，没有引导学生在大是大非面前怎么做。所以，专业课教师需要思想政治理论课教师的协助，思想政治理论课教师也无须推脱，二者共同为“课程思政”建设出力。

思想政治理论课教师需协助专业课教师强化立德树人意识。所有教师都负有育人职责。高职院校“课程思政”建设能否有效地开展起来，专业课教师是关键。专业课教师只有意识到立德树人的重要性，才能将“课程思政”理念落到实处。在“课程思政”建设过程中，专业课教师不仅要对大学生进行专业知识传授和能力培养，还要恪守育人的职责。在教育教学过程中，专业课教师在对大学生进行理论讲授外，还要注重与大学生的交流和沟通，这就对专业课教师规范自身的言行、加强自身的道德修养提出了高要求。思想政治理论课教师需要协助专业课教师用真理和人格的力量去感染大学生。真理的力量就是专业课教师要深入地学习和掌握马克思主义，了解中国共产党制定的相关理论，具有家国情怀，保持高度的政治敏感性，将时政热点问题与专业知识有机结合起来，体现社会进步的发展趋势；人格的力量就是专业课教师要进行人格修养的锻造，将提升道德修养作为崇高追求，不仅要研究专业知识，还要不断思考如何提升自身的道德修养，以较高的道德标准来要求自己。由于部分专业课教师的马克思主义理论底蕴不深厚、道德境界不高，所以，专业课教师在学习马克思主义理论及提升道德修养的过程中思想政治理论课教师需发挥辅助作用，引导专业课教师学会运用唯物辩证法、历史唯物主义等观点观察、分析和处理现实生活中的问题，对社会发展存在的问题保持理性、清醒的认知，固守马克思主义意识形态的底线，重视马克思主义对我国发展进步的指导意义，这样一来，专业课教师的人格修养才能上升一个高度，才能意识到立德树人的重要性。

（三）贴近实际原则

在我国高职院校“课程思政”建设中，存在部分大学生对专业知识所蕴含的思政元素“不埋单”的现象，没有看到知识在导引社会发展、促进个人成长等方面的价值。大学生是有意识、有情感、有个性的社会人，他们不会盲目、被动、机械地接受专业课教师施加的作用和影响，具有强烈的主体性意识。每个大学生都是一个独立的物质实体，在教育教学活动中，他们通常会对专业课教师提出的观点和见解产生独特的认知，但这种认知具有先进和落后之分，也就是说，大学生的认知有时会超越时代的认识与实践局限，超越专业课教师的认识，有时又会落后于时代发展的诉求，产生阻碍社会发展的认知。课堂只是大学生学习生活的场域之一，并不能涵盖大学生学习生活的全部内容，尤其是有些大学生本来对思想政治理论课教师讲授的思想政治理论课内容不是很感兴趣，加之专业课教师又在专业知识中渗透思想政治教育元素，难免会出现厌学的情绪，所以，除了在课堂内感受大学生的学习特点、思维方式外，专业课教师还要与大学生保持紧密联系，多多关注他们的课外生活情况，当发现他们的思想与行为产生错误的倾向时，发挥自身的主导作用，有计划、有目的地对其进行调整和控制，建立良好的师生关系，做学生成长成才的引路人。

所以，我国高职院校“课程思政”建设应坚持贴近实际原则，就是专业课教师不能将思政元素直接贴在专业知识上，而要以大学生的实际需求为出发点，以大学生的个性诉求为依据，所选取的思政元素不能超出大学生的认知范围，需挖掘大学生有能力接受的、与其实际生活联系紧密的思政元素。专业课教师从专业知识背后勘探出来的思政元素，可以与国家发展状况联系起来，以新时代民族复兴的使命为切入点，引导大学生认清所学知识是为推动社会主义建设服务的，为中国梦的实现奉献新生力量，比如，在举国上下全力抗击新冠肺炎疫情期间，医学类的教师不仅要向学生讲解医疗卫生技术对挽救人民生命所发挥的积极作用，还要向学生传递白衣天使不惜一切代价、为国为民奋战的精神；专业课教师也可以运用榜样示范法，向大学生介绍学科建设以及实际生活中典型代表人物的先进事迹，用他们的人格魅力激发大学生透过专业知识接受价值观教育的动力。这一原则的有效贯彻离不开专业课教师扎实的专业知识基础，理论对实践具有指导作用，专业课教师的专业知识越扎实，专业理论与生活实践联系得越紧密。因此，专业课教师可以求助教研室其他老师的力量，与其共同挖掘专业知识内在的思政资源。由于骨干教师的专业理论基础比较过硬，社会阅历多，教学经验丰富，将专业理论知识与学生的学习实际结合得比较好，所以，骨干教师要主动发挥带头人的作用，积极组织“课程思政”经验交流分享会，既促进了教师之间的合作，又增强了团队的力量。

二、中国高职院校“课程思政”建设的方法

我国高职院校立德树人目标的实现、效果的好坏，离不开一定方法的指导和运用。新时代下，育人工作面临着与以往完全不同的时代背景与历史条件，面对大学生思想活动的特点以及实际的思想道德水平，只有坚持与时俱进，推动方法创新，才能使育人工作永葆生机与活力，充分发挥出自身的功能，有效实现其自身的价值。人们要认识、改造世界，就必然要进行一系列的思维活动和实践活动。人们这些活动所遵循、应用的各种方式，统称为方法。但方法不是某种实体工具或实体因素，它与人的活动紧密地联系在一起，离开了人的认识或实践活动，方法就失去了存在的基础和价值。“课程思政”是一种新型的思想政治教育理念，是新时代大学生思想政治教育新的增长点，面对部分高职院校不重视“课程思政”建设、部分专业课教师重“教”不重“育”、部分大学生对专业知识蕴含的思想政治教育元素“不埋单”等问题，我国高职院校“课程思政”建设要坚持统筹与支撑相统一、自察与培训相统一及融合与联动相统一的方法。

（一）统筹和支撑相统一

解决好“培养什么人、怎样培养人、为谁培养人”的问题是关乎我国高等教育成败的根本问题。我国高职院校“课程思政”建设是为中国共产党治国理政保证人才质量、为社会主义现代化建设输送可靠人才、为中华民族伟大复兴提供新生力量的重要举措。因此，我国高职院校“课程思政”建设的目标在于为加强党的建设、促进中国特色社会主义发展及实现民族复兴使命锻造合格的建设者和接班人。我国高职院校“课程思政”建设是为实现“怎样培养人”的问题而做出的崭新尝试，在这之前，没有现成的、先进的成功经验可以借鉴，因此，迫切需要党和国家的力量。“课程思政”这一教育理念从使用到建设，有力地彰显了党和国家的统筹布局和实践指导，因此，统筹与支撑相统一是解决部分高职院校不重视“课程思政”建设的有效方法。

从统筹性维度上看，一是统筹高职院校“课程思政”的高势位建设，领导全国各地各高职院校以“两个大局”的整体视界、“后继有人”的发展需求、“民族复兴”的宏伟蓝图为着力点明晰其建设价值，将“课程思政”建设置身于中国共产党治国理政和国家前程命运的位阶上，避免出现站位失误、政策失位、施策失准等情况，着力提升“课程思政”建设的温度、高度和深度。二是统筹高职院校“课程思政”建设的思想共鸣。领导全国各地各高职院校从灵魂旨归、价值定位、内在机理、运行机制、体系格局等层面激发“课程思政”建设思想共鸣，明确“课程思政”不是增开一门新课程，而是一种教育理念；不是通

过专业课程在对大学生进行专业知识和能力培养之外进行职业伦理教育，而是通过专业课程教会大学生如何“成人”；不是将专业课程上成思政课程，而是推动专业课程内涵式发展；不是思想政治理论课程的错位延伸，而是建构高职院校“大思政”育人格局，以此来厘清错误认知，回应思想难题，指明育人方向。三是统筹高职院校“课程思政”建设的基本理路。领导全国各地各高职院校理顺国家政策一般性与地方执行特殊性；育人目标的共同性与专业课程的差异性；教师教学规范性与大学生需求复杂性的关系，科学、深入、系统地解读国家政策，分析其核心要义，明确育人方向和目标，发挥自身专业课程的特色和育人资源特性，有针对性、计划性、目的性、灵活地进行“课程思政”建设。

从支撑性维度上看，一是完善高职院校“课程思政”建设的组织支撑。高职院校“课程思政”建设是一项系统的育人工程，从教育部到各地方、各高职院校都是这项育人工程的要素，都肩负推进“课程思政”建设的职责，因此，需要加强教育部的政策导引功能，各地方的监管督促功能，各高职院校的具体实施功能，从而建立完善的上下融通、权责清晰、协同联动、有效落实的组织领导体系。二是夯实完善高职院校“课程思政”建设的科研支撑。国家应为“课程思政”建设提供资金支持，设置专项基金，全国各地各高职院校也要响应国家的号召，配套“课程思政”改革课题经费，鼓励各门各类课程的专业课教师依托地方实际、学校特色、学科特质、课程特征等情况进行“课程思政”建设，从而勘探出各地方、各高职院校独具特色的思想政治教育资源，为各学科、各专业、各课程增添思想政治教育特色，为“课程思政”教学实践提供营养，厚植“课程思政”的教学资源。

总之，统筹的目的在于导引“课程思政”建设，支撑的目的在于规范“课程思政”建设，坚持统筹和支撑相统一的方法，沿着正确的轨道进行，不迷失方向，汇集多方面力量和资源，形成齐抓共管体系，有利于推动“课程思政”建设的稳步前进。

（二）自察和培训相统一

专业课教师是中国高职院校“课程思政”建设的直接参与者，实施自察和培训相统一的方法是推进高职院校“课程思政”建设的必然要求。在“课程思政”建设中，专业课教师决定着教学内容、教学进程和教学方式。但是，在“课程思政”的建设过程中，由于部分专业课教师的育人能力欠缺，从而出现了重“教”不重“育”的现象。所以，出于在对大学生进行知识传授和能力培养过程中实现价值观教育的目的，专业课教师既要进行自我省察，增强自身的教学技能，还要积极参与相关部门组织的培训，树立“课程思政”意识。

首先，增强教学技能。我国的学校教育在教学过程和程序上，沿袭的是赫尔巴特五段教学法。所以，教师的教学工作主要包括：“备课、讲课、作业、辅导、考评”五个基本环节。所以，与之相适应，备课、上课、课外作业的布置与反馈、课外辅导、学业成绩的检查与评定是教师应具备的常规教学能力。

备课能力。备课过程是教师对学生开展教育教学活动的准备过程。在这一过程中，教师以学科课程标准为依据，以课程特点为依托，依据学生的具体实际情况，选择最合适的表达方法和顺序，为增强学生学习的有效性提供保证。备课是整个教育教学过程的起始环节，是教师讲好课、学生上好课的先决条件。因此，出于提升“课程思政”教学的目的性、针对性和计划性，充分发挥自身主导作用，提升自身专业素养和思想政治素质的目的，高职院校专业课教师必须提升自身的备课能力。其一，备教材、备学生、备教法。专业课教师要钻研透本学科的教学目的，在厘清教材体系和基本内容的基础上，认真挖掘出本门课程所蕴含的思想政治教育元素，找到本学科教育内容与价值观教育的切入点，明确本学科学生能力培养、思想教育和教学方法上的基本要求。此外，专业课教师还需掌握大学生的身心发展特点和他们的学习方法，及时有效地了解他们的个性和兴趣，密切关注他们的思想状况，结合教育内容，采取恰当的办法来共同提升大学生的专业素质和思想素质。其二，高瞻远瞩，做好规划。专业课教师要做好学期教学进度、单元和课时三个方面的计划。对于学期教学进度计划而言，专业课教师需对大学生整体情况作简明扼要的分析，将对大学生的价值观教育融入知识、技能的教学总要求中，明确每个单元渗透价值观教育的教学时数、教学内容上的具体安排，价值观教育运用的方式方法等。就单元计划而言，在一个单元教学开始前，专业课教师必须对这个单元教学内容中所蕴含的思想政治教育元素进行系统的考量和准备，制订出相应的计划。就课时计划而言，课时计划即教案，一般情况下是指教师为某一节课而拟订的上课计划。在做课时计划时，专业课教师需对本节课知识点中的思想政治教育内容做出清晰的规划，张弛有度。

上课能力。上课是教师对学生开展教育教学活动的中心环节，最直接、鲜明地体现了教师教和学生学的统一，是提升教学质量的关键一环。专业课教师要明确专业知识渗透价值观引导的教学目标。一是以课程标准、教材和学生实际为标准，全面、具体地把握本门课所要达到的价值观教育目标；二是具有强烈的价值观教育目标达成意识，并将这一目标贯穿到教育教学全过程中。专业课教师要科学审视专业知识中所蕴含的思想政治教育元素。一是要保证专业教育与价值观教育同步驱动的科学性，从专业知识中开发的思想政治教育元素要科学，对学生所关切的社会问题要深入剖析；二是保证教学内容重难点突出，要将知识传授、能力培养与价值观教育融为一体，注意整体性和连贯性；三是保证教学内容回应现实问题，做到理论与实践相结合。在对大学生进行价值观引导的过程中，专业课教师要使用恰当的教育教学方法。一是以教材、教师和学生的实际情况为基点采取灵活多样的教学方法；二是以促进学生乐于学为目的采取有情趣、巧妙的教学组织形式；三是以时代发展的诉求为出发点采取现代化教学手段。在“课程思政”建设中，专业课教师要具备扎实的教育教学基本功。包括教学用语、教学态度、板书设计、现代化教学手段及对课堂的应变力和操控力等。专业课教师要设置合理的专业知识渗透价值观教育的教学程序。一是明晰专业知识教育与思想政治教育融合的教学思路，科学合理地设置二者的融合比例；二是适度地、有针对性地设置蕴含思想政治教育元素的练习题，提升“课程思政”的教学效果；三是熟练运用自评、互评、师评等反馈调节机制，使“课程思政”的评价效果真实有效；四是体现专业知识与思想政治教育元素的融合过程，结论由学生自我领悟、自我发现。专业课教师要追求良好的育人效果。在明确专业课程教学的价值观教育目标后，专业课教师要营造民主、和谐、融洽的课堂氛围，将知识传授、能力培养与价值观教育控制在适度的范围内，使学生能够有效地消化和吸收，进而寻求最佳的学习方法，从而大大提升学生的学习兴趣、习惯和信心。此外，专业课教师还要使自己的课堂教学具备文化底蕴和人格魅力，形成独特的教学风格。

课外作业的布置与反馈能力。课外作业的目的在于加强学生对所学内容的理解和巩固，掌握一定的技能技巧，培养独立思考的能力和思维。专业课教师挖掘专业知识中思想政治教育元素的目的不仅在于使学生内化于心，还在于外化于行，所以，专业课教师在讲授完理论知识后，需拓展学生的学习空间，以价值观教育目标为导向，要求学生们参加带有思想政治教育性质的实践活动，并及时反馈心得体会。这是专业课教师促进“课程思政”建设的必备能力之一。

课外辅导能力。课外辅导是贯彻因材施教原则的重要举措，是在课堂教学规定的时间外对学生进行辅导。“课程思政”建设是一个长期的系统工程，需要专业课教师利用课内与课外两个渠道对大学生进行价值观引导。除了在课堂内，专业课教师还需在课外关注大学生学生的实际状况，对于他们在思想和行为上出现的问题，采取启发式的教学方法调动其主动性和积极性，引导学生自觉树立提升思想政治素质的意识。

学业成绩的检查与评定能力。学业成绩的检查与评定是考察学生学习状况和教师教学效果、调控教学进程的重要手段。在“课程思政”改革背景下，教师需将学生的思想政治素质情况为学业成绩的一项重要部分，提高学业成绩的检查与评定能力。专业课教师要以客观实际情况为准，不偏不倚，采用灵活多样的方法，既要全面，又要突出重点，对学生的学习情况和思想政治情况做出有效、可靠的考察与评定。

其次，增加“课程思政”的培训项目。对专业课教师增加“课程思政”培训的目的在于解决他们在理论知识和教育理念上存在的问题，通过有计划、有目的地集中培训，使专业课教师在“课程思政”建设中存在的问题得以有效解决，很好地适应“课程思政”改革的要求。因此，各地区、各高职院校应大力增加对专业课教师的“课程思政”培训项目，帮助他们树立“课程思政”意识，使其转变传统专业课程教学思维定式，明晰教师的传道授业解惑天职与价值引领、知识传授、能力培养相对应，为其开展课程思政建设提供潜在意识和思想支撑。同时，“课程思政”培训项目离不开思想政治理论课教师的踊跃参与。一方面，增加“课程思政”的理论培训。大多数专业课教师思想政治理论水平的不足会在很大程度上影响“课程思政”的效果，所以，思想政治理论课教师需积极发挥自身的优势，协助专业课教师提升思想政治理论水平，坚定正确的政治站位，明晰课程思政建设的目标指向，找准与专业课程相关的前沿热点问题，挖掘和融入思想政治教育元素，在专业课程的知识教育中融入价值观教育。另一方面，增加“课程思政”的实践培训。“课程思政”建设不是书斋里的学问，具有强烈的实践指向性。所以，高职院校不应仅仅在教室里对专业课教师进行“课程思政”培训，还应将“课程思政”培训搬到教室外，使专业课教师在实践中感受科学价值观的魅力。比如，革命根据地、博物馆、档案馆、红色纪念馆、红色旅游基地等都蕴含着丰富的思想政治教育资源，在实地考察过程中，思想政治理论课教师可以发挥自身的优势，做专业课教师的讲解员，向他们讲述老一辈革命英雄为祖国做出的贡献，使他们感受到老一辈革命英雄身上所体现出的家国情怀、政治信仰、价值取向等内容，进而将其作为生动的案例用于课堂教学中，提升“课程思政”的育人效果。

总之，实施自察与培训相统一的方法是解决“课程思政”建设中专业课教师育人能力欠缺的必要条件。我国高职院校“课程思政”建设是将价值观引导融入知识传授中，是实现价值性与知识性同步驱动的有力举措。这一目的能否实现是以专业课教师是否具备育人能力为前提的，其育人能力的强弱是决定其育人作用发挥程度的重要因素。因此，专业课教师要自觉提升自身的育人能力，学校多组织一些“课程思政”培训活动，将自察与培训相统一的方法落到实处。

（三）融合和联动相统一

对于我国高等学校而言，课堂教学是全面推进“课程思政”建设的主渠道。“课程思政”建设要全面着眼于高职院校课程体系和课程结构，新时代下，课堂教学不再拘泥于传统意义上的形式，而是集理论、实践、网络等课堂教学于一体，虽然三种形式各自具有独特之处，但是在进行“课程思政”的建设过程中，有一点是共同的，即都要实现专业课程内容与思想政治教育资源的有机融合，以及专业课教师、专业课使用的教材、教师撰写的教案、教育内容、教育方法、教学话语、教学载体、教学资源等要素的联动，因此，融合与联动相统一成为解决部分大学生认清知识传授与价值引领关系的有效方法。

从元素融合的角度看，思想政治教育与专业课程的优势不同，前者的知识内容比较全面，价值体系相对完备，后者在专业边界和学科特性上独树一帜，在全面推进“课程思政”建设的过程中，如果抛弃专业课程的独特性，将思想政治教育元素强行植入、生拉硬拽，就会造成二者的机械连接；如果在勘探专业知识所蕴含的思想政治教育资源时，脱离思想政治教育的系统性，就会导致眼花缭乱、杂乱无章，只有抓住思想政治教育的主导性、系统性，重视专业课程的主动性和独特性，将思想政治教育与专业课程兼顾起来，才能实现二者的无缝链接和有机融合。对于思想政治教育而言，要从立德树人的高位阶出发，将自身的价值旨归与核心要义融入专业课程体系，实现对专业课程的价值导引，尤其是要以马克思主义中国化的最新理论成果统领专业课程教学的政治站位和价值导向；对于专业课程而言，要以自身的根本特质为坐标，以思想政治教育系统中与自身相切合、相搭配的知识内容和价值取向为参照系，深度勘探自身潜隐的育人元素和资源，注重融入的深度，明确实施“课程思政”改革的关键点，从而增强思想政治教育与专业课程的向心力和凝聚力，实现有机融合。

从要素联动的角度看，专业课程的范围比较广，涉及高职院校的各门各类课程，每类课程在教师、教材、教案、内容、方法、话语、载体、资源等方面特点鲜明，并在此基础上形成区别于其他课程的独特魅力。系统与联动意识是专业课程进行“课程思政”建设的必备意识，不仅要凸显自身在教育教学元素上的优势，并使其得到行之有效的发挥，还要增进思想政治教育在队伍建设、方法选择、话语运用、资源共享等方面的特质互通有无，优势互补。此外，还要以思想政治教育的价值导向为目标遵循，实现自身教育教学要素鲜明特点的系统联动和整合重组，将丰富多彩的教学呈现转化为“课程思政”的育人优势。

要想做好思想政治工作，应该要使其像盐一样，但只是吃盐是不够的，要将盐溶解到各种食物中自然而然的吸收。大学生是活生生的、具有主观能动性的个体，因此，出于解决部分大学生对专业课程中思想政治教育元素“不埋单”的现象，必须实施融入与联动相统一的方法，让专业课程在融入和联动上下功夫，使思想政治教育元素像盐一样溶解在专业知识中，像血液一样侵入人的骨髓之中，进而提升“课程思政”的育人效果。

三、中国高职院校“课程思政”建设的路径

“课程思政”是“三全育人”格局下的一项长期性、系统性工程，不是简单地将专业

课程思政化，也不是要搭建某门、某类课程的“样板间”，而是要求专业课程要发挥育人功能，专业课教师负有育人职责。所以，我国高职院校“课程思政”需从责任主体、实施主体、专业课程三个方面强化建设。

（一）党委、宣传部、教育处各司其职

第一，高职院校党委对学校工作实行全面领导，承担管党治党、办学治校主体责任，把方向、管大局、做决策、保落实。在我国高职院校“课程思政”建设中，党委处于责任主体的位置，所以，要积极肩负起立德树人的责任，消除育人工作实施主体的认知偏差，剔除思想政治理论课程独自完成育人工作的错误认知，吸收全课程、全员、全过程、全方位的育人理念。高职院校“课程思政”建设不能迷失方向，校党委就是方向标，因此，高职院校党委要认真研讨和落实国家教育部门的相关文件和要求，结合学校自身情况，出台系列性政策，为开展课程思政提供支持。

第二，高职院校宣传部发挥宣传作用。从工作方向上来看，高职院校宣传部与党委具有一致性，二者都必须贯彻落实党中央的决策，与党中央保持同一行动方向。意识形态工作是高职院校宣传部工作的重中之重。高职院校党委和宣传部在促进大学生思想政治工作的有效开展和贯彻落实党中央的思想决议上发挥着不可替代的作用。所以，高职院校“课程思政”建设的有效推进，不仅需要校党委的高度重视，还离不开宣传部的意识引领。

在高职院校进行“课程思政”的建设中，宣传部的工作在于积极宣传“课程思政”理念，使其被广大师生所认知。宣传部通过意识的作用将“课程思政”教育理念传播开来，这一思想引领功能能够促进师生形成“课程思政”意识，找准自身的位置，为“课程思政”建设贡献一己之力。对于专业课教师而言，宣传部积极宣传“课程思政”教育理念，会使专业课教师深刻地意识到党中央对高等教育的领导作用，高职院校的工作需落实党中央的要求，从而明确育人理念的时代动态，在观念上深化对“课程思政”的理解。宣传部的思想引领功能还将促进专业课教师在实践行动上以国家对教育发展的要求为依托，自由自觉地将“课程思政”这一教育理念落实到教育教学实践中，以实际行动推进“课程思政”建设；对于大学生而言，宣传部从舆论引导和文化建设等两个方面推进“课程思政”建设，能够使大学生对“课程思政”产生正确的态度，逐渐认同价值观引导寓于知识传授和能力培养之中的教育理念，接纳专业课程嵌入思想政治教育元素的教育方式，进而使他们在接受专业知识和能力培养的同时树立科学的价值观，实现德、智的共同进步。因此，宣传部通过思想导引、舆论引导、文化建设等方式，促使高职院校师生树立“课程思政”理念是推进“课程思政”建设的有效路径之一。

第三，高职院校教务处将“课程思政”教育理念落到实处。在“课程思政”建设中，与校党委的领导、宣传部的宣传有所不同，教育处的主要任务在于落实“课程思政”建设。教务处落实“课程思政”的具体措施主要在于课题引领。问题意识是课题的核心要义，课题能够有针对性地解决问题，并且对于解决问题的方法和过程更具有操作性。各学院、教研室、各专业课教师可以根据自身的学科背景对“课程思政”进行多角度的研究，从不同视角确立相关课题，为“课程思政”教学提供有力指导。作为课题立项的主要负责部门，高职院校教务处应明确责任，以课题为抓手，通过课题引领，将“课程思政”教育理念落到实处。

课题需要依靠一定的形式来展开研究，团体合作是推动课题高效完成的最佳形式。各教研室不能盲目地选择与“课程思政”有关的课题，而是要以自身的学科归属为依据，结合学科特点和单位的研究条件、实际情况，拟定课题方向。哲学系拥有坚定的马克思主义信仰、专业化的教学团队、丰富的马克思主义教学资源。因此，各学院、各教研室、各专业课教师在进行“课程思政”的课题研究中，可以求助于哲学系的力量，以哲学系的各教研室为中心，在其引领下进行“课程思政”的课题研究。具体而言，哲学系的各教研室可以从理论维度上对“课程思政”的概念、特征、落实方式等进行探讨，其他学院的教研室可以结合自身的学科背景从实践层面对“课程思政”建设存在的问题、原因、实施策略等方面进行剖析。团体合作的形式凝聚了全校的力量，将产生一种极强的教育合力，这种教育合力会有效地推进高职院校“课程思政”建设向纵深发展。

在我国高职院校，各二级学院教研室通过课题的形式对“课程思政”建设展开深入探讨和研究，将极大地促进高职院校及教师的发展。对于高职院校而言，开展以“课程思政”为核心的课题研究，能够为其进行“课程思政”改革提供理论和实践双向指导，原因在于课题的开展既需要理论的指导，又需要实践的支撑，理论与实践只有实现完美对接才能完成课题的研究。对于教师而言，通过课题的形式进行“课程思政”建设，可以明确自身的实施主体地位，激发自觉性，培养兴趣点，将立德树人落到实处，自觉加入育人的行列中来。通过课题的形式帮助教师树立“课程思政”问题意识，以此为着力点对“课程思政”的教育理念展开细致的剖析与探讨，能够促进教师在教育教学实践中落实“课程思政”的基本要求，将“课程思政”改革付诸实践。此外，通过课题的形式对“课程思政”开展研究还会在一定程度上推动高职院校的科研建设，为教师之间进行学术交流与合作，营造良好的科研氛围提供了有力的抓手。因此，教务处要积极发挥自身的职责，设置与“课程思政”相关的课题，通过课题引领推进“课程思政”教育理念的贯彻落实。

（二）专业课教师树立“立德为先”的价值观

在我国高职院校“课程思政”建设中，专业课教师是实施主体，但是，由于部分专业课教师没有找准育人的侧重点，从而出现了重“才”不重“德”的现象。这一问题的出现与部分专业课教师自身道德修养不足息息相关。所以，专业课教师必须加强自身的道德修养建设，树立“立德为先”的价值观。价值观在个人生活中占据着特殊地位，对于人类发展以及社会进步具有重要意义。换句话说，任何一个时代、一个社会、一个人的生活都离不开价值观的指引，失去价值观指导的生活，不是真正意义上的生活。价值观存在于人们的思想和观念中，不管人们是否察觉和意识到，它总是在潜移默化地影响着思想、评价、选择和行动。每个个体的行为取向以及对事物存在和发展重要性的态度和评价，方能映射其价值观。从根本上来看，个体的价值判断、行为准则及生活方式是由自身的价值观决定的。所以，高职院校专业课教师的价值观对其行为具有强烈的导向作用，是他们社会生活和行为取向的指南针，是高职院校专业课教师得以立足、生存发展的精神动力和内在追求。

追求“立德为先”的价值观是新时代对高职院校教师提出的要求。我们正处于中国特色社会主义新时代，新时代高职院校教师承担着为中国特色社会主义现代化建设培养合格人才的重大任务，面临着西方社会思潮的不断冲击和挑战，面对着“两个一百年”奋斗目标的客观需要，这就要求他们要打造一代又一代能固守社会主义方向、满足时代发展需求的合格人才。而人才的培养与教育和教育事业的发展是息息相关的；如果离开了教育和教育事业，人才培养则失去了根基，无从谈起，“两个一百年”的目标就无法实现。当前，我国高职院校“课程思政”建设的根本目的在于调动一切可以调动的力量来进行立德树人工作，进而提升育人工作的实效性。同时，长期的教育教学实践证明，若要保证“课程思政”建设的有效进行，就必须要加强教师队伍建设，引导教师形成科学的价值观，尤其是要提升专业课教师的德性修养。专业课教师的德性修养如何，不仅能够在一定程度上影响“课程思政”的实施效果，还关系到未来人才的培养质量。所以，总的来说，“两个一百年”目标的实现需要人才，人才需要教育，教育需要教师，教师需要修养。“立德为先”的价值观是“课程思政”对教师提出的要求。

追求“立德为先”的价值观是高职院校教师职业劳动的需要。古往今来，教书育人是教师的神圣职责所在，所以，从这一意义上来说，教师劳动与其他劳动是有明显差异的。教师劳动是以合格人才为产品的一种特殊劳动，在这一过程中，教师将人作为自身的劳动对象，通过传递知识信息对人进行培养和塑造。不容忽视的是，教师的品德、个性和才能是学生产生感染力和影响力的劳动资料，换句话说，教师以知识和品德两方面的劳动资料来对学生施加教育和影响。因此，教师的道德品质是衡量教育效果的一个重要标尺。大学生正处于人格的塑造阶段高职院校教师的道德修养将对他们品德的形成、心灵的塑造产生直接影响。这种影响的范围不只局限于在校大学生，而且能够影响他们以后的工作方式、工作态度等。在长期的教育教学过程中，由于部分专业课教师不注重自身道德修养的塑造，价值观不科学，从而导致学生从思想政治理论课获得的信息与专业课教师传递的信息不匹配，学生对是否应该“立德”产生了怀疑。所以，专业课教师要明确德性对于大学教育的重要价值，自觉追求“立德为先”的价值观。

追求“立德为先”的价值观是高职院校教师自我完善的需要。人们从事任何一项职业活动都包含两个维度的目的：一是为人民服务；二是促进自身的完善。一个人良好道德品质的形成不只受学校、社会和家庭的影响，还要依靠职业活动的塑造。高职院校教师也是如此。他们良好道德品质的形成离不开在教育教学实践中的自我学习、锻炼和升华。实践证明，高职院校教师只有树立“立德为先”的价值观，才能在职业实践活动中积极进取，有所建树，真正完成教育育人的神圣职责。与其他教师相比，高职院校教师具有自身的特殊性，他们是否具备高尚的师德直接关系到高职院校立德树人的成效。由于某些原因，部分专业课教师没有意识到“立德为先”的重要性，教育思想出现了偏差，只是一味地追求知识和技能的培养，而不注重对学生进行德性教育，大大影响了“课程思政”的实施效果。毋庸置疑的是，“课程思政”为专业课教师追求“立德为先”的价值观提供了新理念，如果专业课教师能够意识到这一点，不仅能够促进自身的自我完善，而且能够推动“课程思政”沿着良好的方向发展。

《资治通鉴》有言：“才者，德之资也；德者，才之帅也。”这句话对德与才二者之间的关系进行了精辟的阐述，主张将人的道德置于才华的统帅位置。从古至今，中华民族始终重视道德对个人乃至人类社会发展的重要作用，所以，道德一直在个体的所有素质中居于首要位置。作为独特的个体，专业课教师要想为“课程思政”建设贡献一己之力，就一定要树立“立德为先”的价值观，是否将具有德性作为评判自身是否是一名合格教师的根本。每个个体若要在社会中生存，就都离不开德性的支撑。追求“立德为先”的价值观是专业课教师作为高职院校教师的应有之义。“课程思政”建设的本质在于将价值观教育寓于知识传授和能力培养之中，专业课教师不仅要引导学生学习科学文化知识，为学生提供理论上的指导，更要从思想上引领学生，引导他们在奉献祖国的进程中成为一名合格的社会主义事业建设者和接班人。促进学生的全面发展是每位高职院校教师的责任所在，学生“全面发展”的内涵是十分丰富的，并不局限于其技能和特征的完善，而是要达到一种诸多素质内在和谐共生的状态，这种和谐共生的状态是由道德主导的，是全面且不偏重、和谐且相互提升的状态。在以往的教育教学过程中，部分专业课教师存在一种误区，即教会学生专业知识和技能就可以了，其他事情与自身无关，但是，“课程思政”要求专业课教师在做好“授业、解惑”的同时，还要进行“传道”，“传道”是第一位的，传道者自身需要明道，专业课教师对学生德性的影响并不是通过一些刻意的教学形式来实现的，更多的是通过自身的言行举止对学生产生潜移默化的影响。所以，出于扭转部分专业课教师重“才”不重“德”的局面，专业课教师必须追求“立德为先”价值观，立志成为一名具有良好德性的教师。

（三）专业课程凸显科学的价值取向

专业课程是高职院校“课程思政”建设的载体，育人功能是各门各类课程的固有功能，课程本身还具有重要价值。一般认为，课程价值问题滥觞于斯宾塞关于“什么知识最有价值”的探讨。阿普尔（Michael W. Apple）提出了“谁的知识最有价值”的新论断，这一论断对“什么知识最有价值”辩题进行了超克，使课程抉择突破了课程自身属性的限制，不再拘泥于价值客体，由价值客体转向了价值主体，即课程“对谁有价值”，在此基础上形成了“个体本位”与“社会本位”两种价值维度。“个体本位”认为，课程价值具有“知”与“行”“德”与“才”“知识”与“信念”“知识”与“能力”的差异；“社会本位”将课程价值的内涵拓宽到国家的政治、经济、文化等领域，认为课程价值应包括政治认同、经济增长、文化传承和民族振兴等方面。

个人价值与社会价值相统一是“课程思政”的价值取向，在个人价值维度上，“课程思政”十分注重对大学生主体意识的培养，但是，这种主体意识是有条件的，不是任意妄为的。“课程思政”为大学生实现知行转化创造了条件，即教育大学生运用科学的价值观分析、解决学习和工作生活中遇到的困难和挑战，久而久之，引导他们将其看作日常生活不可缺少的一部分；“课程思政”为大学生形成德才兼备的个体提供了可能，即将德置于重要位置，引导大学生在正确的轨道上施展自身的才，德与才是相辅相成的，有才无德、有德无才都是不可取的。在社会价值维度上，“课程思政”以提升大学生的政治认同度和文化认同感为重要目标，也就是说，“课程思政”不仅对大学生成长成才具有重要意义，而且要引导大学生形成为人类幸福而奋斗的思想，进行符合社会主流价值观的行为，继承和弘扬优秀传统文化，使其为民族振兴贡献青春力量。个人价值与社会价值相统一切切实实地落实了立德树人的本质内涵，一方面，推动了我国立德修身教育传统的传承和弘扬；另一方面，推动了社会主义核心观对国家、社会、个人的整合。

在“课程思政”改革提出以前，高职院校专业课程在个人价值与社会价值教育中普遍存在一种错误倾向，即只是让学生知道了什么、了解了什么，而没有注重学生懂得了什么、体会了什么，融入社会的理念和能力有所欠缺。所以，在“课程思政”建设的实施过程中，不免存在一些大学生对知识传授与价值引领同频共振“不埋单”的现象，专业课程应秉持个人价值与社会价值相统一的价值取向，为大学生形成科学价值观筑牢阵地。同时，思想政治理论课与“课程思政”具有价值一致性。专业课程对新时代大学生进行个人价值与社会价值教育的实践不长经验不足，在实际教学过程中会存在一些“瓶颈”。因此，“思政课程”也要发挥自身的优势，为“课程思政”建设提供一定的指导，同向发力。

第七章

高职院校课程思政成效的评价体系

第一节　课程思政实效评价的基本原则

所谓原则，是指经过长期检验所整理出来的合理化现象，是说话或行事所依据的法则或标准。课程思政实效评价基本原则是在对课程思政的实效进行评价时所遵循的基本法则或准则。课程思政实效评价在遵循教学规律和学生发展规律的同时，应该遵循基本的原则，以确保实效评价的公开、公平、公正。在进行实效评价时，根据评价内容和所要得到的结果不同，所遵循的原则也有所区别。因为课程思政本身是一个复杂的系统工程，所以从不同视角来看，课程思政实效评价的原则也应有所不同。具体来说，在实际操作中，应该遵循以下基本原则。

一、客观性原则

客观性原则是课程思政实效评价应遵循的首要原则。任何评价，只要是有人参与，就存在主观性。课程思政实效评价当然是在一定的评价体系和具体的评价指标的对应下进行的评价，但无论是指标体系的建立，还是评价的具体操作，都是由人来完成的。为保证实效评价结果的公正性、科学性，就必须从客观出发，遵循客观性原则，力求评价过程的公正、公开、公平，结果的有效、准确、科学。客观性原则具体体现为以下几个方面。

（一）公开性

公开彰显透明，只有让实效评价曝光在阳光下，才能让课程思政实效评价的功能最大化。公开性原则要求做到：①评价指标公开。评价指标一般是经过课程思政的实施主体和评价客体之间多次综合后形成的较为完备的体系，它本身具有较强的科学性和客观性。指标公开可以为课程思政实施者提供风向标，同时为评价者提供操作指南，能够最大程度使评价者和被评价者达成一致。②过程公开。过程公开是指在整个评价的实施过程中，要让被评价者知晓是在什么阶段、什么时间进行的评价。因为课程思政并不是能够立竿见影的，它是一个润物细无声的过程，同时是一个循序渐进的过程。因此，在不同的阶段实效评价的结果可能差别较大，实效评价应该覆盖课程思政实施的全过程，做到过程公开，一定程度上打消了课程思政实施者的顾虑，也有利于课程思政的持续开展。③结果公开。一方面，结果公开可以使被评价者了解自己的优点和缺点、长处和短处，从而使评价成绩好的人再接再厉，继续保持先进，也可以使评价不好的人心悦诚服、奋起上进；另一方面，还有助于防止评价中可能出现的偏见以及种种误差，以保证评价的公平与合理。

（二）知行合一

知行合一，是指客体顺应主体，知是指良知，行是指人的实践，知与行的合一，既不是以知来吞并行，认为知便是行，也不是以行来吞并知，认为行便是知。知行合一是从评价内容的视角考虑的。就教师而言，立德树人绝不能只停留在口头上，止步于思想环节，而要落实到行动上，教师要言行一致，绝不能口是心非。就学生而言，既要评价学生的道德判断能力，即学生运用已有的道德概念及道德认识，对自己或别人的行为进行判断和推论的能力，是否因课程思政而得以发展，更要考察学生是否将道德观念转化为自觉的道德行为。伦理学的目标不是为了学习理论知识，而是为了获得实践智慧，因为我们不是为了了解德行，而是为使自己有德行。知行合一就是要考查社会主义核心价值观是否内化为精神追求，外化为自觉行动；就是要防止“两面人”；就是要以知促行、以行求知，实现道德判断和道德行为的良性互动。

二、立体性原则

所谓立体性原则，就是对课程思政的实效评价不能只看某一方面，或者只评价实施过程中的某一个阶段，而应该全面系统地、全景式地、多元化地评价其实施效果。

（一）政治方向正确，旗帜鲜明

这是课程思政实效评价的根本原则，具有“一票否决”的决定性作用。高校是知识与文化集中、各种思潮汇聚和激荡的地方，是意识形态斗争这个“没有硝烟战争”的前沿阵地。这个阵地如果马克思主义不去占领，非马克思主义，反马克思主义的东西就必然去占领，因此意识形态建设是高校思想政治工作的核心和灵魂。政治方向正确，旗帜鲜明，就是要高举马克思主义旗帜，推动马克思主义中国化的最新成果——习近平新时代中国特色社会主义思想深入人心，坚持弘扬和践行社会主义核心价值观，能明辨是非，澄清模糊认识，态度鲜明地自觉反对和抵制错误思潮，绝不能成为西方资本主义意识形态的吹鼓手，坚决杜绝一切削弱、歪曲、否定党的领导和我国社会主义制度的言行，坚决杜绝违背党和国家大政方针，违背宪法法律，危害国家安全，破坏民族团结的言行。专业课程，特别是理工类课程由于其专业本身的特点，不少原理、公式都来自西方，在这样的课程中就更应该开展课程思政。例如，经济学专业中的“西方经济学”课程，教师如果没有正确的价值观引领，或者说课程思政不能坚持正确的政治方向，极易带偏学生。

（二）自评他评结合

该原则是从考核主体视角考虑课程思政实效评价的。自评包括教师自评和学生自评。教师自评是指教师对自己“课程思政”的评价，它是教师自我诊断、自我调节和自我完善的过程，有利于激发和推动教师总结经验，发现问题和提升课程思政水平。学生自评是指学生自己评估课程思政是否对自己产生了积极影响以及影响的大小，它有助于督促学生思考和总结从课程思政中出现的积极变化以及存在的问题。学生自评应该在平时的课程学习过程中进行，强调学生的实际感受，只要学生觉得在思想上受到了教育，就可以随时记录下来。这样的记录可长可短，哪怕是只言片语也行，但要实事求是，不得弄虚作假。自评要避免空泛言辞，而应该有相应的具体内容。他评包括教师评价学生和学生评价教师两方面，但重点是学生对教师课程思政的评价，从学生眼中折射出来的教师的表现。

（三）多元化评价

课程思政实效评价是多元的，而且它与原来专业课课程实效评价是一体的，不过是明确规定了价值引领与知识传授、能力培养一道列入专业课教学评价。课程思政多元评价主体包括教务处，督导，同行，学生、企业与社会，而且评价主体不同评价重点不同，比如：教务处要在专业人才培养方案，课程质量标准、课程教学大纲、课程考试大纲、教案等重要教学文件中，重点审核“知识传授、能力提升，价值引领”同步提升的考察点；督导听课评价在原有侧重知识与技能传授的考核基础上，进一步加强师德师风的考核和社会主义核心价值观引领的考核。教师互评着重考评教学过程中是否体现了思政元素，是否将专业课应讲授的职业道德融入知识与技能教学中展现出来了；企业与社会评价是对育人成果的评价，着重通过对学生思想政治素质、职业道德与职业操守、吃苦耐劳与精益求精精神的考察，检验学生是否是企业与社会所需；学生评教着重“育人效果”的反馈，学生的了解、理解、消化、融合是否每一环节都包含思政教育元素，是否将职业道德教育融入专业成长，学生喜欢不喜欢这样的课程思政，这样的课程思政有没有对学生起到价值引领的作用。只有这样多元化评价，课程思政才能取得实效。

三、过程性原则

事物是过程的统一体。过程性评价的“过程”是相对于“结果”而言的，具有导向性，关注教学过程中学生智能发展的过程性结果，如解决现实问题的能力等，及时地对学生的学习质量水平做出判断，肯定成绩，找出问题，是过程性评价的一个重要内容。过程性评价的功能主要不是体现在评价结果的某个等级或者评语上，更不是要区分与比较学生之间的态度和行为表现。从教学评价标准所依据的参照系来看，过程性评价属于个体内差异评价，即一种把每个评价对象个体的过去与现在进行比较，或者把个体的有关侧面相互进行比较，从而得到评价结论的教学评价的类型。评价的功能主要在于及时地反映学生学习中的情况，促使学生对学习的过程进行积极的反思和总结，而不是最终给学生下一个结论。

课程思政实效评价必然是全过程的。课程思政全过程评价是从专业人才培养方案、课程质量标准、课程教学大纲、课程考试大纲、教案、教学实施到教学评价等重要教学文件中，评价是否将思想政治教育摆在前面，是否将思想政治教育元素作为教材讲义必要章节、课堂讲授重要内容和学生考核关键知识贯穿始终。课程思政全过程评价还包括实习、实训。课程思政全过程评价是指评价课堂教学各环节是否细化了课程思政目标、深入挖掘了课程思政内涵、教学内容蕴含了思想政治教育元素，包括作业、考试。只有这样全过程评价，专业课课程思想建设才能落到实处。

过程性原则兼顾过程和结果，重在过程。从根本上讲，教师课程思政实效评价，关键要看课程思政对学生和教师的积极影响。就学生方面而言，要看是否提高了学生的思想政治素质；要看是否教育引导学生形成了正确的世界观、人生观、价值观；要看是否教育引导学生正确认识世界和中国发展大势、正确认识中国特色和国际比较、正确认识时代责任和历史使命、正确认识远大抱负和脚踏实地；要看学生是否树立了正确的信仰，形成了健康的专业伦理以及良好的行为习惯，但困难在于我们很难将一门课程的“思政”实效分离出来。课程思政实效不可分的一个原因是思想政治教育的复合性和叠加效应。譬如，假如在某门课程中融入思想政治教育元素，我们看到学生在思想政治和道德品质方面发生了积极的变化，但我们很难说这种变化就是这门课教育的贡献，因为在这门课程育人的同时，其他很多课程、其他方面的很多因素也在影响着学生。课程思政实效不可分的另一个原因是抵消效应；某门课程已经在思想政治教育方面做了努力且事实上产生了积极效果，但这些效果被课堂之外的其他消极因素所抵消。在这种情况下，学生未出现积极变化，不应该归咎于这门课的教师。课程思政实效的不可分性，使实效评价需要特别注重课程思政的过程，需要特别注重教师在课程思政方面目标是否明确具体、在教学中做了什么和怎么做的。当然，实效评价也要尽力结合结果，因为只重过程而不看效果，容易助长形式主义，甚至因此会滋生教师对课程思政本身的反感情绪。

四、发展性原则

任何事物都是发展的。发展性评价是指通过系统地收集评价信息和进行分析，对评价者和评价对象双方的教育活动进行价值判断，实现评价者和评价对象共同商定发展目标的过程，旨在促进被评价者不断地发展。

第一，育人与自育兼顾。该原则是从课程思政应该实现的功能的视角提出的。提到课程思政，绝大多数人会立刻想到它培养和教育引导学生的功能，而往往会忽视课程思政对教师本人的自我教育、自我完善功能。造成这种片面认识的主要原因在于，人们内心常常隐含着这样一个假设：教师作为教育主体、施教者，他们的思想政治素养、理论水平、道德修养等已经达到了足以教育引导学生的高度，似乎不再需要进一步提升了。实际上这个隐含的假设是错误的，因为教师是在长期的教育引导学生的过程中，逐渐自我提升和自我完善的，是逐渐从“教书匠”修炼为“大先生”的。因此，课程思政必然具有“育人”和“自育”两大功能。一方面，课程思政是专业课教师通过相关课程的教学来培养教育学生的过程；另一方面，它同时也是教师自我教育的过程。要将课程育人作为教师思想政治工作的重要环节，从这个视角看，教师课程思政实效评价，自然应该体现其教育学生和自我教育两方面的功能。换言之，评价不仅要关注课程思政对学生产生的积极影响，而且也要关注对实施课程思政的教师本人的影响。鉴于当前人们普遍对课程思政自育功能的忽视或轻视，鉴于教师本人也是高职院校思想政治工作的重要对象，在遵循育人自育兼顾原则时，应该充分重视对自育效果的考核，考核课程思政给教师本人带来的积极变化，关注教师的政治立场、教师自身思想政治素养和职业道德水平的提高，关注教师是否做到了知行合一、言传身教。

第二，“思政”“专业”相长原则。该原则是从课程思政实施的视角提出的，包括两点要求：一是专业课教学中“思政”内容不得缺失，这是最基本的要求，因为如果连“思政”内容都没有，更何谈相长。二是不能出现“两张皮”现象。如何将党的理论创新成果与各学科专业理论知识有机融合，是决定课程思政成败的关键。课程思政要起到育人作用，就要避免生搬硬套、东拉西扯，否则会弄巧成拙、适得其反。

五、一致性原则

所谓一致性原则，就是指在进行实效评价时，考察课程思政是否做到价值引领和育人导向上保持目标和方向的一致，显性教育与隐形教育相结合、育德意识和育德能力相统一、专业课与思政课有机融合、专业课教师与思政课教师协同联动。

第一，高职院校专业类课程必须始终与思政课在价值引领和育人导向上保持目标和方向的一致。长期以来，高职院校专业类课程与思政课在价值引领和育人导向上程度不同地存在着各自为政的“两张皮”现象，甚至出现价值冲突的问题。不少专业课程为了与国际接轨，要么完全使用国外原版教材，从概念、内容、方法、范式、观点等方面自觉或不自觉地受到西方的影响；要么过于偏重专业的知识传授与技能培训，忽视了价值引领和育人导向这一教学的核心要素。以至于造成了思政课在高职院校的“孤岛化”困境。这种情况一方面，反映了改革开放40多年来我国社会已出现利益多样化、价值多元化、教育国际化、观念开放化的深刻冲击，使得主流意识形态对青年人的影响力大大减弱；另一方面，也折射出高职院校对大学生价值观教育的滞后甚至缺失。事实上在今天的“互联网+”时代，知识的获取越来越容易，但知识选择、价值判断和为谁服务的问题，却变得越来越突出。因此，强调专业教育与思政教育保持目标和方向的一致，强调将知识传授、技能培养与价值引领和育人导向相结合、相统一，正是当前高职院校推进课程思政的一个核心主旨。

第二，专业教师要注重显性教育与隐形教育相结合、育德意识和育德能力相统一。显性教育与隐形教育是高校思想政治教育的两种基本模式，体现了教师“立德树人”的途径和方式。思政课是高校思想政治教育的主渠道，具有鲜明的显性教育色彩，其特征是教学目的和教学内容主要以正面、直接的宣讲为主，以塑造和提高大学生的思想政治觉悟和道德素质为根本目的，以使大学生的情感、意志和行为符合国家的要求和规范。而专业类课程多具有隐形教育的属性，其教学目的和教学内容主要以隐蔽、间接的传播为主，使受教育者在没有意识到自己在受教育过程中，不知不觉地接受教育，并转化为自己的思想品质，道德行为，从而达到潜移默化的教育效果。可见，显性教育与隐形教育各具特色，功能互异，既相互独立，又相互联系，互为补充，互为渗透。思政课为专业课提供了价值导向，确保了人才培养的方向性；专业课为思政课提供了知识依据，凸显了人才培养的科学性。因此，在推进专业课程思政，即专业思政时，应注重显性教育与隐形教育的有机结合。事关政治认同、国家意识、历史文化，社会发展等大是大非问题，必须旗帜鲜明，与党中央保持一致。涉及专业概念、学术理论、学术观点、学科文化等学术问题，也要理性分析、客观评介。对于课程思政，我们要牢固树立这样一种观点：任课教师并不是安排专门的授课时段进行与教学内容无关的道德说教与政策宣讲，而是明确教学目标，创新授课方式，积极主动地挖掘学科文化中的育人资源，做到科学性与价值性、知识性与思想性的辩证统一。

第三，构建专业课与思政课有机融合、专业课教师与思政课教师协同联动的运行机制。开展课程思政的目的，是要着力建立思政课“价值引领”、综合素养课“以文化人”、专业课“润物无声”的课程思政教学体系，着力建立全程、全员、全方位育人的新平台和新机制，着力建立形成学校各部门、各专业教师参与思想政治教育的常态化和制度化。这是一项复杂的系统工程，是合力育人的“大思政”概念和格局，它牵扯到学校的方方面面和诸多部门，需要学校上下凝聚共识，破除惯性，统筹协调，相互配合才能顺利有效地实现，这就要求学校必须进行顶层设计。对此，教育部党组明确要求，加强党对高校思想政治工作的领导，落实主体责任，建立党委统一领导、部门分工负责、全员协同参与的责任体系。加强督导考核，严肃追责问责，把“软指标”变成“硬约束”。

第二节　课程思政实效评价的指标体系

高职院校课程思政改革成效如何，需要构建适宜的评价体系，其中，评价指标的选取是关键。明确了各级评价指标，才能根据指标导向，全面、通透地了解课程思政的进展现状，加深对课程思政改革有效性的理性认识，从而进行科学合理规划，优化完善改革方案，并通过对改革的有效性评价，完成推动高校课程思政改革，建设一流课程，落实立德树人根本任务。要紧紧围绕国家和区域发展需求，结合学校发展定位和人才培养目标，构建全面覆盖，类型丰富，层次递进、相互支撑的课程思政体系。要切实把教育教学作为最基础最根本的工作，深入挖掘各类课程和教学方式中蕴含的思想政治教育资源，让学生通过学习，掌握事物发展规律，通晓天下道理，丰富学识，增长见识，塑造品格，努力成为德智体美劳全面发展的社会主义建设者和接班人。高职院校课程思政能否达到这一目标，需要进行科学合理的评价，而要进行实效评价，首先要构建评价指标。

一、课程思政实效评价指标体系的意义

指标体系是指由若干个反映社会现象总体数量特征的相对独立又相互联系的统计指标所组成的有机整体。指标体系的建立是进行预测或评价研究的前提和基础，它是将抽象的研究对象按照其本质属性和特征的某一方面的标识分解成为具有行为化、可操作化的结构，并对指标体系中的每一构成指标赋予相应权重的过程。构建课程思政实效评价指标体系十分必要，由于课程思政是一个复杂的体系，因此实效评价指标又具有综合性。

（一）必要性

教育目标是党和国家对于教育效果的预设和期待，不同教育目标能够反映不同课程的价值走向，课程思政建设的起点和落脚点是增进各类课程与思政课的教育目标耦合。

第一，是高职院校实现育人目标耦合的必然选择。育人目标耦合和目标群建设是高职院校课程思政建设的出发点和归宿。育人目标引导学习者知识技能和思想品德的发展方向，在整个教育过程中发挥导向、激励、调控的作用。教育内容耦合、教材建设、管理统筹、评价衔接等工作都需要为课程思政教育目标服务，高职院校应当基于教育总目标、学科或专业分目标以及学段目标进行建设，目标体系的耦合程度直接影响课程思政其他部分的衔接效果。

第二，是实现“人的全面发展”教育目标的必然选择。大学教育阶段，各类课程既存在不同的特殊矛盾和阶段性任务，也拥有共同的育人目标和价值指向 —— 促进人的全面发展。人的全面发展是人以一种全面的方式，就是说，作为一个完整的人，占有自己的全面的本质”。其中，思想政治素养是全面发展的重要内容。究其原因，思想政治教育是一种培养和发展个体思想政治素质的活动，不仅有助于获得强大的精神动力，坚定正确的政治方向，还能够培养高尚的思想道德，塑造健全的人格品质。因此，课程思政建设的本质在于解决高职院校各类课程“同向育人”的问题，目标群的设置状况能够体现课程思政建设的规划程度，目标群内容直接影响“人的全面发展”教育目标的实现程度和速度。

（二）综合性

对于课程思政实效评价的综合性而言，学术界存在两种观点。一种观点认为：对当代大学生思想道德和政治素养的评价应以显性表现为主，即以学生的思想政治理论学习成绩和日常外在行为表现为主要的考量因素进行客观评价。另一种与之相对的观点认为：对当代大学生思想道德和政治素养的评价绝不是简单量化评价的问题，而必须进行多元的综

合评价，即通过建立多元主体全程参与式的新考评体系，由各门课程的教师进行主评、辅导员和班主任进行测评、学生开展自评，对学生的德育及智育情况进行综合考评。因为当今不同的大学生在情感个性方面展现出很大的差异性，在德智体美劳等方面呈现出多元性，这都决定了对他们的考核评价绝不能是单一化的，而应当在全面考量的基础上进行综合评价，将大学生的理论学习，课外实践和企业实训表现相结合，突出"知行合一"理念在考评中的地位。

客观地说，对课程思政的考核评价不仅要看课程思政建设对学生的积极影响，还要看课程思政建设对任课教师所产生的积极影响。评价体系也不能再沿用传统的评价方式，仅仅用一串数字成绩来简单地反映大学生复杂多样的思想政治状况以及反映任课教师的教学效果，而必须另辟蹊径，尊重当今大学生个性化与多元化的发展趋势，重新立足于学生全面发展的角度，合理协调德智体美劳等考评维度在课程思政实效评价体系中的价值占比，将思想政治教育的定性考评与德智体美劳等维度的定量考评有机统一起来，充分地让每一个学生的个性特点与能力得到应有的体现，才能更好地评价任课教师在课程思政建设中所起到的积极作用。因为既然思政育人是全方位、全过程的，那么对课程思政建设的实效评价也应当从多维度出发。

二、课程思政实效评价指标体系的标准

任何评价都是以评价标准为依据的，课程思政实效评价也不例外。评价标准不仅要明确评价包括哪些方面，即关注点或聚焦点，而且必须明确规定每个关注点的权重以及不同关注点评价分数的汇总方法。根据课程思政所要达到的目标，其实效评价标准具体包括：

（一）课程思政的目标是否正确适当、明确具体

第一，目标的正确性。具体而言，可以结合相关的课程内容，从以下几方面进行判断：一是是否在坚定理想信念上下功夫；二是是否在厚植爱国主义情怀上下功夫；三是是否在加强品德修养上下功夫；四是是否在增长知识见识上下功夫；五是是否在培养奋斗精神上下功夫；六是是否在增强综合素质上下功夫。关于目标是否适当的问题，主要考虑课程思政目标是否与课程的知识内容适配。不同的课程所蕴含的思政元素会有差异，这就决定了课程思政目标也因此会各有侧重。譬如，与哲学社会科学类课程不同，自然科学类课程的思想政治教育重点，在于体现马克思主义哲学原理的科学思维，探索科学、追求真理的科学精神，热爱祖国、服务人民的伟大情怀。

第二，目标具体性。关于目标是否明确具体的问题，要看教师对所教课程的思想政治教育总目标是否表述明确，是否将总目标落实和细化到具体的章节。

（二）课程思政元素的挖掘是否充分到位

判断教师是否充分挖掘了所教课程蕴含的思想政治教育资源，应该用挖掘度而不是挖掘量来衡量。挖掘量是个绝对指标，因课程而异。就像自然资源的地理分布不均衡一样，不同课程的思想政治教育资源蕴含量也各不相同。哲学社会科学课程的思想政治教育资源蕴含量显然要高于自然科学课程。高校哲学社会科学有重要的育人功能，要面向全体学生，帮助学生形成正确的世界观、人生观、价值观，提高道德修养和精神境界，养成科学思维习惯，促进身心和人格健康发展。不但不同课程的思想政治教育资源的蕴含量不同，而且不同课程思想政治教育资源内容的重点也存在差异。例如，经济学课程蕴含的主要是新时代中国特色社会主义经济思想，而理工类课程所蕴含的主要是科学精神、爱国情怀和专业伦理等。因此，课程思政实效评价，将挖掘量作为观察点是不适当的。与挖掘量不同，挖掘度是个相对指标，是指挖掘量与蕴含量之间的比率，在不同的课程之间具有可比性。思想政治教育元素挖掘度，一方面，取决于教师对专业内容本质的理解程度，理解得越透彻，挖掘度就越高；另一方面，挖掘度也取决于教师对思政内涵的把握情况和教师课程育人的积极性和主动性，教师对思想政治教育内涵的把握越准确越清晰，课程育人的积极性和主动性越高，挖掘度也就越高。因此，从一定意义上讲，评价挖掘度，就是评价教师对专业和思想政治教育内涵的把握程度，就是评价教师课程育人的积极性和主动性。

（三）“思政”与“专业”是否做到了有机融合

形象地讲，“思政”和“专业”有机融合，就是专业课要讲出“思政味”。教育心理学的“无意识理论”和“暗示理论”告诉我们：“思政”与“专业”的融合度决定专业课的育人影响力，越水乳交融，越仿佛在不经意间而为之，育人效果就越好。因此，评价融合度本身在很大程度上就是评价课程思政的实效。融合度评价可以从以下两方面考虑。

第一，在专业课学习中，思想政治教育内容的切入是否自然无痕？也就是是否达到了润物无细无声的效果。对于哲学社会科学课程而言，做到自然无痕相对容易一些；对于理工科课程而言，虽然有一定难度，但是只要教师具有强烈的课程育人意识，下一番功夫，总能够发现自然无痕的切入点。

第二，思想政治教育内容的融合是否重点突出，是否在深入、深刻上下功夫？课程思政不应该大篇幅地谈论思想工作和政治教育，毕竟专业课不是思想政治理论课。课程思政就是课程“思政化”的提法是欠妥当的甚至是有害的。在课程思政实践中，为了突出重点和深度融合，有时需要采取化整为零的策略。有时需要将思想政治教育内容结合到课程的习题、特别是探究性作业之中，进而实现深度融入。

（四）课程思政是否具有较强的时效性

时效性主要考核教师、特别是哲学社会科学领域的教师是否做到与时俱进，紧跟时代发展和理论创新的步伐。将时效性作为评价的焦点之一，体现了课程思政应该“因事而化、因时而进、因势而新”的理念。时效性考核，一方面，有助于督促教师和学生关心国内外大事、关心当代中国的伟大社会变革，有助于增强师生的社会责任感；另一方面，考核聚焦时效性也有利于弥补教材内容的滞后性缺陷，加快马克思主义中国化最新理论成果进课堂、进头脑的步伐。时效性考核应该着眼于以下两方面的问题。

第一，课程思政内容是否包括国内外重要时事政治？比如，教师在讲授专业化与贸易的好处、贸易限制引起的福利损失等专业内容时，应该及时引导学生关注国际关系的变化。又如 2020 年我国实现整体脱贫全面建成小康社会，这些都应该作为课程思政的重点内容。

第二，课程思政内容是否包含马克思主义中国化的最新理论成果？新时代中国特色社会主义思想，是一个开放的体系，随着实践的发展、探索的深化，新的理论成果将不断形成，理论体系将不断丰富和发展，教师要及时将相关的最新理论成果融入课程教学之中。新时代以来，人类命运共同体理念逐渐被世界所接受，生物安全、人类健康共同体等新思想新观念在医学院校的课程中就应该及时融入。在人文社会科学课程中，精准扶贫、全面建成小康社会等相关内容都应及时得到体现。

（五）课程思政是否包括对错误观点和思潮的批判和抵制

当前，我国正处于经济社会转型的关键时期，各种社会思潮竞相发声。在这些思潮中，正确与错误并存、先进与落后交织。错误思潮的危害是巨大的，课程思政的一个重要方面，就是结合课程内容，批判相关的错误思潮，揭露错误思潮的本质和危害，抵制西方意识形态的渗透，防止错误思潮的蔓延和散布。

在课程思政绩效评价中，应该考虑教师是否敢于向相关的错误思潮亮剑，是否善于通过批判错误思潮来激浊扬清、扶正祛邪、凝聚共识。“普适价值论”是西方国家对中国进行思想渗透，进而颠覆中国政治制度的重要手段，而在我国思想理论界，很多人并不能正确认识“普适价值论”的政治实质，特别是对青年大学生产生较大的负面影响。我们批判"普适价值论"，坚持中国特色社会主义，绝对不是封闭自己，不是把中国跟人类文明的发展割裂开来，而恰恰是为了更好地推进人类文明的发展，更好地推动人类的进步，我们不能把自己捆在西方资本主义这艘即将沉没的船上。人文社科类课程思政实效评价就要看教师是否对"普适价值论"进行了批判和抵制。此外，批判还应包括历史终结论、宪政主义、社会民主主义、新自由主义、公民社会论等。

（六）课程思政是否具有较高的达成度

上述关注点考虑的是过程不同，这个关注点考虑的是教师课程思政的结果。达成度概念的运用，意味着评价模式从常模参照评价向标准参照评价的转变。达成度评价就是对照标准，评估课程思政实效与预设目标之间的接近程度。严格来讲，预设目标应该分为对学生的育人目标和对教师的自育目标，但从实际来看，育人目标一般而言明确清晰，而自育目标往往模糊，事先难以界定。这个事实意味着，达成度关注的对象主要是学生，主要考核课程结束时，学生的思想、品德、行为等是否出现了积极变化，多大程度上达到了课程预设的思想政治教育目标。尽管将思想政治教育内容融入考试是必不可少的，但仅凭考试来评价达成度是远远不够的，因为考试强调的是对陈述性知识的评价，测评的是怎么想而不是怎么做。

"想"和"做"常常会存在距离，知行不一也是常有的事，因此，需要在达成度评价的创新上下功夫。就评价主体而言，应该从主体单一的教师评价向多主体评价转变，可以考虑自己评价与同学、老师评价相结合的方式；就评价时机而言，应该从过分倚重期末评价向过程评价转变；就评价视角而言，应该从重分析性评价向重整体性评价转变；就评价内容而言，应该从重陈述性知识向重功能性知识转变，从重"知识"向重"行为"转变；就评价方法而言，应该从单一化考试向多元化考核转变，充分发挥学生自建思想、行为履历方法的作用。这种方法要求学生收集相关材料和证据，证明自己在思想，品德和行为操守方面确实发生了积极转变，而且这种转变在一定程度上达到了课程思政目标的基本要求。

三、课程思政实效评价指标体系的构建

（一）课程思政实效评价指标构建原则

高校课程思政实效评价体系的构建是一项系统工程，不仅体现为评价内容的科学性、先进性，还关系到考核评价的关键点是否客观、可测，关系到评价结果的真实性、有效

性，还关系到考核评价结果运用的导向性、涉他性等问题。因此，高校课程思政实效评价体系的构建必须遵循问题导向原则、体系完整原则和简便易行原则。

第一，问题导向。要针对当下高校课程思政实效评价存在的有普遍性和突出性的问题进行指标体系构建，并以了解和解决这些问题为旨归。问题导向是实践的起点，也是解决问题的起点。要从解决这些问题入手来设计指标体系，考核评价高校教师是否胜其任、担其责、称其职，这对全面提升高校课程思政实效具有积极的引导和促进作用。

第二，体系完整。按照结构论的观点，事物的功能首先取决于事物构成要素的完整性。如果构成事物的要素残缺不全、结构不完整，事物的功能就不可能得到充分发挥。要保证高校课程思政实效评价能科学准确地反映出高校课程思政的真实水准，其所依存的考核评价指标体系必须具有系统的完整性，尤其是核心指标的齐备性，这样才能反映出高校课程思政的整体风貌。既要考核评价个体所反映的政治素质、考察评价个体所反映的思想素质，还要考核评价个体所反映的职业操守。

第三，易于操作。构建高校课程思政实效评价体系的主要目的是为客观地考核评价高校课程思政提供基本的标准。考核评价指标体系应该有一级指标、二级指标、三级指标及与其相对应的观测点构成。指标项目的设立要紧紧围绕立德树人，同向同行，思想观念，道德品质和政治修养以及教师的思想认识、职业行为和政治觉悟等，与其对应的观测点不仅要紧扣行为方式、行为结果等现实表现，还要指向明确、显性可测，避免产生歧义，操作起来简便易行。

（二）课程思政实效评价指标体系

要评价课程思政教学效果如何，首先需明确课程思政要达到怎样的目标。学生层次不一样，目标会稍有差异。指标体系一定要有层次性，一般来说，一种评价系统的指标体系分为四级。即一级指标、二、三级指标和四级指标，四级指标一般为具体考核点，也可以是量化评分点。课程思政建设内容要紧紧围绕坚定学生理想信念，以爱党、爱国、爱社会主义、爱人民、爱集体为主线，围绕政治认同、家国情怀、文化素养、宪法法治意识、道德修养等重点，优化课程思政内容供给，系统进行中国特色社会主义和中国梦教育、社会主义核心价值观教育、法治教育、劳动教育、心理健康教育、中华优秀传统文化教育。

可以从教师、教学、学生、课程和社会五个层面构建课程思政实效评价目标体系。即一级指标：教师、教学、学生、课程和社会 5 个一级指标。二级指标（17 个）：师德师风、思政素养、教学目标、教学过程、教学评价、思想引领、情感培育、行为规范、职业精神、公民人格、目标性、融合性、时效性、家长评价、见习实习评价、工作单位评价和特色内容。依法执教、爱岗敬业等54个三级指标。政治立场坚定、政治品德高尚、政治水平高深等153个观测点或具体考核点。具体见表7–1。

表7–1 课程思政评价指标

一级指标（评价要素）	二级指标（评价要点）	三级指标（具体内容）	四级指标（具体考核点）
1 教师	1.1 师德师风	（1）依法执教	①认真学习法律规范
			②自觉遵守法律法规
			③教育学生懂法守法
		（2）爱岗敬业	①乐业、勤业、精业
			②干一行、爱一行、钻一行
		（3）关爱学生	①尊重学生人格平等公正对待学生
			②严慈相济做学生良师益友
			③保护学生安全关心学生健康
		（4）团结协作	①顾全大局开展课程思政
			②同心同德共建课程思政
			③相互学习完善课程思政
		（5）为人师表	①严于律己以身作则
			②举止文明衣着得体
			③情操高尚知荣明耻
			④诲人不倦教学相长
	1.2 思政素养	（1）政治素养	①政治立场坚定
			②政治品德高尚
			③政治水平高深
		（2）意识形态素养	①主动占领主阵地主课堂
			②讲好中国故事弘扬中国声音
			③主动开展舆论斗争
			④不发表不当言论，及时制止其他不正当言论
		（3）专业素养	①善于挖掘专业课程本身的科学价值和思政元素
			②让学生深切感悟到课程内容背后的德育内涵

续表

一级指标（评价要素）	二级指标（评价要点）	三级指标（具体内容）	四级指标（具体考核点）
1　教师	1.2　思政素养	（3）专业素养	③显性教育与隐性教育有机结合
2　教学	2.1　教学目标	（1）人才培养方案	①课程思政是否纳入人才培养方案
			②课程思政内容是否具体规范
		（2）课程质量标准	①课程思政是否纳入课程质此标准
			②课程思政所占比例是否合理
		（3）课程教学大纲	①课程思政是否纳入教学大纲
			②课程思政内容是否具体明确
		（4）课程考试大纲	①课程思政是否纳入考试大纲
			②课程思政考核内容是否科学合理
	2.2　教学过程	（1）教学内容	①内容是否融入了课程思政
			②融入是否有机统一
		（2）教学方法	①方法是否体现课程思政
			②方法是否促进课程思政
		（3）教学资源	①是否建立了课程思政资源库
			②思政资源是否有效利用
			③思政资源学生接受度如何
		（4）考核方式	①设计上体现融入隐性课程思政的内容
			②学生对知识、能力评价基础上体现“课程思政”教育成效是否有效
			③是否体现形成性评价和终结性评价的结合
	2.3　教学评价	（1）学生评价	①参与积极性
			②评价覆盖面
			③评价有效性
		（2）教师互评	①互评参与度
			②互评有效度
			③互评真实度
		（3）督导评价	①评价覆盖面
			②评价过程性

续表

一级指标（评价要素）	二级指标（评价要点）	三级指标（具体内容）	四级指标（具体考核点）
2　教学	2.3　教学评价	（3）督导评价	③评价反馈度
		（4）部门评价	①评价时效性
			②结果科学性
			③结果运用
3　学生	3.1　思想引领	（1）政治认同	①坚持对马克思主义的信仰
			②坚持对中国特色社会主义的信念
			③坚持对实现中华民族伟大复兴中国梦的信心
			④增强“四个意识”、坚定“四个自信”、做到“两个维护”
		（2）国家意识	①国家主权意识
			②国家利益意识
			③国家安全意识
		（3）社会责任	①维护国家统一和各民族团结
			②维护祖国安全、荣誉和利益
	3.2　情感培育	（1）家国情怀	①家国同构
			②共同体意识
			③仁爱之情
		（2）文化情怀	①对优秀传统文化的了解、认同、传承与弘扬
			②对先进文化的了解、认同、传承与弘扬
			③对革命文化的了解、认同、传承与弘扬
			④坚定文化自信
		（3）审美情趣	①欣赏、鉴别、评判美丑的能力
			②崇尚真善美，抵制假恶丑
	3.3　行为规范	（1）社会公德	①文明礼貌
			②助人为乐
			③爱护公物
			④保护环境
			⑤遵纪守法

续表

一级指标（评价要素）	二级指标（评价要点）	三级指标（具体内容）	四级指标（具体考核点）
3 学生	3.3 行为规范	（2）职业道德	①爱岗敬业
			②诚实守信
			③办事公道
			④服务群众
			⑤奉献社会
		（3）家庭美德	①尊老爱幼
			②男女平等
			③夫妻和睦
			④勤俭持家
			⑤邻里团结
		（4）个人品德	①勤奋刻苦
			②勤俭自强
			③正直善良
			④克己奉公
			⑤见义勇为
	3.4 职业精神	（1）敬业精神	①职业理想是否牢固
			②是否自觉遵守职业纪律
			③是否不断优化职业作风
		（2）勤业情怀	①是否勤奋努力
			②是否把工作作为事业
			③是否对工作怀有感情
		（3）创业意识	①是否有商机意识
			②是否有风险意识
			③是否有创新精神
		（4）立业本领	①是否有学习能力
			②是否有创新能力
			③是否有竞争能力

续表

一级指标（评价要素）	二级指标（评价要点）	三级指标（具体内容）	四级指标（具体考核点）
3　学生	3.5　公民人格	（1）身心健康	①身体健康
			②心理健康
			③与自然和谐相处
		（2）向上向善	①向道德模范学习
			②参与志愿服务活动
			③引领社会风尚
		（3）乐学善学	①学习兴趣浓厚
			②学习方法科学
			③学习效果优良
4　课程	4.1　目标性	（1）知识目标	①课程思政知识是否明确具体
			②课程思政知识是否结合紧密
		（2）能力目标	①是否凸显政治辨别力
			②是否凸显善恶辨识力
		（3）价值观目标	①导向是否正确
			②导向是否明确
		（4）目标指向	①是否在坚定理想信念上下功夫
			②是否在厚植爱国主义情怀上下功夫
			③是否在加强品德修养上下功夫
			④是否在增长知识见识上下功夫
			⑤是否在培养奋斗精神上下功夫
			⑥是否在增强综合素质上下功夫
	4.2　融合性	（1）方法	①方法是否具有多样性
			②方法是否具有科学性
			③方法是否具有创新性
		（2）效果	①教育内容的切入是否自然无痕
			②融合是否重点突出
			③融合是否深刻

续表

一级指标（评价要素）	二级指标（评价要点）	三级指标（具体内容）	四级指标（具体考核点）
4　课程	4.3　时效性	（1）时间	①课程思政是否开展及时
			②课程思政是否全时段覆盖
		（2）空间	①课程思政是否全面开展
			②课程思政是否线上线下同步
5　社会	5.1　家长评价	（1）态度	①家长对课程思政的认可度
			②家长对课程思政的支持度
		（2）效果	①家长对课程思政效果的认可度
			②家长对课程思政前后的学生反映
	5.2　见习实习评价	（1）态度	①见习、实习单位对课程思政的认可度
			②见习、实习单位对课程思政的支持度
		（2）效果	①对服务对象、工作态度的比较
			②开展课程思政前后比较
	5.3　工作单位评价	（1）态度	①工作单位对课程思政的认可度
			②工作单位对课程思政的支持度
		（2）效果	①对单位、工作的认可度
			②职业精神、职业道德的评价
			③对接受过课程思政和没有接受过课程思政的学生的比较评价
6　特色	特色内容	（1）专业方向	①是否形成了专业化特色可复制
		（2）区域方向	②是否取得区域性特色可推广
		（3）奖项方面	③是否取得省级及以上教学成果奖

以上实效考核的目标旨在引领学生成为中国特色社会主义共同理想的坚定信仰者和实践者，积极拥护中国共产党的领导，树立共产主义远大理想，确立马克思主义坚定信念，坚定中国特色社会主义道路自信、理论自信和制度自信；引领学生成为中华民族伟大复兴中国梦的追梦人，拥有国际视野世界眼光，自觉维护国家荣誉、国家利益和民族团结，将个人发展与国家前途、民族命运紧密联系起来，坚定中国特色社会主义文化自信；引领学生成为社会主义核心价值观的坚定信仰者和践行者，成为德才兼备、全面发展的人才，勇做走在时代前列的奋进者和开拓者；引领学生成为坚守职业精神的高素质技术技能人才，使学生具备职业道德、敬业精神、工匠精神、科学精神和责任意识。

第三节　课程思政实效评价的基本方法

方法论是人们认识世界，改造世界的一般方法，是人们观察事物和处理问题的方式。马克思主义方法论是在概括总结各门具体科学积极成果的基础上，根据自然，社会、思维的最一般的规律引出的最具普遍意义的方法论。马克思主义方法论最重要的特点在于，它不仅是理论认识的工具，而且是实践的工具。它是理论认识方法和实践方法统一的、完整的，科学的方法论，它在社会实践中和精神生活中起着越来越大的作用。要对课程思政的效果进行评价，就必须采取一定的方法。

一、课程思政实效评价方法的重要性

凡事都要遵循规律，讲究方式方法。方法对头事半而功倍，方法不对空费人力财力。课程思政实效评价是对课程思政的实施效果的客观判断，其结果直接影响教育理念的推进和人才培养质量，也同样影响课程思政的持续性开展步伐。因此，无论从教育理念的维度还是人才培养的维度来看，课程思政实效评价的方法都直接影响课程思政本身。

课程思政的提出旨在探索如何在专业课程中融入思想政治元素，回应“培养什么人，怎样培养人，为谁培养人”的教育原命题，提高专业课程思政育人水平。课程思政这一理念提出后，一时成为学术界的热点，也成为各高校改革的重点，高校高度重视教育教学改革，围绕以习近平新时代中国特色社会主义思想为指导，加大从思政课程到课程思政的变革。从发展的角度看，课程思政是拓宽高校育人的新渠道，改变高校以往仅依靠思想政治理论课程单一的思政育人模式，拓展到各学科“+ 思政”模式中，实现思政育人的宽度；从理论的角度看，课程思政是回应新时代新要求的新方法，课程思政的理念帮助加大其他学科与思政育人的深度融合，推动其他课程与思想理论课程的同向同行；从实践的角度看，课程思政是创新立德树人的新举措，“守好一段渠，种好责任田”，将思想政治教育元素融入所有学科的教学环节、学校活动的实践环节，通过学校的第一课堂、第二课程实现将立德树人融入学生的思想中。必须充分发挥课程思政的价值引领作用，在教学活动中贯穿思政全过程育人。

时下虽然高校课程思政改革如火如荼，学术界也在深入探讨，但毕竟课程思政是新生事物，特别是如何评价课程思政，又应该包括哪些客观标准，都是学术界值得探讨的现实问题。对课程思政进行实效评价，可以有效解决如何将思政教育元素融进专业课的教学内容，教学方案和教学手段的途径，目的是保证课程思政教育教学质量和教学效果，更好地使课程思政为提高各类专业人员素质服务，更有效地为新时代社会发展、社会主义核心价值观的牢固树立服务，通过对课程思政教学效果进行评价，使办学机构和主管部门比较客观地认识工作成绩和差距，发现薄弱环节，寻求教育规律，不断改进创新教育教学方式方法，使课程思政教育整体水平不断提高。

定期或不定期对课程思政工作实施效果进行评价，建立动态化、常态化、滚动式评价模式，将思想政治教育的要素融入课程教学的全过程中，同时将教师开展课程思政效果评价作为考核激励的重要参考依据。同时，改革学生在课程学习方面的评价方式，把思想引领、价值培养、能力提升的教学目标纳入学生学习的整个过程进行评价。

二、课程思政实效评价的基本方法

课程思政是一个复杂的系统。因此，对其实效评价的时空维度、对象维度、形式维度等不同方法也各异，往往根据实效评价所要得到的结果采取不同的评价方法。

（一）CIPP 模式

CIPP 模式，也称决策导向或改良导向评价模式，是美国教育评价理论家斯塔弗尔比姆倡导的课程评价模式。它认为评价就是为管理者做决策提供信息服务的过程。背景评价（context evaluation），输入评价（input evaluation），过程评价（process evaluation），结果评价（product evaluation）构成了 CIPP 评价模式。背景评价就是在特定的环境下评定其需要，问题、资源和机会。输入评价是在背景评价的基础上，对达到目标所需的条件、资源以及各被选方案的相对优点所做的评价，其实质是对方案的可行性和效用性进行评价。过程评价是对方案实施过程中做连续不断的监督、检查和反馈。结果评价是对目标达到程度所做的评价，包括测量、判断，解释方案的成就，确认人们的需要满足的程度等。

第一，背景评价。即确定课程计划实施机构的背景：明确评价对象及其需要、明确满足需要的机会、诊断需要的基本问题、判断目标是否已反映了这些需要。背景评价强调应根据评价对象的需要对课程目标本身做出判断，看两者是否一致。课程思政的背景评价就是要看课程思政的实施内容、方法等是否与实施的课程所蕴含的思政元素一致，同时考虑选修该课程的学生的具体实际、接受情感等因素。也就是通过对制定的课程思政的实施方案进行评估，看是否是从实际出发，力争通过评估让方案最佳，使课程思政的实施达到“润物细无声”的效果，而不是因为课程思政的硬性植入，引起学生反感。

第二，输入评价。主要是为了帮助决策者选择达到目标的最佳手段，而对各种可选择的课程计划进行评价。课程思政的输入评价，就是课程思政的决策者和实施者根据不同的课程，结合学生层次对课程思政的实施方案进行评价，评判其实施手段的科学性和目标的可能达成度，以保证实施方案最大限度与课程和学生融合，实现课程思政实施的最佳路径。

第三，过程评价。主要是通过描述实际过程来确定或预测课程设计本身或实施过程中存在的问题，从而为决策者提供如何修正课程计划的有效信息。课程思政的过程评价就是对课程思政实施的全过程进行跟踪评价，在反馈的基础上随时修正实施方案以达到最优化。过程评价一般包括前置评价、中程评价和终结评价。前置评价主要评价可行性；中程评价主要评价顺利性；终结评价主要评价效用性。

第四，成果评价。即要测量、解释和评判课程计划的成绩。它要收集和结果有关的各种描述与判断，把他们与目标以及背景，输入和过程反面的信息联系起来，并对它们的价值和优点做出解释。课程思政的成果评价主要是对课程思政所取得的创新性成果，学生的政治方向、家国情怀、国家意识、职业精神、个人品德等思政素养进行评价，以考核课程思政的计划的完成度、目标达成度。

（二）定性定量法

任何事物既有性质属性，同时又具有数量属性，是质和蛍的有机统一体。因此，课程思政实效评价也就有了定性评价和定量评价之分。定性评价是对评价资料作“质”的分析，是运用分析和综合、比较与分类、归纳和演绎等逻辑分析的方法，对评价所获得的数据、资料进行思维加工。定量评价是采用数学的方法，搜集和处理数据资料，对评价对象做出定量结果的价值判断。

第一，定性评价。在思想政治教育的定性考评上，就学生而言，应当主要看学生是否树立了正确的世界观、人生观、价值观，是否正确认识到青年一代的时代责任和历史使命，是否形成了正确的信仰和良好的道德品行，是否能够运用正确的道德观念进行行为判断。就教师而言，应当主要考量“课程思政”建设是否对教师本人带来积极变化，教师的政治立场、自身思想政治素质和职业道德水平是否得到提高。此外，在对教师的考评上还应当注意课程思政建设给学生在思想政治和道德品行方面带来的积极变化，并不能简单地归结于某一门或者某几门课程所做的贡献，因为课程思政建设是一个整体协同的建设而不是某一门或者某几门课程的事情，所以在对教师的考评上应更重视过程的考评，即任课教师在课程思政具体实施过程中是否做到“智育”与“德育”有机融合，所授课程的思政元素是否挖掘充分，思政元素是否与时俱进等。课程思政实效评价的定性评价可以分为优、良、中、差等级，直截了当地确定课程思政实施效果的等级，有利于反馈结果，也有利于课程思政实施的各方对照目标持续推进和提高。

第二，定量评价。所谓定量评价，就是要确定评价指标的具体占比。因为人才培养是一个系统工程，学生全面发展应该是德智体美劳全面发展，因此课程思政实效评价就必须兼顾智育、体育、美育和劳育，应充分地体现智体美劳在课程思政评价体系中的价值占比。因为高校教育教学的目的是立德树人，把学生培养成德智体美劳全面发展的社会主义建设者和接班人。所以，在考核评价体系上也应当体现出智育、体育、美育、劳育应有的地位。教育教学的对象是学生，考核评价的对象也主要是学生，在对学生进行考评时要通过自我评价、班级同学评价、任课教师评价、辅导员评价、班主任评价等多角度全面了解学生在德、智、体、美、劳等方面的具体表现情况，并合理突出智育、体育、美育、劳育在课程思政评价中的占比，综合考量学生是否能够做到知行合一，把德育理念贯穿到平时的学习和生活中。

第三，定性定量结合评价。课程思政是一个复杂的统一体，实效评价也就自然是一个多角度、多层次的系统。由于需要得到的结果不同，往往评价的视角不同，采取的方法也不同。由于课程思政涉及教师、学生、学校、社会等多个方面，牵涉教学目标、教学过程、教学方法多个层面，覆盖思想引领、情感培育、行为规范、职业精神、公民人格多重角度，实效评价往往需要定性评价与定量评价结合。

（三）外评法

外评法是从课程思政本身之外对课程思政的实效进行评价的方法，包括学生自评、学生互评、同行互评、督导评价和社会评价。

第一，学生自评。自我评价是指个体对自身的思想、观念，态度和行为等方面进行的判断与评价。课程思政学生自评就是学生根据课程思政实施前后的对比结合思想政治教育沟通的内容对自身的世界观，价值观、人生观，以及课程思政所要达到的思政素质做一个自我评价。学生自评可以体现学生的切实体会，也是一种最直接的评价方法。但学生自评往往会受到主观意识的影响，需要对其评价结果辩证看待。人的发展形态是由片面发展到全面发展的，只有公正地做出自我评价大学生才可以实现自我教育、自我完善和自我的全面发展。

第二，学生互评。学生互评是根据评价指标，相互评价在课程思政实施前后的思政素质的养成情况。学生互评可以是一对一的随机组合，也可以采取小组评议的形式。学生互评既可以是对本身课程思政素质的评价，也可以是对课程素质本身的评价。学生互评在一定程度上避免了主观因素的影响，但必须要提供较为详细的评价标准。同时，学生互评要统一时间段，否则会影响实效评价的质量，学生互评一般在课程思政实施的中期和完成阶段进行。

第三，同行互评。同行互评也称同行评议，是目前我国科学系统评价事物使用的最普遍的方法之一。课程思政同行互评有广义和狭义之分。广义的同行互评可以理解为凡是实施了课程思政工作的同行之间对课程思政实效的相互评议；狭义的同行互评则是相同专业课程实施课程思政的同行之间的相互评议。同行互评主要从三个方面对课程思政实效进行评价：一是课程实施者对该课程思政元素的挖掘程度；二是实施者对思政元素的运用效果；三是对学生的影响实效。同行评议要力求客观公正，并要及时反馈。

第四，督导评价。督导评价是高校对教学实效评价的最常见的方式。督导都是由具有较高水准的专业人员构成，并且经验丰富，同时督导评价都是有客观评价指标的，也兼顾了定性评价和定量评价。督导评价专业性高，科学性强，可靠性强。课程思政实效评价的督导评价一般由该课程相关专业和思想政治教育专家组成督导组，按照事先制定的评价指标，对某课程或某教师实施的课程思政的效果进行评价，并指出成功之处和需要改进的地方。督导评价权威性较高，评价结果也容易得到课程思政实施者的认同，可以有效推进课程思政。

第五，社会评价。社会评价是指课程思政的相关利益方对课程思政实效的评价，包括家长，用人单位等。社会评价范围广，标准难以把握，评价结果会因人而异。因此，课程思政社会评价宜粗不宜细，对评价结果也要辩证看待。不过，课程思政社会评价却是不能忽略的，因为我们培养的学生最终都要走向社会，最终要通过社会来检验。课程思政实效的重要评价指标就是看我们培养的学生能否做到知行统一，社会评价是最能反映这一指标的，因此，课程思想实效评价必须包含社会评价。

（四）行为法

行为是指人们一切有目的的活动，它是由一系列简单动作构成的、在日常生活中所表现出来的一切动作的统称。人的行为不仅与个体的身心状态有关，还与个体所处的周围环境有着密切的联系。人的行为取决于内在需要和周围环境的相互作用。课程思政实效评价的一个重要考核指标就是看课程思政对学生行为的影响，也就是说，我们的课程思政是否影响了学生的行为，或者说影响程度有多深。

第一，问卷调查法。问卷调查法也称问卷法，是调查者运用统一设计的问卷向被选取的调查对象了解情况或征询意见的调查方法。问卷调查是以书面提出问题的方式搜集资料的一种研究方法。课程思政实效评价的问卷调查法就是评价者先制定调查问卷，然后对课程思政实施的主体和客体开展问卷调查，再根据调查的结果分析课程思政的实效，最后给出评价结论。互联网时代，问卷调查往往借助网络开展，例如，当下著名的调查问卷软件——问卷星。通过问卷星借助 SPSS 分析软件，很方便得到评价结论。问卷调查法要注意以下几点：一是要设计好调查问卷；二是要注意调查的覆盖面；三是要利用好结论。

第二，考试考核法。课程思政实效评价的考试考核法就是要将思政元素纳入考试考核范围内。专业课课程思政大多采用的是润物细无声的模式，但这种模式的另一方面是很难做到强制植入，因而其效果也很难保证。在课程考试中设置一定量的蕴含思政元素的题，通过这些题来考核学生对本课程的思政元素的掌握程度，进而评价课程思政的实效。考试考核法的运用需要注意以下几点：一是考试的题量不宜过多，一定要控制在科学合理的比例之内；二是题目的设计要与专业课有机融合，不能过于直接，否则就变成了思政课考试题了，就会失去其本身的意义；三是所有专业课程都应该融入并形成长效机制，通过持续影响来提升课程思政实效。

第三，行为考察法。思想政治教育与专业教育的协同推进，实现了知识传授、能力培养与价值引领有机统一。逐步引导学生培育和弘扬社会主义核心价值观，内化于心，外化于形，才能成为社会主义合格建设者和接班人，成为新时代的好公民。高校课程思政的最终落脚点在于立德树人，具体表现为教育引导大学生爱党、爱国、爱社会主义，增强四个意识，坚定四个自信；教育引导大学生将个人价值与国家需要相统一，将个人前途命运与国家发展前途相统一，将个人理想与民族复兴的中国梦相融合，成为德智体美劳全面发展的担当民族复兴大任的时代新人。课程思政实效评价行为考察法就是要通过对学生的具体行为表现的考察来评定课程思政的效果。行为考察法主要包括以下三个阶段的考察：一是在校阶段实施课程思政前后的日常行为对比考察；二是见习、实习等实践阶段的行为考察；三是毕业后进入社会的行为跟踪考察。考察的重点都是看实施课程思政后学生是否将思政元素落实在实际行动中，做到知行统一。

第八章

高职院校课程思政协同创新的体系构建及评价

第一节 高职院校课程思政协同创新的机制构建

体系是若干有关事物互相联系互相制约而构成的一个整体，课程体系是学校各类课程的整体排列、组合和优化，具体到某一个专业就是围绕专业培养目标而设置的全部课程要素以及各要素根据作用和功能的不同进行排列组合。高职院校课程思政协同创新的体系构建要素中，国家和社会对于人才培养的要求，是其体系建设的缘起，应时时把握、全程贯穿。根据体系的建设，构建起高职院校教师协同育人意识和能力培育机制、高职院校课程思政协同创新教学实施与管理机制、高职院校课程思政协同创新平台机制、高职院校课程思政协同创新保障机制，进一步保证高职院校课程思政协同创新体系能够顺利运作。

一、构建全课程、全过程、全员协同育人体系

高职院校要以“立德树人”这一理念为指导，从高职院校思想政治工作出发，统筹高职院校各项工作的开展。因此，在“立德树人”理念指导下，构建全课程、全过程、全员协同的高职院校课程思政协同创新体系，实现育人的全覆盖无死角。

（一）构建全课程协同育人体系

1. 知识、能力、价值三维目标贯通

任何知识并不独立存在，它都是经过人类经验的总结和规律的发现而得来的，知识的背后往往就是技能，当知识和技能与人的主观意识相结合的时候，一定会带有价值追求的特征。因此知识、技能和价值是不可分割的，甚至可以说知识会陈旧、能力会落后，而

价值却永远引领着人类的方向。

在学校教育中，课程是开展高职院校课程思政协同创新的基础，是承载思想政治教育元素的载体。课程目标是课程实施的前提和基础，是课程开展所要达到或呈现的效果。明确了课程目标是课程设计的首要环节，对课程目标进行准确分类就具有重大意义。在我国中小学，新课程改革后，任何一门科目都以课程标准为遵循，在教学过程中设立必须达到的知识与技能、过程与方法、情感态度与价值观三维目标。对于高职院校课程思政协同体系构建，应明确树立高职院校课程同样需要教育目标的理念，设立知识传授、能力培养和价值引领三维目标，并通过教学设计、教学方法等实现三维目标的统一。

知识传授目标是指学生在课程中所要学习和获得的学科相关的知识，包括概念、范畴、原理、规律等。任何一门课程呈现的基础就是知识，没有知识的课程不能称其为课程。知识传授是指通过学习使学生对知识有一定的记忆、理解和应用，对知识的记忆即人脑对学习过的事物的识记、保持、再现或再认，学生在学习中对教师教过的内容进行识别和记住，并在内容再次出现时进行回忆和再认；对知识的理解是通过知识内在逻辑的联系进行推断、分析、解释等，学生不仅可以知道是什么，还可以知道为什么和怎么样；对知识的应用是指用已有的知识去解决同类或相关问题的过程，也就是学生能够举一反三，将知识在不同情境下合理运用。

能力培养目标是指学生在课程中所掌握的能够解决或完成相关任务的综合素质，包括一般能力和专业能力。一般能力是一个人所拥有的较为普遍和基础的能力，比如组织、沟通、协调、语言能力等，在工作学习和生活中经常使用或调动这些能力；专业能力是学生所学习专业中培养的特殊技能、方法等，例如一名师范生的专业能力不仅仅是所授学科的专业知识，还应包括教育教学能力等，一名医学生的专业能力则是能准确地判断和分析病情、病因以及解决的能力等。通常能力与知识的掌握和储备有关，但一个人的知识丰富不能代表能力也一定高。

价值引领目标是指学生在课程中所感受到的体验性认识以及产生的情感态度，是一种价值判断。高职院校人才培养应坚持中国共产党的领导和为人民服务的底色，课程目标设置也必须为巩固中国特色社会主义制度服务，培养出的人才也必然要投身于改革开放和社会主义现代化建设中。教师的责任就是在课程中指导学生树立正确的、积极的价值观，即以社会主义核心价值观为引领，以马克思主义立场、观点、方法为依据，引导学生在正确的道路上全面发展。

三维目标是课程目标的三个方面，三位一体不可分割，如同立方体中的长宽高缺一不可，是高职院校课程思政协同创新中全课程育人实施的前提。知识传授是基础性目标，能力培养是发展性目标，价值引领是旨归性目标，三者相互递进、相互推动。高职院校人才培养必须以知识传授为基础，良好的知识储备是大学生未来进入相关行业的通行证；以能力培养为根本，能力技能是大学生步入社会进行自觉社会化的基本保障，也是人才在相关行业中的核心竞争力；以价值引领为核心，价值引领决定着高职院校培养出的人才到底是为谁服务的本质问题。

2. 学科、专业、课程三级协同

课程是具体的教学科目，是构成专业的基本要素。每一门课程都以知识传授、能力培养和价值引领三维目标为指引实现课程育人目标。但是，每门课程不是孤立的，各门课程在专业当中的地位、比重、目标各有千秋，共同汇聚支撑了专业设置，实现专业人才培养目标。各专业又是根据学科设置和市场需求开设的，既有自身存在的逻辑起点又有相互的交叉和对应。因此，高职院校课程思政协同创新的全课程育人要做到学科、专业、课程的三级协同，一个学科下各个专业下各门课程是一个整体，从而在系统论的视野下达到“1+1 ＞ 2”的育人效果。

我国高校教育设置按“学科门类”“学科大类（一级学科）”“专业”（二级学科）三个层次来设置，专业下又设置了相关课程。在学科、专业、课程中，专业处在中间链接上下，上承学科，下接课程，是为关键。高职院校以培养符合社会要求和市场需求的专业人才为目标，这样的角色和定位决定了高职院校各专业、各门课程都应将这一根本要求作为开展教学活动的目标和追求。高职院校课程思政协同创新要求从专业人才培养方案和专业各门课程着手，实现三维目标贯通。专业人才培养方案与专业各门课程是辐射关系，专业人才培养方案所设置的人才培养目标辐射专业下各门课程，同时在既定的人才培养目标定位下，各门课程集聚在一起，围绕人才培养目标，发挥各门课程内涵与特色，共同指向专业人才培养方案所制定的人才培养目标。

因此，课程思政协同创新必须从专业人才培养方案入手，构建知识为基、能力为本、价值为核的三维目标，将课程思政理念融入专业整体规划之中并据此指导专业中各门课程融入思政元素的开发，实现课程思政理念下专业观的调适，促进本科专业培养方案及各门课程的整体提升。当然，在每门课程设计三维目标及推动实施时，要注意不能“一刀切”，不能将专业课程与思想政治理论课混淆，要保持专业课原有的学术属性，处理好课程教学中正确政治方向、价值取向和学术导向的关系，避免出现专业课程“泛思政化”倾向，尤其是一些意识形态属性较强的专业课程，要更加精心仔细地开展课程设计，注重学生的感受和接受度。

3. 思想政治理论课、综合素养课（通识课）、专业课三类课程协同

育人要回归教学主渠道，但不能仅限于思想政治理论课。因此，跨学科课程思政协同创新的内容体系主要是指包括思想政治理论课、专业课、综合素养课（通识课）在内的所有课程负有育人职责。高职院校课程思政体系的构建首先要以内容为本，对思想政治理论课、综合素养课（通识课）、专业课进行不同层面的改革创新。高职院校课程思政协同创新中的全课程育人体系的构建致力于达到思想政治理论课系统开展马克思主义理论教育教学，综合素养课（通识课）在培育人的综合素养过程中牢铸理想信念，社会科学凸显社会主义意识形态功能，自然科学重点强化科学精神、人文情怀、创新能力、职业素养和工匠精神养成。每一门课程相互协同促使本专业的专业观落地，而不同专业相互协同又支撑了本学科的学科观，不同学科又可以形成交叉式学科协同育人模式，最终实现教育的全过程。因此，立足学科观，分析专业观，重点在课程观的把握，最后落实到每门课程育人功能的开发，当每门课程的育人功能、每一个学分的育人价值全部得到发挥，就自然实现了跨学科协同。

思想政治理论课要大力凸显其作为主渠道、主课堂的显性功能，重点在于加强和创新教学形式与方法，通过在讨论式教学、网络深度讨论、情景模拟与角色体验、翻转课堂、慕课等探索中，促进大学生通过参与和思考等各种方式增强课程吸引力。

综合素养课（通识课）通常没有强制的规定性，近年来部分高校依托各自办学特色，推出了一批“中国系列”品牌课程取得了较好的效果。对于开发综合素养课（通识课），要根据学校实际编写教材和制定教学大纲，凸显校本特色，融入中华优秀传统文化，统筹规划、整合资源，鼓励校长、大师为大学生开设综合素养课（通识课），以引导价值选择为目标，共同开发基于思政教育核心的综合素养课（通识课）。

完善课程思政体系，要将专业课程作为重要内容，立足学科的特殊视野、理论和方法，对具有大量育人资源的社会科学专业进行课程思政的试行，提炼专业课程中蕴含的文化基因和价值范式，寻找可复制的经验，实现专业授课中知识的传授与价值引导的有机统一。从以前对学科思政仅仅简单的贴标签、简单的方法论到较为成熟的课程思政设计，从单一的课程育人到各专业多门课程群的形成，搭建起课程思政的全方位立体构架，与思想政治教育理论课和综合素养课（通识课）形成完整的课程思政系协同育人体系，发挥全面思政的作用。

（二）构建全过程协同育人体系

传统意义上，课程教学往往指第一课堂的教学，但其实还远未完成完整的育人任务

和环节，学生在课堂上所学的理论知识不是枯萎的符号，还需要在具体实践和应用中使价值观念内化于心外化于行，这也是高职院校课程思政协同内容体系中全过程育人的要求。教学是第一课堂，实践是第二课堂，网络则成为的第三课堂，构建全过程育人体系必须覆盖学生接受教育的三大阵地，努力实现三类课堂相互支撑。

1. 融合三类课堂思想政治教育目标

以第一课堂课程思政目标为统领，将第一课堂的目标贯彻到第二、三课堂当中，实现三类课堂融入式设计。第一课堂的专业教师在授课时就应考虑到课程总目标和课时分目标，每一项目标如何通过第一课堂讲述和第二课堂实践达成，同时如何回应第三课堂网络上的各种声音。第二课堂在开设实践活动时应考虑活动的目的、是否能够将第一课堂的知识融入活动设计中，是否符合学生的心理特征、是否符合时代的发展要求、是否有可行性等，还应注意结合第三课堂中学生关注的热点问题，在实践中让学生感知和体验；第三课堂则应紧紧抓住学生的兴趣和爱好，主动开设相关自媒体和公众号，用学生喜爱的语言、表情、方式等进行表达，回应好第一、二课堂。这样，课程思政理念不仅仅贯穿在第一课堂主渠道中，还要实现从教室第一课堂到实践第二课堂的映射和迁移，同时要覆盖到网络第三课堂，真正打通第一、二、三课堂阵地，让学生在第一课堂学到的知识在第二课堂能进行有效的实践，并使学生学会辨别和应对第三课堂的不同声音，也能用第二课堂和第三课堂中获得的知识、能力与价值去支撑第一课堂中的所学，真正实现全面、立体化的课程思政。

2. 结合三类课堂思想政治教育的方法

三类课堂开展课程思政的方法各有特点、各有所长，需结合三类课堂思想政治教育方法的优势，以更好地巩固各类课堂教育的成果。在第一课堂中理论教育法是主导，第二课堂中实践教育法是主导，第三课堂中则主要看教育内容而选择的疏导教育法、典型激励法等。理论教育法是教师有目的、有计划地向学生进行的理论知识的教育，不管是专业课还是思想政治理论课以及综合素养课（通识课），在第一课堂中往往都是以讲授为主，以学生学习和接受相应理论知识为目的。

理论教育非常重要，人们的行为总是受思想的引导，如果以正确的理论做指导，行为的正确性就会大大增加，而以错误的理论为指导，行为往往也很难正确。而人们脑中的正确理论不是自发形成的，必须要通过系统的学习才能被较好地掌握。理论一旦被接受，就会形成强大的精神动力，指导人们的实践。在运用理论教育方法的时候，要避免“教条式”“满堂灌”的方式，把学生当作填鸭对象。必须做到摆事实、讲道理，注意发挥学生的主体性，充分调动其积极性，同时关注学生接受信息的差异性，因材施教、因势利导。

实践教育法与理论教育法相对应，是组织、引导学生积极参加各类实践活动的方法。实践是检验真理的唯一标准，是人们思想发展的动力，实践教育法一是可以加深对理论认识的层次；二是能够不断提高动手能力和解决问题能力的同时提高认识能力。在实践教育中，存在着情境体验、参观考察、社会调查、志愿服务、专业实习等多种方式。情境体验是教师创设或引入一定具体的场景使学生参与其中，帮助学生激发响应的情绪情感的一种教学手段。情境体验的场景可以是从自然、生活中选取的场景，也可以是将课堂中某个戏剧、文章等片段再现，还可以是学生参与情境中进行角色扮演等，比如，报社记者、新闻发言人等角色扮演。参观考察是指学生进入实地进行观察，“读万卷书行万里路”充分说明一个人的阅历与知识学习有同等的重要性。参观考察可以亲眼见证社会科技发展的日新月异、体会到典型人物的精神指引、感受到不同历史文化氛围等，对于提高认识、开阔眼界等有重要作用。社会调查是运用科学的方法和手段对一定范围内进行资料收集的一种方式，也是大学生应当具备的基本技能。要做到合理地进行社会调查，就要大学生首先能发现问题，再根据问题进行调查，通过调查分析问题最后解决问题。社会调查可以让大学生清晰专业领域中需要解决的问题，也能使大学生了解国情民情，激发他们的社会责任感，是将理论与实践结合的有效方式之一。志愿服务是在非盈利为目标的情况下为改善社会而自愿付出的一种活动，奉献精神是志愿服务的精髓，是人文精神的高级表现形式。志愿服务有一般性和专业性服务，课程思政的二课堂活动往往是指向专业性，像法律援助、公益诊疗等多是专业性服务。大学生是当下志愿服务的主力军，参加志愿服务能够很好锻炼自我、服务他人、改善社会，还能提高大学生专业素质，是课程思政第一、二课堂贯通的有效载体。专业实习是有针对性参加专业相关行业的实习实践，能够帮助学生强化专业知识，通过教学实践中的探索逐步获得实践工作的能力。

疏导教育、典型教育、激励教育、感染教育等方式方法通过穿插在三类课堂中，尤以第三课堂居多。在网络世界，理论灌输难以吸引关注，实践教育没有平台，只能通过以情感的方式，吸引学生、粘住学生。其中疏导教育是指进行疏通和引导，以民主平等的身份开展，广开言路又能殊途同归；典型教育则是通过典型的人或事引导学生学习、对照和追赶，主要分为朋辈典型、榜样典型和偶像典型，比疏导教育更具有感染性和可接受性；激励教育是持续激发学生的主观动机，鼓励学生朝正确的目标努力，以物质激励和精神激励相结合、内在激励和外在激励相结合；感染教育是指学生在无意识或不自觉的情况下受到感染、熏陶和感化，如情绪感染、形象感染、艺术感染等。

当然，三类课堂思想政治教育方法的具体操作和技巧在不同的条件和范围下呈现出千变万化的态势，需要教师具体问题具体分析，做到仔细考察、谨慎把握、大胆使用。

3. 打通三类课堂思想政治教育的渠道

落实课程思政协同的全过程育人，必须打通三类课堂思想政治教育的渠道，真正做到互联互通。在打通三类课堂思想政治教育渠道的时候，要紧紧把握住一个原则，就是从课程出发，落实第一、二、三课堂，实现知识传授、能力培养和价值引领的相互迁移和映射。这里要将辅导员、班主任等为主阵地的思想政治教育第二课堂区分开，既不是让课程的第二课堂越俎代庖去完成辅导员、班主任的思想政治教育工作，也不是让辅导员、班主任放弃思想政治教育第二课堂主阵地而成为课程教学的附属。

三类课堂思想政治教育仍然以课程为出发点，以授课教师为主导，设计三类课堂课程思政的目标和方法，在实施过程中，主动争取最大限度的资源和平台，使三类课堂的渠道贯通。教师在常规的 16 周教学中，可以每 4 周开展一次第二、三课堂活动，每一次活动以前四周的内容为基础，设计参观考察、讲座沙龙、社会调研、展示竞赛等多种方式的活动，再运用所能调动的网络平台发表意见、开展讨论等。这一个完整过程往往无法由授课教师一人完成，可以借助平台和资源。

（三）构建全员协同育人体系

教师是教学的骨干力量和课程的授课主体，在传授知识、能力培养和价值引领方面发挥着重要作用，其育人意识与能力对课程思政协同育人工作的落实有着极大的能动性，决定着课程思政目标能否落实，是打通课程思政全课程和全过程的关键所在。“亲其师，信其道，尊其师，奉其教”，高职院校教师应自己首先明道、信道，以身示范引领学生，课程思政要求每一门课程教师结合专业与课程内容及特点，用马克思主义立场、观点和方法教育学生，坚持理论与实践相结合，帮助学生解决思想、心理生活等实际问题，以深厚的学术素养、优秀的思想品德、良好的道德情操影响和引领学生成长成才。

要实现课程思政全面落实，根本上要培育教师的育德意识和育德能力。要加强对教师育德意识和育德能力的考察和培训。在聘用时对教师育德意识和育德能力的多维度考察和把握中，实行“一票否决制”。同时组织教师课程思政的岗前培训、日常培训，加强高水平教师队伍的系统规划，特别是要强化专业教师的教书育人的使命感和责任感，对教师进行课程思政的理论研讨、教学方法与案例探索、教案撰写与实践教学评比等。还应将教师的课程思政的开展作为职称评定、评奖评优的一个重要环节，调动教师的积极性，多角度提升教师育德意识和育德能力。其次，要帮助教师研发课程思政教案。成立由一线教师和思政专家组成的小组，研发课程思政方案，进行教案、大纲编写和思政资源挖掘，建设课程思政的示范精品课。对具有较强育人资源的课程，开发示范精品课，从课程内容、课堂组织、教学方法、实践教学等环节进行展示，建设教学资源库。

积极调动所有教师的育人意识、提高育人能力，实现协同合力育人。正如中国民歌当中的劳动号子就是用劳动参与者共同用力的声音，当口令发出，劳动者们一同发力，同时口令使劳动者互相鼓舞，激发劳动干劲。课程思政协同创新的全员育人体系要求各部门、各教师打破原有壁垒形成合力育人的局面，做到协同互联、协同互通、协同互动。协同互联，引导学生思想，就是采取多元的形式，如面对面、网络等方式多与学生进行思想沟通和交流，了解学生思想动态，解决思想和实际困惑，做好引导工作。教师间也应增强联系，交流所带、所授课班级学生的思想情况，掌握更翔实的资料，以利于双方更好地、更有针对性地开展工作。协同互通，督导学生学业，就是指教师要互相沟通，关心学生的学业、帮助学生改进学习方法，积极指导学生开展社会实践和科研活动，推动学生自我发展和成长。协同互动，指导学生人生，就是指通过一系列活动不断加强教师与学生之间的互动，在互动的过程中身体力行，为大学生的人生做好指导、帮助他们做好规划，成为学生的知心朋友和人生导师。

二、高职院校课程思政协同创新机制构建

（一）高职院校课程思政教师协同育人意识和能力培育机制构建

百年大计，教育为本。教育大计，教师为本。中国共产党历来重视教育工作，要求将立德树人作为教育的根本任务，所有教师都负有育人职责，所有课堂都有育人功能。教师作为教育中最为核心，最能发挥主观能动性的主体，应该努力成为思想维护的传播者、党执政的坚定支持者，更好承担起学生健康成长指导者和引路人的责任。

1. 严把教师准入关，将政治标准放在首位

中共中央、国务院颁布的《关于全面深化新时代教师队伍建设改革的意见》指出"教师承担着传播知识、传播思想、传播真理的历史使命，肩负着塑造灵魂、塑造生命、塑造人的时代重任，是教育发展的第一资源"。因此，要开展高职院校课程思政协同创新工作，完成立德树人的重要使命和根本任务，必须把教师的思想政治工作摆在突出的位置上。

首先，要严格教师资格准入制度。"学术无禁区，课堂有纪律"，这是衡量高职院校教师思想政治素质标准的一条底线，教师思想政治素质影响着青年学生思想政治素质的养成，因此应把思想政治素质作为教师选聘的首要标准。在教师的思想政治素质中，其政治立场、政治态度和政治方向尤为关键，其核心就是教师对中国共产党的领导和中国特色社

会主义道路、理论、制度是否认同并坚决拥护。对教师严把思想政治关，坚决实行政治素质考核一票否决制，让那些政治上有问题、立场不坚定的人无法进入高职院校讲台。对于进入的教师必须严守政治底线、法律底线和道德底线，让教师明确要对个人言论负责，敢于惩处违反师德、触碰政治底线者，绝不姑息纵容无底线言论。

其次，加强对教师育德意识和育德能力的考察和培训。高职院校教师一般是走上工作岗位以后才进行相关培训，但由于高职院校评价体系的特殊性和育人工作的复杂性，在教学、科研和育人三个方面发展并不平衡，教师往往把科研摆在工作的第一位，其次是完成教学任务，最后才是育人。育德能力不同于知识的学习和技能的训练，无法套用其他学科的教学模式，也不应以简单的教师资格证来判别是否具备育德能力，要加强在聘用时对教师育德能力的多维度考察和把握。要强化思想文化引领和政治理论学习，运用各种方式方法将思想政治相关理论渗透到教师的教学、科研等业务工作中，帮助教师认识到思想政治素质是执教的首要条件。

最后，建设师德师风长效机制。广大教师要做有理想信念、有道德情操、有扎实知识、有仁爱之心的“四有”好老师。学校要出台规范师德师风的相关制度文件，使教师行为和学校管理有制度可遵循；丰富师德师风教育的内容和方法，树立师德师风典型，营造师德师风的优良氛围，开展职业道德和职业理想教育，培育教师人格高尚、敬业爱生、明理笃行的职业道德和“为了每一个学生的终身发展”的价值追求；完善教师职业生涯培养规划机制、监督机制等，督促教师师德师风自我建设的自觉性，增强教师职业的使命感和责任感。

2. 激发教师发展的内在动力

首先，要组织教师课程思政的岗前培训、日常培训。加强高水平教师队伍的系统规划，特别是要强化专业教师的教书育人的使命感和责任感，对教师进行课程思政的理论研讨、教学方法与案例探索、教案撰写与实践教学评比等。教师的成长有一个循序渐进的过程，仅仅靠入职前的培训是不够的，而是需要将育人理念的灌输和育人方法的培养贯穿在教师成长成才过程中。对于新入职的青年教师，学校要大力扶持，加大对青年教师在教学以及科研的支持力度，使其以最短的时间融入学校的教书育人工作中去，不断提高青年教师的教学能力和水平。在培训中以思想政治素养的提升为核心，为高职院校教师奠定正确而牢固的思想政治基础，培养教师准确认识和理解内容博大精深的马克思主义理论体系，确保教师的思想政治素质坚定，是一项巨大任务。应让高职院校教师对马克思主义理论及其中国化理论有系统的了解，认识到中国多年来的巨大成就与之密不可分；应教会高职院校教师在面临国内外错综复杂、各种思想文化相互激荡的今天，能用马克思主义理论体系去分析判别；应不断将发展变化了的理论进行培训，让高职院校教师能最快了解最新的理论，适应时代的需要，把握未来的发展方向而不是固化僵化。只有高职院校教师的理想信念够坚定，思想政治素质过硬，才能引导学生坚定理想信念，找准人生定位，树立正确的世界观、人生观和价值观，更好地承担起中国特色社会主义事业的合格建设者和接班人的使命和责任。同时，选送优秀的青年教师到国内外高职院校进行访问和学习，创造积极、负责的培养氛围，让青年教师明确学校对他们的支持，满足其自我价值的实现，使他们更好地接受和认可学校的育人理念。

其次，要帮助教师研发课程思政教案。从教师个体出发，量身定制教学方案，更加有效地提升高职院校教师的专业化水平。成立由一线教师和思政专家组成的小组，研发课程思政方案，进行教案、大纲编写和思政资源挖掘，挖掘专业课程中的能力目标、文化目标、人格目标、情感目标、价值观目标等，引入思政内容和方法，使教师学会运用课程思政开展育人工作。建设课程思政的示范精品课。对具有较强育人资源的课程，开发示范精品课，从课程内容、课堂组织、教学方法、实践教学等环节进行展示，建设教学资源库。

最后，重视传帮带教育，注重师德传承。在高职院校教师队伍中，老一代教师在长期从事教书育人的工作中积累了丰富的教学实践经验，积淀了开展课程思政的丰富资源。高职院校课程思政协同创新的过程也是老教师以其高尚职业道德引领青年教师的过程，因此要重视这种宝贵的财富，成为引导青年教师的力量。同时，还要完善团队建设，让优秀的青年教师在团队中得到成长和锻炼，形成良好的团队协作的氛围。

3. 探索切实可行的考核体系

首先，构建有效的激励机制，尊重教师主体地位。课程思政从本质上是做人的工作，必须突出教师和学生的主体地位，前提就先要做好教师的主体地位。建立科学的激励机制必须要充分尊重教师的个性和特色，注重人文关怀，其考核的目的绝不仅是物质的奖惩，而是让教师充分感受到学校对教师的考核与其个人发展目标相互结合，将管理制度与相应的激励机制相互结合，真正激发教师的自觉感、责任感和使命感，形成内驱动力。

其次，以立德树人为中心，多元考核和评价。在对教师考核时，不应片面强调教师的科研水平，要鼓励教师将工作重心放在教学与育人上，使用定量与定性相结合的方式，做到质与量的统一。应加强对教师的课程思政协同育人的考核评价，将教师开展课程思政作为职称评定、评奖评优的一个重要环节，调动教师的积极性，多角度提升教师育德意识和育德能力，激励教师主动开展课程思政协同育人，使他们成为先进思想文化的传播者、党执政的坚定支持者，促使教师担好学生健康成长指导者和引路人的责任，实现教学与育人的有机统一。

4. 创造教师的互动交流平台

创造条件让课程思政教师有更多机会聚集在一起，交流各自的教学现状与得失，探讨推进和实现彼此有效育人的路径和方法，以达到分享经验、互相学习、彼此支持、共同成长的目的。

搭建交流平台，学习先进理念与做法。根据社会发展需要，定期更新课程思政素养培育的具体要求，建立培训基地，促进课程思政教师对思想政治教育素养的终身学习。鼓励并创造条件使教师有更多机会到不同高职院校和研究机构进修，学习先进的教育理念，学会最新的教育方法和信息技术，使德育工作融入开放的环境中，不封闭、不脱节。

拓宽交流平台，形成培育机制。定期召开课程思政论坛、工作交流会。鼓励课程思政教师积极参与，为他们积极创设对话环境，让课程思政教师在互动中敞开交流，打开职业壁垒。提倡和有效推动课程思政教师之间的交流互动，使课程思政工作步入科学化和制度化。

畅通网上交流沟通渠道。通过建立网站、提供信息等方式，为课程思政教师在线交流提供便利，拓宽互动交流平台，使课程思政教师间适时而快捷地了解新情况和新问题，及时做出反应与沟通。各学段学校要利用网络信息平台，拓展学校间合作的领域，提升课程思政建设的质量和效率。

（二）高职院校课程思政协同创新教学实施与管理机制构建

教学活动不仅是一个需要外部相互协调的系统，也是一个需要内部相互协调的系统，从教学对象、教学目标、教学计划、教学大纲再到教学内容、教学方法、教学评价都是环环紧扣的，因此需要完整的教学实施与管理机制，推动知识传授、能力培养和价值引领的全程贯彻。

1. 教学对象应加强主体性和主动性

在教学过程中，教学对象是学习的主体，只有充分调动教学对象的主体性和主动性，才能促进其学习能力的提升和学习目标的习得。

首先，教学对象在教学过程中有了主体意识，才能产生学习主动性，他们才能在学习中根据自身发展的需求、社会发展的需求和自身的知识水平，有目的、有计划、有选择地学习，并形成自我教育的能力，从而将思想政治道德等认知、观念、行为等内化为自身的价值取向。因此，在高职院校课程思政教学中，必须要培养教学对象的思维能力，有选择和判断的能力，形成基本的价值判断。

其次，要让教学对象带着社会责任感自觉接受课程中的思想政治教育。教与学都是带有很强目的性的活动，教学对象在学习中如果能获得强大的求知动机，就能释放出学习热情，还能产生积极的情绪和体验。因此在课程思政教学过程中，必须刻意将学习与教学对象相关联，一旦教学对象认识到他们从事的专业学习和未来职业方向同他自己的个人美好前途、伟大的政治抱负有密切的关系，就会把报效国家的社会责任感和实现个人前途的愿望变成求知动机，变成内驱动力，反而会更加激发他们对专业学习的内驱动力，会为祖国、社会、家庭、个人的美好前途奋发学习，矢志不渝。如果对教学对象没有计划性动机策略，就可能使本来有趣、有内涵的学科变得死气沉沉，所以教师要主动挖掘和利用学科本身的特点来激发教学对象的学习兴趣，使其拥有足够的能力促使自身形成求知的需求。

最后，要提高课程思想政治教育教学的可信度。当前教学对象对课程中融入思想政治教育有排斥感，甚至教师本人也有此感，主要原因就是教师或者教学对象对所融入的内容缺乏信任感。在这种情况下，课程中融入的思想政治教育不仅起不到润物细无声的效果，反而变成了一种生硬的灌输，教学对象会对思想政治教育的内容产生“逆反心理”，也会对教师的教学造成一种极大的打击，教师也会教得很没信心，教学效果大打折扣。因此，教师要增加课程中进行思想政治教育的可信度，带头讲真话、讲真理，坚持实事求是，讲课的内容、举的例子、提供的教学资源都是真实的，让教学对象信服。同时也要用摆事实、讲道理和调查研究的教学方法，论证所说的真实性，克服教学对象在认识中的片面性，从而提高高职院校课程思政教学的实效性。

2. 教学目标应凸显立德树人总目标

教学目标是高职院校根据国家教育方针，结合自身的办学目标、定位和任务对学生设定的培养方向、要求和标准。“把立德树人作为教育的根本任务，全面实施素质教育，培养德智体美全面发展的社会主义建设者和接班人，努力办好人民满意的教育”，就是为高职院校课程思政的教学目标提供了方向和遵循。

对于教学目标来说，从大里说有学科、专业培养目标，往小里讲有课程、章节、课时的目标。因此，教学目标不仅只关注某一课程或者某一课时的目标，而是应该从高处着手，树立学科观、专业观，并将其贯彻落实到课程观、课时观，使教学目标从上至下步步落实。但是这些目标不是一模一样的，而要加以区分。学科目标应着眼于学科建设与发展，并同时能照顾到学科交叉的部分，专业目标应立足于学科要求、市场要求，课程目标则应以专业培养为根据。

3. 教学计划应贯穿全员育人理念

教学计划是根据一定教育目标制定的教育教学工作的计划，服务于学校的办学定位和人才培养目标，决定各专业教育内容的整体方向和结构。在当前高职院校实行学科课程的大背景下，教学计划主要是学科计划，随着现代教育的改革，除了教学以外，社会实践、生产劳动也列入教学计划中，因此教学计划涵盖了整个专业人才培养的各类课程，规定了不同课程类型相互结构的方式、课程开设的顺序及课时分配等。

教学计划中的课程体系设置，是根据专业学科知识体系和学生应具备的素质建构的。因此课程思政要落实到具体的教育教学过程中，必须遵循教学的规律。在进行教学计划设计中，应根据专业方向，梳理与融入各专业的思想政治教育要求，使思想政治教育成为一条线贯穿教学计划当中。同时，也要将专业学习与社会实践、志愿服务、创新创业等相结合，使大学生在综合的学习中受教育、长才干、做贡献。

4. 教学大纲应体现课程思政的内核

教学大纲是根据学科内容及其体系和教学计划的要求编写的教学指导文件，以纲要的方式规定了课程的教学目的、任务，知识、能力和价值观教育的深度、教学进度安排、教学方法等基本要求，是教师实施教学活动的依据。

教学大纲在制定时，首先，应考虑学科的科学性，学科要求课程教授的知识是什么，科学性如何，应该是最先解决的问题。其次，应考虑思想性，这门课程想要传递给学生的价值观念是什么，是否符合人类文明的发展方向，是否符合国家和社会的基本要求，是否符合未来从事相关行业的职业准则，是否能解答社会热点问题或学生的困惑。再次，应考虑逻辑性，大纲应反映研究对象的从现象到本质的认识过程，能反映事物变化发展的规律性过程，能反映最新研究成果或未来发展的趋向性。因此，教学大纲在明确学生所必须掌握的知识和能力以外，还应落实课程思政的要求，传递科学精神、人文关怀、家国情怀、职业道德等，并以此指导教师教学活动、课程考核以及教学效果评价等。

5. 教学实施应强调教学基本规范

课堂教学是教学的基本组织形式，最大限度地发挥课堂教学的育人主渠道作用，是提升课程思政实效的关键抓手。课堂教学有基本的规范，首先，最重要的一条是纪律规范，高职院校教师在教学科研、育人育才过程中必须坚持教书和育人相统一，坚持言传和身教相统一，坚持潜心问道和关注社会相统一，坚持学术自由和学术规范相统一。其次，课堂教学有制度规范，为更好培育新人，规范集体备课制度、教案撰写制度、听课制度、教材评审选用制度等，保证课堂教学严谨开展。最后，课堂教学对教师的行为有规范，尊重教师、尊重学生，有良好的师德示范，能够言传身教地帮助学生养成良好的学术行为和职业道德。

6. 教学内容应充分挖掘课程资源

以各类课程为载体开展思想政治教育，大大扩展了思想政治教育的主阵地，从思想政治理论课的“单兵作战”到所有课程的“共种责任田”，其意义不言而喻。但是在实施课程思政的过程中，要以课程本身的学科知识为支撑，避免生搬硬套。

任何一门课程都包含着丰富的思想政治教育资源，意识形态属性明显的人文社会科学可以挖掘，这些学科课程中往往蕴含着丰富的人文精神，使学生将其内化为自身的知识学识、道德准则与人格修养，成为学生自身较为成熟的个人品质。意识形态属性不那么明显的自然科学也同样可以挖掘，科学前驱们刻苦钻研的高尚德行、勇于探索的追求精神值得挖掘，人类对智慧与技术发展的坚持和追求值得挖掘，求实求真实践的精神传承值得挖掘，实现社会美好幸福生活的意义值得挖掘。因此，要充分利用有效资源，梳理出本课程中高大上、接地气的案例，辅之以适当的表现形式和学生乐于接受的话语体系，从小处入手，将正确的价值理念传达至学生的内心，引发学生思考与追寻，从而实现思想政治教育的“润物细无声”。

7. 教学方法应提高水平和质量

课程融入思政元素带来教学内容的调整，也必然需要教学方法的改革才能收到实效，应积极探索、大胆创新以学生为主体，教师为主导的互动式教学组织形式，能够到达教学效果最优化，实现教学内容及目标被学生最大化吸收的教学方法。当前，除较为普遍使用的讲授教学法以外，代入式教学法、迁移式教学法、案例式教学法、讨论式教学法、翻转式教学法、任务驱动教学法等方法，能够较好地发挥学生的主体性，启发学生的独立思考和探索。随着教学条件的改善，现场教学法、参观教学法等也逐渐运用到教学当中，教师根据具体教学的实际，对各种教学方法进行有选择的综合运用。无论使用哪种教学方法，都应以启发学生思考作为各种教学方法的主旨，高职院校课程思政协同创新应将学生思想的实际、社会关注热点同教学内容相联系，设计出有价值、有意义，能启发学生的问题，同学生一起思考和讨论，教会学生用正确的方式方法思考、判断和选择，给学生正确的世界观、人生观和价值观的引导，从根本上感染学生、影响学生，这样才能真正提高教育影响的质量。

8. 教学教材应强化管理选用

高职院校课程思政协同创新中的教材编写和选用应该深度挖掘教材的思想性，对现有的教材要认真审查、抵制各种错误观点和思潮，坚决不允许错误思潮在教材中出现，对新教材的编写应有意识融入蕴含思想政治教育元素，并且将部分重要的思政点作为章节的考核与评价的重点，引导教师重点讲授、学生重点学习。教材的编写和选用要体现科学性，深化教材中学术思想和观点，借鉴世界各国教材建设的有益成果，彰显中国特色、中国智慧和中国价值，坚定文化自信与学术自信。教材的变现要体现时代性，一方面应把中国化的马克思主义理论最新成果体现在教材研究和编写的过程中；另一方面要体现新时代经济社会的发展的前沿成果，并将国家与社会对创新人才的新要求体现在教材中，引导学生的生涯发展方向。

（三）高职院校课程思政协同创新平台机制构建

学校各部门应打破条块分割界限，将教学与实践、校园文化环境、新媒体网络渠道等作为育人工作的各子系统协同共振，促进纵向协同与横向协同相统一、内部协同与外部协同相统一，做到全员、全程、全方位育人，提升育人工作效果。

技术保障是高职院校课程思政协同创新的后备力量。在党委的统一领导下成立课程思政协同创新工作专家组，形成技术团队，负责课程思政落实的技术支持，使高职院校课程思政协同创新能科学开展。围绕课程本源，构建思政专家为指导，专业教师为核心、研发办公室为协调、辅导员为协助、学生为反馈的一体化协同体系。

1. 成立课程思政研发办公室

课程思政研发办公室负责协调、管理和培训。由二级学院党委书记任办公室主任，成立由一线教师和思政专家组成的研发小组，进行课程思政教案、大纲编写和思政资源挖掘，建设课程思政的示范精品课。

举办“课程思政”教学改革培训班。组织教师参与课程思政教学改革培训，为教师进行课程思政的政策背景和理论内涵解读，同对接辅导员研讨思政映射点，开展小组讨论、教学方法与案例探索、教案撰写与实践教学评比等。

组织集体备课、试讲和公开课。要求每一位教师完成详细教案，包括课程目标、教材分析、学生分析、教学大纲及思政映射内容，同时教师要对每一个课时进行教案撰写，重点在分析这一课时的知识、能力和价值观目标以及思政内容在教学中的体现。在完成教案的基础上，组织教师分系列开展集体备课，共同探讨思政内容的深度开发和挖掘。

课程教师开展集体备课，注重结合教学规律，在教学目标、教学内容、教学方法、教学平台、成效体现和教学评价等环节调整教学大纲，并进行说课试讲和公开课等工作，邀请思政专家、辅导员、学生助教参与打分和评教，注重对学生感受的采集，进而对授课进行再次调整和修改。当课程打磨成熟后，投入公开课堂中，在真实的教学环境中开展，观察师生的互动和效果。

由专业负责人、对接辅导员等组成课程思政听课小组，参与课程教师公开课，进一步聚焦具体课程，精心打磨每一堂课程，关注学生的感受与接受度。

2. 调整与完善专业人才培养方案及课程标准

调整专业培养方案。以“思政元素融入专业培养方案”为切入点，将育人理念融入专业点整体规划并据此指导专业中各门课程融入思政元素的开发，实现“课程思政”理念下专业观的调适，达到“凡有所学、皆有所养”的目标。

划分专业课程群。根据专业课程属性，划分不同课程群，使专业培养方案与具体课程之间有衔接，防止专业培养方案的目标过于宏观无法操作落实在具体课程上。

设置三级三维课程目标。按照“专业培养方案—各类课程群—具体课程”的三级结构进行划分，每一级结构都设置具体的知识传授、能力培养、价值引领的三维目标，实现专业培养方案三维目标指导课程群三维目标，课程群三维目标指导课程三维目标，每门具体课程又紧紧围绕课程群目标来铺展本门课程的三维目标。

3. 推进课程思政协同育人载体建设

尝试打破条块分割界限，将课堂教学、课外实践、理论学习平台、校园文化环境、新媒体网络渠道等作为育人工作的各子系统同频共振，促进纵向协同与横向协同相统一、内部协同与外部协同相统一。注重实现了不同载体之间的相互补充，实现协同效果的最大化和协同方法的最优化。根据学生层次差别和个性特点，参照不同的内容和环境，有针对性地采取不同的方法，实现多“法”并举，各有侧重，构建方法实施多途径培养教育模式。

（四）高职院校课程思政协同创新保障机制构建

1. 资源保障机制

资源即拥有一定使用价值并为人们开发利用的物质、信息或能量等。从高职院校课程思政协同创新的资源角度看，主要涉及人力、物力、财力等资源。

人力资源是具有巨大潜力的资源，与其他资源不同，这是人自身所潜在的能量，是活的、具有能动性的资源。由于人力资源具有时效性，对人力资源的开发必须要根据人的特点、职业，实施最有力的激励。高职院校中，教师、学生、行政或思政工作人员等都具有相当大的潜力挖掘的空间。只要能够根据各类人员不同的实际需要，发挥各类人员的积极性，就能使协同达到最大的效果。人力资源的开发要运用激励措施，在薪酬机制上，应根据激励计划对开展课程思政的教师、工作人员进行激励；在奖励机制上，对其中优秀的个人进行表彰和宣传；在培训机制上，不断开发各类主体的自我发展与协同发展；在晋升机制上，增加在职称职级评定中的加分比重等。

物力资源主要是高职院校课程思政协同创新中相关的技术设备、基础设施等。以师范生的培育为例，要将学习到的学科知识、班级管理知识、教育学知识等转化为技能，需要微格教室、板书教室、形体教室等建设，同样要将在学校中学习到的知识、技能在实践中转化，并提升为教师的职业信念，还需要见习实习基地的投入、爱心学校的建设等。物力资源虽是物质性的资源，却能在其中承载巨大的精神性力量。

财力资源是指满足高职院校课程思政协同创新办学的经费需求。政府首先应加大课程思政协同创新的资金投入，大量资金的投入释放出的信号是强化高职院校、教师等在课程思政协同创新中的责任感。政府应根据各高职院校综合指标进行绩效拨款、专项基金建设等。高职院校也应加强对课程思政协同创新的资金投入，建立健全相关项目管理和评选制度，依托学校特色和师资力量，聘请专家指导等，建设可复制可推广的课程库。另外，还可以引入企业、社区等多方资金投入，构建起社会、行业共同参与课程思政协同创新的局面与趋势。

2. 制度保障机制

制度是具有约束力的规定、要求等，制度保障是高职院校课程思政协同创新能够有效运行的保证，为此，要有能够落地落实的制度，而制度必须能够形成一定的体系，从纲领性的制度文件到具体实践操作的细则等。首先是政府、高职院校党委对高职院校课程思政协同创新负有主要责任，应以自身名义下发相关文件规定。而下一级职能部门、二级学院等对制度进行细化，主要是指可操作性的规定。在实践操作一段时间后，根据实践经验和调研，应该对考核指标等进行设定，进一步完善高职院校课程思政协同创新的制度体系。

在具体操作制度中，需要统一的是教学大纲及教案制度、集体备课制度、系科座谈制度等。教学大纲及教案制度是要让教师将课程思政的宏观设计和具体落实细化到文本中，教学计划和教案越细致，教师会不断根据课程思政的三维目标进行反思，形成可操作性强的课程。集体备课制度是由系科或教研室开展，通过每次不同主题的备课，教师先进行先期准备，再在备课组中研讨这一主题中对课程思政的解读、设计，其他教师进行观课议课，最终形成较为精品的课例。系科座谈制度是各教研室对集体备课讨论后的课程进行经验总结、上报和座谈，建立系科中对课程思政实施的相互了解和协作机制。

除此之外，还应针对专业教师参与学生思想政治教育工作以及辅导员参与课程思政协同育人等制定相关制度。专业教师参与学生思想政治教育工作制度是为进一步推动专业教师参与大学生思想政治教育工作，鼓励专业教师积极参与学生工作，以理想信念教育为核心，以社会主义核心价值观为引领，设置班导师、学生社团指导教师、网络思政指导教师、学业发展指导教师等岗位，提升专业教师的育人意识和育人能力，切实加强第一、二、三课堂联动，把思想价值引领贯穿教育教学全过程和各环节，坚持全员全过程全方位育人，最终实现立德树人的根本目标。辅导员参与课程思政协同育人制度是为推动辅导员积极参与课程思政教学改革工作中，在课堂教学、学风建设、科研育人等方面与专业教师协同育人，创新思想政治教育方式方法，提高思想政治教育能力，打造培养全岗通行的辅导员。

第二节　高职院校课程思政协同创新的评价

对高职院校课程思政协同创新的考评是对其运作情况的评价，能够反映出在运作过程中存在的问题，可以帮助各部门进行调整。而想要做好高职院校课程思政协同创新的评价，重要的是建立科学的指标体系及其权重，这是进行量化考评的直接依据，涉及考评活动的质量。

一、高职院校课程思政协同创新的评价

（一）高职院校课程思政协同创新评价的内涵与特征

1. 高职院校课程思政协同创新评价的内涵

课程是高职院校教育教学中最基本的单元，课程的水平和效果直接影响人才培养的水平和质量，因此，对课程进行评价是课程实现教育目标的保证。课程评价是对课程进行价值评价的过程，也就是以一定的价值标准对课程设计、实施过程及其结果等有关问题的价值或特性作出判断的过程。高职院校课程思政协同的载体是课程，因此属于课程评价中的一种，由于思想政治教育的融入，其课程评价有鲜明的特点。

课程评价具有导向、诊断、激励、调节和鉴定等功能。导向功能主要体现在课程评

价是依据课程目标的标准进行评价的，这个标准就是指向灯，通过评价明确课程实际的教学活动和目标之间的距离。高职院校课程思政协同中的课程评价的总目标体现为课程思政是否能与思政课程相辅相成、同向同行，形成立德树人教育的两翼平衡的教学格局，这是开展课程思政教育教学改革的出发点和落脚点。诊断功能体现在通过课程评价发现课程实施过程中的不足并以此作为调整和改进的依据。高职院校课程思政协同中的课程评价是及时发现课程在设计和实施中的优势和不足，有针对性地扬长补短，使课程思政的内容能够达到精准融入。激励功能主要体现在对教育者和受教育者的双向激励、教学互长的影响。高职院校课程思政协同中的课程评价激励教育者能花费更多精力、投入更多资源在课程中思想政治教育，更有成就感，激励受教育者为取得良好的评价结果而努力。调节功能主要体现在根据诊断的结果进行调整，使教育活动更好开展。高职院校课程思政协同中的课程评价的调节会使教育者不断调整教学计划和方式，尽可能追赶或达成既定目标。鉴定功能主要体现在鉴定学校、课程和教育双方的级别和优劣。高职院校课程思政协同中的课程评价要鉴定学校是否达到了国家及社会赋予的任务，教师是否完成了立德树人的使命和责任，学生是否习得了正确的价值观。

如果将高职院校课程思政协同创新的开展看作一个过程，可以将其评价分为诊断性评价、过程性评价和终结性评价。诊断性评价就是在开展课程思政之前进行预测性评价，对教育对象的分析、对教材的选用、对教学大纲中思想政治教育内容的融入、对教学方法的采用，对此进行一定的评估，使课程的设计与实施更适合现实的需要，目的是为课程的实施做准备。过程性评价就是课程思政在实施过程中对教育对象关于价值引导的反馈、接受程度等动态状况进行系统评价，并据此不断修正和改进，提高课程思政的教学质量和教育对象的学习效果。终结性评价是在课程思政教学活动结束时，通过教育对象的成绩以及他们对课程、教师的评价来判断教学效果与预期目标的实现程度，并为下一步的教育教学活动的改进提供依据。

有效的课程思政协同创新是多种因素共同作用的结果，只有保持平稳推进状态，按照一定程序和步骤有条不紊地展开，使各要素不断得以优化，实现协同育人目标。高职院校课程思政协同创新的协同评价以对课程的评价为中心，同时对于影响课程思政协同创新的各类要素就行评价。

对教学与管理的协同进行评价。教书育人是将教学和管理的统一，教师不仅仅传授理论知识，更重要的教会学生自我管理、自我教育和自我发展。因此必须树立“大思政”观，对与课程思政协同创新紧密相关的党委、行政部门、教务部门、学工部门等都纳入评价体系当中，切实负起教书育人的职责。

对专业、学科的联动进行评价。高职院校课程思政协同创新将思想政治教育打破思想政治理论课的束缚，被纳入各个专业和学科中。无论是人文社会科学还是自然科学，都应担负起对学生思想政治教育的义务和使命，因此对于专业、学科的培养目标和方案要进行审查，对教材选用要进行评估，对课程体系设置要进行测评，坚决不允许出现不恰当、不正确的价值导向。

对课堂内外的互动进行评价。课程思政协同创新关注学生在第一课堂外所习得的知识、能力和价值观，要保证第二、三课堂能够有效接收，必须将第一、二、三课堂联动起来，使一课堂所传授的内容能到第二、三课堂进行体验和增强。因此，对一课堂进行评价的同时也要对第二、三课堂进行评价，并研究两者之间的关联性，使其更好地配合。

2. 高职院校课程思政协同创新评价的特征

高职院校课程思政协同创新具有明显的思政教育的内在性、课程教育的外在性和协同教育的整体性，因此表现在课程评价上有以下特征。

首先，从评价目标看，与思想政治理论课课程目标指向的是思想政治理论知识不同，高职院校课程思政协同创新指向的目标是通过承载着思想政治教育元素的专业知识教育，渗透式地将情感、态度、价值观等深层次的内容传导给学生，具有隐蔽性和复杂性。隐蔽性是因为不以直接灌输的方式而是发掘专业课程背后的育人资源，复杂性是因为价值的传输必须以教育对象接受并内化为最终目标，而价值传输的时机、内容、方式是否恰当会影响育人效果。

其次，从评价内容看，思想政治理论课评价内容是对思想理论、道德认知、政治立场的理性判断，通常以考核成绩作为评判指标，具体且较为客观。高职院校课程思政协同创新评价指向的是心理、思想和精神层面等方面，很难通过考核成绩体现出来，更多的是在课程开展的潜移默化中观察教育对象认知、情感、态度、意志、行为等方面的变化，甚至这个影响可能当时体现不出来，而是在教育对象人生中某一个事件某一次反应中显现。

再次，从评价过程看，高职院校课程思政协同创新是一种潜在的育人关系，当教育者在课程中主动融入思想政治教育元素的时候，课程就成为一种载体，承载着思想政治教育的内容并发挥作用，因此对于隐性的思想政治教育的评价往往就是在课程实施过程中的评价，使课程思政与教育对象之间的潜在关系变为现实的互动关系。

又次，从评价结果看，思想政治理论课的评价结果是具体的客观的，高职院校课程思政协同创新的评价会出现非确定性和模糊性，即使通过一系列的测量和评价，也是难以确定是否是思想政治教育元素在其中发挥的效果，因为能够影响人的情感和价值观形成的因素多样而又微妙。

最后，从评价系统看，思想政治理论课的评价是比较单一的，一般只围绕课程开展进行评价，而高职院校课程思政协同创新则代表要对整个系统进行评价，绝不仅是评价一门课程的好坏，也不仅是评价某个教师授课的优劣，而是要评价各要素在课程思政协同创新开展中发挥的作用。

（二）高职院校课程思政协同创新评价的核心、关键与保障

高职院校课程思政协同创新评价取决于两个核心要素、一个关键过程和一个保障，两个核心要素是指即对教师教学工作的评价、对学生学习效果的评价，一个关键过程是指对教学过程的评价，一个保障是指对协同合作的评价。

1. 教学过程评价

教学过程影响课程质量效果，教学过程是否顺利开展是保障教学效果，影响课程质量的前提，主要包含了教学内容、教学方法和课程考核以及课程资源。

高职院校课程教学内容的专业性很强，其设置要尊重和立足于课程的学科知识体系，提炼出紧扣时代发展和学生关注的思想政治教育元素的内容，强调实效性、知识性与趣味性，做好融入。对教学内容的评价不仅要有课程的理论知识、技能方法，还要引入学科最新研究成果，融入专业学科的价值导向，明晰市场定位和国家要求等，因此教学内容要重难点突出，分配平衡。

“教学有法，教无定法”，贵在得法。课程思政教学方法是多样的，除了满足知识与能力目标要求外，要看是否有助于达成价值引领目标的教学方法。教师要根据不同情境采取多样而有效的教学方法，调动学生的积极性，注重教学互动，注重培养学生的历史唯物主义和辩证唯物主义思维。因此教学方法的评价，除了要判断教师是否使用了现代化的教学手段，是否采取了案例教学、现场教学、讨论式教学、慕课教学等多种激发学生兴趣的教学方法，还要判断学生参与教学活动的有效性，是否能实现从参与到体验再到领悟和提高。

课程资源就是课程的教学资源，包含了教案、教材、教学设施等内容，是完成教学任务、实现教学目标的必不可少的条件。例如音像资料、报刊杂志、新闻政策、教学软件、教学实验设备等都属于教学资源，这些如同配料，加入课程教学的主菜后，会使教学的丰富程度提高，学生更容易理解教学内容。因此，在高职院校课程思政协同创新开展过

程中，有众多高职院校开设课程资源库，主动为教师提供课程资源，尤其是思想政治教育资源，使教师能正确、方便选取、使用教学资源，文图表搭配得当，实验设备具有较高水平，教学环境贴合，提高教学质量水平。

课程考核是检验学生掌握的程度，检查教师的教学水平。课程思政中的课程考核不是直接像思想政治理论课那样考核思想政治教育题目，而是建立在专业课程考核的基础上，融入课程考核之中，考核要体现出学生的掌握、运用知识的能力和能力背后的价值态度，而非仅仅是死记硬背的知识。考卷可以作为量化的指标对学生学校效果进行评价，考卷中涵盖着与课程相关的价值态度的考察。同时，课程考核的形式也不仅仅局限在考卷中，还可以体现在学习成果中，如探究课程的学习、调查报告等，另外课内外相关的完成学习任务的行为表现也可以作为考核的形式之一。

所以，对课程思政进行教学过程评价，要明确设置指标体系，布置思政任务，并以此对标过程中是否都已经执行教学要求。指标体系要体现在方方面面，如学生评教中、督导评价中、同行评教中等，建构多层次的评价体系，细化对教学过程的测量，从单一的专业课教学的评价维度，向人文素质、师德行为规范等多维度延伸，有意识促进教师育人意识的提升和育人能力的成长。

2. 教师教学评价

教师素养决定教学质量高低。教师是课程实施者，大到立德树人的使命，小到知识点的教授，都是依靠教师落实和延伸的。因此对于课程思政开展来说，教师的道德修养、知识结构和能力水平是他最基本的专业素养。道德修养主要是师德，也就是教师的职业道德，“亲其师信其道”，教师对教育事业的倾情奉献，对学生的负责态度，对自己的严格要求，都能够为学生树立榜样。只有教师的“三观正”，他在开展课程思政的时候，才能援引那些正确的信息，向学生正确分析热点事件，分析国家政策，引导学生正确看待中国与世界。知识结构是教师对所授课程及课程所属专业、学科的专业知识，能够将正确、有效、前沿的知识传授给学生，这是学生评价一个教师是不是有真水平的重要标准。如果脱离了知识的传授，单纯去进行价值引领，教师也不会得到学生的认可。能力水平是教师将知识、价值观等纳入课堂中并开展有效教学的素质，这体现了教师的课堂管理、调控能力，需要教师善于营造课堂氛围，启发学生思考与讨论。对专业教师的教学评价必须将教学和育人紧密结合，鼓励教师将思想政治教育元素融入专业课教学、课改实验、研究性学习等课程建设中，明确价值引领在教师教学评价中的核心地位。

3. 学习效果评价

课程思政的学习效果评价分为思想道德品质、日常行为、规范遵守等方面，但这些又是最难衡量的，如果单纯通过日常的笔试考核，一般很难看出成效，因此在考核方法上应打破传统课程考试单纯的知识记忆方式，选择小组合作、学习报告、论文写作等方式，对学生的知识、能力、价值观等方面进行定性和定量考核。在考核内容上，根据不同专业课性质和教学目标，设定不同的考核重点。如人文社会学科可增加对社会热点、社会责任感等考核内容，艺术学科可以增加中国传统文化传承、文化自信等考核指标，自然学科可增加对科学探索精神、工匠精神等考核方向，医学类学科可以增加对医学伦理、医患关系等考核要点，财经类学科可以增加诚信合作、遵纪守法、廉洁奉公等考核标准。教师应更有针对性、有区别地进行学情分析、学生考核，关注学生的世界观、人生观和价值观的确立。

4. 协同合作评价

高职院校课程思政协同创新是一个系统，在系统从无序变为有序的过程中，众多变量在不同阶段发挥着不同的作用，而且这些变量是有规律可选的，有其特定的规则来实现。因此，对于推动高职院校课程思政协同创新来说，通过对协同合作进行评价，有利于促进各变量的开放发展，尤其是各部门、各要素之间打破障碍，建立良好的交流机制和协同机制。

对各部门所制定的协同发展的战略规划的评价，可以很好地明确各部门发展目标，增加协同工作中的凝聚力和向心力；对协同创新中不同阶段的重点进行评价，可以督促各部门配备响应的资源和条件，进而为推动协同创新提供组织、物质和人员保障；对协同创新中的参与人员的职责进行评价，可以有力地提升部门和人员工作水平，明确有关激励和奖惩措施。

（三）高职院校课程思政协同创新评价的指导理念和评价环节

1. 高职院校课程思政协同创新评价的指导理念

“三全育人”即“全员育人、全过程育人、全方位育人”的教育理念，是指在课程思政协同的课程评价中采取立体、全面的评价方式，这是一种在开放的视野下，将课程思政协同看作是一个系统工程的理念，但它又不仅仅是一个教育理念，更是一个育人的指导思想和实施原则。以“全员育人”为评价指标，是指与课程思政协同中产生相关联的育人主体都应该被评价，包括任课教师、辅导员、班主任、管理者等，都应该明确要树立的育人理念，完成的育人目标；以“全过程育人”为评价指标，主要是依据思想政治教育在融入过程中、学生在接受思想政治教育的过程中要经过的知情意行四个要素，需要对其发生变化过程进行评价；以“全方位育人”为评价指标，强调的是开放的空间，课程思政不能局限在课堂中，还应评价整个开放的课程思政实施场所是否能促进课程思想政治教育的融入。

以“三全育人”理念为指导开展课程思政评价，有利于评价工作的科学化，将教育对象、程序环节、内容布局、评估与监控诸因素囊括在内，并进行合理规划，从而进一步明确职责任务、标准要求和评价办法；有利于对课程思政各环节的监控和调整，从细节问题入手，从监督中发现问题与变化，针对学生真实需求进行调整，由结果控制变成过程引导；有利于提升课程思政的效果和质量，建立一套质量监控与质量保障的制度，可以具体了解到学生培养的具体阶段和标准，这样就能正确把握好“量”和“质”的关系。

2. 高职院校课程思政协同创新的评价环节

评价环节主要包括评价准备、评价机制、评价内容、评价方法和评价结果。高职院校课程思政协同创新的评价不等同于课程评价，关键是评价是否体现课程思政的教学目标。

评价准备是要有制度、有具体责任人能对课程思政评价进行把关，也就是说应该有具体的评价内容、评价标准、评价方法等，让课程思政的实施主体有据可循，在其完成课程思政教学时，能够对照标准进行自评和他评。评价机制关系到导向是否正确、评价标准是否科学、方法是否多元、过程是否规范、结果是否客观，最后评价信息的收集、整理、分析、反馈和改进是否完整。评价内容应包括课程思政目标达成情况，教学方法与课程考核是否合理，学生学习效果是否有效，重点在于不仅要考核学生知识掌握，还要考核学生内隐的价值选择和行为习惯等。评价的方法要合理、具有可操作性，实施多元主体参与评价的方式，以定性和定量相结合的办法，分析课程思政目标达成情况。评价结果能有效运用于教育教学改革，优化课程体系，正确引导学生的价值观。

二、高职院校课程思政协同创新的评价指标体系设计

（一）高职院校课程思政协同创新的评价指标体系设置的依据

对高职院校课程思政协同创新的考评，重要的是建立科学的指标体系及其权重，是

进行量化考评的直接依据，涉及考评活动的质量。设计指标体系要依据高职院校课程思政协同创新的概念和目标，但由于概念和目标的高度抽象性和概括性，是无法直接用于考评，因此必须把抽象的目标按照不同的要素分解，使之具体可操作。可以说指标是目标的具体化，但任何一项单向的指标反映的只是目标的一个方面，只有系统化、具有紧密相关性的多项指标聚合在一起，成为一个指标体系，才能完整地反映目标。因此，对于高职院校课程思政协同创新的考评，如果只测评课程教学，那就成为单纯的课程质量评价，如果抛开课程只测评思想政治教育元素的融入，那无疑是毫无意义的，如果仅对课程思政进行测评，就无法把握整个学校系统对课程思政的推进情况，也就无从谈起协同创新了。

在指标体系的设计中，必须反映赢得倾向特点，才能提高指标体系的整体质量。①指标体系与目标的一致性。指标体系要始终保持与目标的要求和方向的一致性，在课程思政协同创新评价中，必须时刻以“立德树人”总目标作为指引，绝不能使指标游离于目标之外。这种一致性还体现在不能把两项矛盾的指标放在同一体系内，否则会造成考评的无法进行。②指标体系内各项指标应具有相互独立性。在同一层次和各项指标必须是相互不重复、不表现为因果关系，不能从一项指标推到另一项指标。否则，会无形中加大重复指标的权重，重复考评，影响考评的科学性。③指标体系应具有整体完备性。不能遗漏任何一个重要指标，使指标体系能全面系统反映总目标，保证指标有逻辑开展。④指标体系应具有可测性。指标作为目标的具体化，它所反映的目标是能通过测量得到较为明确的结论的。虽然课程思政中思想政治教育的融入是一种潜移默化的影响，很难量化，但总是能够通过行为在一定程度上体现出来，实现量化。⑤指标体系应具有可比性。指标体系必须反映被考评对象的共同属性，从而使考评结果可以在不同的考评对象中间进行科学比较。⑥指标体系应具有可接受性。指标体系必须最后受到学生的认可和接受才是可行的，如果制定的课程思政协同创新评价的指标体系脱离学生实际，那就完全脱离了本来开展课程思政协同创新的目标。

（二）高职院校课程思政协同创新评价指标体系的初步设计

高职院校课程思政协同创新评价的指标体系的建立不是主观臆断的产物，必须依据客观规律进行。为科学诊断高职院校课程思政协同创新的效果，根据“三全育人”理念，基于相关文献研究，以课程评价基本要素、影响课程质量和协同推进的因素为基础，初步确立了课程思政评价指标体系（表 8-1）。

表 8–1　课程思政评价指标体系（初拟）

一级指标	二级指标
教师水平	育德意识
	专业背景
	学术水平
	教学能力
	教学态度
教学过程	教学目标
	教学内容
	教学方法
	考核方法
	主编教材
	课程资源
	辅助手段
学生成长	学习效果
	学生满意度
协同合作	机构建设
	职责划分
	制度措施

根据初步设计的指标体系，对二级指标进行评价标准描述，由于具体课程评价时依据的标准不一样，所以，在本书中评价标准采用基本描述，不做具体化要求（表 8–2）。

表 8–2　课程思政评价指标体系及评价标准（初拟）

一级指标	二级指标	评价标准
教师水平	育德意识	1. 拥护党的领导，坚持正确的政治方向 2. 有意识在课程中开展思想政治教育
	专业背景	1. 具有研究生学历 2. 所授课程与所学专业背景一致
	学术水平	1. 具有讲师以上职务 2. 在课程相关领域发表较高质量论文
	教学能力	1. 语言表达清晰，能吸引学生注意

续表

一级指标	二级指标	评价标准
教师水平	教学能力	2. 教学思维活跃，观点明确 3. 具有教学驾驭能力，能应对课堂突发情况
	教学态度	1. 遵守教学纪律 2. 尊重学生人格，积极采纳学生的合理建议 3. 注重教学反馈，及时改进教学
教学过程	教学目标	1. 符合人才培养要求 2. 涵盖知识传授、能力培养、价值引领目标
	教学内容	1. 课程内容准确 2. 及时将学术前沿引入教学 3. 授课进度恰当，重难点突出 4. 配合第二课堂教学实践
	教学方法	1. 能采用有效手段活跃课堂气氛，调动学生积极性 2. 鼓励学生发表观点，注重教学互动 3. 灵活使用多媒体等进行辅助教学
	考核方法	1. 针对课程内容进行课堂随机考核、课后作业布置、期中期末考试要求 2. 采取考察、考试等多种考核方式
	主编教材	教材选用是否符合要求
	课程资源	1. 教学大纲、教案等准备完整 2. 课件、案例等相关资料丰富 3. 网络教学资源丰富 4. 有第三方参与，如助教、学生工作者、校外人士等
学生成长	学习效果	1. 学生学业成绩及格率、优秀率高 2. 学生学习态度端正，课堂氛围活跃
	学生满意度	1. 选课率及出勤率高 2. 学生评教结果好
协同合作	机构建设	设置课程思政协同的相关领导机构
	职责划分	各部门及二级学院职责划分清晰
	制度措施	1. 在校院两级制度建设中有明确要求 2. 在晋升、评优制度上有体现

（三）高职院校课程思政协同创新评价指标体系的完善

在初步确立指标体系以及评价标准后，选取了部分课程思政试点教师和校院两级相关负责人进行了访谈，希望对课程思政协同创新评价指标进行完善。综合访谈结果，主要对四个问题进行讨论，一是指标之间是否有交叉，二是指标内容设置问题，即一级指标是否能够包含二级指标，三是指标和评价标准的语言表述是否正确，四是指标的可操作程度。具体修改的内容为：

在一级指标中，仍然按照既定的两个主体、一个过程、一个协同这四方面开展评价，但在“教师水平”这个一级指标的名称上进行了修改，调整为“教师素养”，因为水平更侧重技术、技能方向，而素养包含了教师本身的道德修养，也包含由训练和实践而获得的能力修养。

在二级指标中，出现了“教师素养”下的二级指标同“教学过程”下的二级指标相互交叉的问题，有访谈教师认为“教学能力”和“教学方法”有一定的交叉。根据学者申继亮等人采用的内隐理论研究范式，认为教学能力分为认知能力、操作能力、监控能力。其中认知能力是指对所教课程的概念、类同、运算和理解。操作能力主要是指教学过程中的使用策略水平，包括制定教学目标策略、编制教学大纲策略、计划教学内容策略、运用教学方法策略、辅助教学材料和技术策略、开展课堂管理策略、进行测试评价策略。监控能力主要是指对教学过程进行主动的计划、检查、评价、反馈、控制和调节。为避免混淆，“教学能力”指标改为“教学认知”，教学操作能力主要体现在“教学过程”下的二级指标中。另外，有访谈教师认为“辅助手段”属于“课程资源”，应将此评价指标进行合并。最终，“教学过程”下的二级指标调整为“教学目标”“教学大纲”“教学内容”“教学方法”“课堂管理”“评价考核”“教材选用”“课程资源”。

调整后的指标体系及评价标准如表 8-3 所示。

表 8-3 课程思政评价指标体系及评价标准（修改）

一级指标	二级指标	评价标准
教师水平	育德意识	1. 拥护党的领导，坚持正确的政治方向 2. 有意识在课程中开展思想政治教育
	专业背景	1. 具有研究生学历 2. 所授课程与所学专业背景一致
	学术水平	1. 具有讲师以上职务 2. 在课程相关领域发表较高质量论文
	教学认知	1. 熟悉所教学科的定理法则等 2. 能够主动了解掌握学生动机水平、年龄特点及个体差异，并据此进行调整教学策略
	教学态度	1. 遵守教学纪律

续表

一级指标	二级指标	评价标准
教师水平	教学态度	2. 尊重学生人格，积极采纳学生的合理建议 3. 注重教学反馈，及时改进教学
教学过程	教学目标	1. 符合人才培养要求 2. 涵盖知识传授、能力培养、价值引领目标
	教学大纲	明确课程安排，融入思想政治教育元素
	教学内容	1. 课程内容准确，融入思想政治教育元素 2. 及时将学术前沿引入教学 3. 授课进度恰当，重难点突出 4. 配合第二课堂教学实践
	教学方法	1. 能采用有效手段活跃课堂气氛，调动学生积极性 2. 鼓励学生发表观点，注重教学互动 3. 灵活使用多媒体等进行辅助教学
	课堂管理	具有教学驾驭能力，能应对课堂突发情况
	评价考核	1. 针对课程内容进行课堂随机考核、课后作业布置、期中期末考试要求 2. 采取考察、考试等多种考核方式
	教材选用	教材选用是否符合要求
	课程资源	1. 教学大纲、教案等准备完整 2. 课件、案例等相关资料丰富 3. 网络教学资源丰富 4. 有第三方参与，如助教、学生工作者、校外人士等
学生成长	学习效果	1. 学生学业成绩及格率、优秀率高 2. 学生学习态度端正，课堂氛围活跃 3. 学生思想道德素养或职业道德修养有一定提升
	学生满意度	1. 选课率及出勤率高 2. 学生评教结果好
协同合作	机构建设	设置课程思政协同的相关领导机构
	职责划分	各部门及二级学院职责划分清晰
	制度措施	1. 在校院两级制度建设中有明确要求 2. 在晋升、评优制度上有体现

参考文献

[1] 王焕良，马凤岗 . 课程思政设计与实践 [M]. 北京 ：清华大学出版社，2021.

[2] 阚雅玲 . 课程思政探索与实践 [M]. 广州 ：广东高等教育出版社，2021.

[3] 范宝祥，张恩祥 . 课程思政案例选编 [M]. 北京 ：中国政法大学出版社，2021.

[4] 李红霞，邓文钱 . 高校课程思政共识设计与实践 [M]. 北京 ：清华大学出版社，2021.

[5] 赵继新，王伟宾 . 课程思政案例建设和启示 [M]. 北京 ：中国人民公安大学出版社，2021.

[6] 谢瑜，杨成，景星维 . 思政课程与课程思政融合的教学研究 [M]. 成都 ：西南交通大学出版社，2021.

[7] 杨思斯，向敏 . 基于四维度的课程思政教学设计与实践研究 [M]. 郑州 ：黄河水利出版社，2021.

[8] 林文伟 . 经管类专业课程思政教学设计 [M]. 上海 ：东华大学出版社，2021.

[9] 田洪鋆 . 批判性思维视域下课程思政的教与学 [M]. 北京 ：法律出版社，2021.

[10] 陈飞 . 新时代大学生职业生涯规划课程思政版 [M]. 厦门 ：厦门大学出版社，2021.

[11] 贾爱武 . 新时代高校外语专业建设与课程思政理论与实践 [M]. 杭州 ：浙江工商大学出版社，2021.

[12] 范志光，门瑞雪 . 积极心理学教学设计课程思政之幸福教育 [M]. 长春 ：吉林大学出版社，2021.

[13] 周伟 . 培根铸魂启智增慧课程思政建设的探索与实践 [M]. 武汉 ：中国地质大学出版社，2021.

[14] 陈华栋 . 课程思政 [M]. 上海：上海交通大学出版社，2020.
[15] 张润晗 . 应用语言学视角下的课程思政研究 [M]. 广州：暨南大学出版社，2020.
[16] 文学禹，韩玉玲 . 新时代高校课程思政教学创新研究 [M]. 长春：吉林大学出版社，2020.
[17] 傅畅梅，曲洪波，赵冰梅 . 课程思政建设背景下思想政治理论课实践教学研究 [M]. 沈阳：东北大学出版社，2020.
[18] 岳宏杰，郑晓娜，赵冰梅 . 高校课程思政和思政课程同向同行问题研究 [M]. 沈阳：东北大学出版社，2020.
[19] 王英龙，曹茂永 . 课程思政 [M]. 北京：清华大学出版社，2020.
[20] 张子睿，魏燕妮 . 课程思政实践研究 [M]. 北京：中国农业科学技术出版社，2020.
[21] 陈功 . 高校课程思政工作建设 [M]. 北京：中国商务出版社，2020.
[22] 桑付鱼 . 应用型高校课程思政实施路径研究 [M]. 北京：北京工业大学出版社，2020.
[23] 胡兴福，刘继强 . 高职土建类专业的课程思政体系构建与路径研究 [M]. 北京：中国建筑工业出版社，2020.
[24] 刘平国 . 产教融合视域下高职院校“课程思政”理论与实践研究 [M]. 湘潭：湘潭大学出版社，2020.
[25] 盖庆武，贺星岳 . 新时代高职课程思政理论与实践 [M]. 杭州：浙江工商大学出版社，2019.
[26] 叶勇，康亮 . 新时代高职院校工科专业课程思政教育探索 [M]. 成都：西南交通大学出版社，2019.
[27] 李世平 . “课程思政”教学案例集 [M]. 上海：立信会计出版社，2019.
[28] 韦春北 . 财经类课程思政案例教学设计与运用 [M]. 北京：经济管理出版社，2019.
[29] 翁铁慧 . 大中小学课程思政一体化建设的整体构架与实践路径研究 [M]. 北京：人民出版社，2019.
[30] 王昕晔，谢铮，宿哲骞 . 高校课程思政建设与人文精神的培养 [M]. 北京：北京工业大学出版社，2018.
[31] 康丽滢，王勇 . 课程思政视野下的大学生创新创业教育 [M]. 延吉：延边大学出版社，2018.